Reinmann/Eppler
Wissenswege

Aus dem Programm Verlag Hans Huber
Psychologie Praxis
Reihe: Lernen mit Neuen Medien

Wissenschaftlicher Beirat:
Prof. Dr. Dieter Frey, München
Prof. Dr. Kurt Pawlik, Hamburg
Prof. Dr. Meinrad Perrez, Freiburg (CH)
Prof. Dr. Franz Petermann, Bremen
Prof. Dr. Hans Spada, Freiburg i. Br.

D1669070

HUBER

Verlag Hans Huber Psychologie Praxis
Lernen mit neuen Medien

Herausgegeben von
Maria Bannert, Heinz Mandl, Eckart Severing und Gabi Reinmann

Der Einsatz neuer Medien ist weiterhin eine große Herausforderung. Ziel dieser Reihe ist es, neue Entwicklungen zeitgerecht und praxisnah aus psychologisch-pädagogischer Sicht darzustellen. Dies geschieht in kompakter und anschaulicher Form, illustriert durch zahlreiche Beispiele aus der Praxis.

In der Reihe «Lernen mit neuen Medien» sind bereits erschienen:

Ulrike Cress (Hrsg.)
Effektiver Einsatz von Datenbanken im betrieblichen Wissensmanagement
126 S., (ISBN 978-3-456-84246-2)

Dieter Euler, Jasmina Hasanbegovic, Michael Kerres, Sabine Seufert
Handbuch der Kompetenzentwicklung für E-Learning Innovationen
Eine Handlungsorientierung für innovative Bildungsarbeit in der Hochschule
163 S., (ISBN 978-3-456-84392-6)

Joachim Hasebrook und Mathias Otte
E-Learning im Zeitalter des E-Commerce
Die dritte Welle
163 S., (ISBN 978-3-456-83654-6)

Michael Henninger und Heinz Mandl
Zuhören – verstehen – miteinander reden
Ein multimediales Kommunikations- und Ausbildungskonzept
122 S., (ISBN 978-3-456-83909-7)

Helmut M. Niegemann
Neue Lernmedien
Konzipieren, entwickeln, einsetzen
187 S., (ISBN 978-3-456-83448-1)

Gabi Reinmann-Rothmeier und Heinz Mandl
Individuelles Wissensmanagement
Strategien für den persönlichen Umgang mit Informationen und Wissen
122 S., (ISBN 978-3-456-83425-2)

Gabi Reinmann-Rothmeier
Didaktische Innovation durch Blended Learning
Leitlinien anhand eines Beispiels aus der Hochschule
120 S., (ISBN 978-3-456-83952-3)

Gabi Reinmann-Rothmeier und Heinz Mandl
Virtuelle Seminare in Hochschule und Weiterbildung
Drei Beispiele aus der Praxis
156 S., (ISBN 978-3-456-83569-3)

Eckart Severing, Christel Keller, Thomas Reglin und Josef Spies
Betriebliche Bildung via Internet
Konzeption, Umsetzung, Evaluation – Ein Einführung für Praktiker
174 S., (ISBN 978-3-456-83444-3)

Peter Zentel und Friedrich W. Hesse
Netzbasierte Wissenskommunikation in Hochschule und Weiterbildung
Die Globalisierung des Lernens
142 S., (ISBN 978-3-456-84127-4)

Weitere Informationen über unsere Neuerscheinungen finden Sie im Internet unter:
www.verlag-hanshuber.com

Gabi Reinmann
Martin J. Eppler

Wissenswege

**Methoden für das persönliche
Wissensmanagement**

Verlag Hans Huber

Adressen der Autoren:

Prof. Dr. Gabi Reinmann
Universitätsstrasse 10
D-86159 Augsburg
E-Mail: Gabi.Reinmann@Phil.Uni-Augsburg.de

Prof. Dr. Martin Eppler
Fakultät für Kommunikationswissenschaft
Universität Lugano USI
Via Buffi 13
CH-6900 Lugano
E-Mail: martin.eppler@lu.unisi.ch

Lektorat: Monika Eginger
Herstellung: Daniel Berger
Umschlag: Atelier Mühlberg, Basel
Satz: Claudia Wild, Stuttgart
Druck und buchbinderische Verarbeitung: Hubert & Co., Göttingen
Printed in Germany

Bibliographische Information der Deutschen Bibliothek
Die Deutsche Bibliothek verzeichnet diese Publikation in der Deutschen Nationalbibliografie; detaillierte bibliografische Angaben sind im Internet unter http://dnb.d-nb.de abrufbar.

Anregungen und Zuschriften bitte an:
Verlag Hans Huber
Hogrefe AG
Länggass-Strasse 76
CH-3000 Bern 9
Tel: 0041 (0)31 300 45 00
Fax: 0041 (0)31 300 45 93

1. Auflage 2008
© 2008 by Verlag Hans Huber, Hogrefe AG, Bern
ISBN 978-3-456-84348-3

Vorwort

Seit mehr als zehn Jahren befassen wir uns nun mit der Frage, wie man Menschen im Umgang mit der Informationsflut und steigenden Anforderungen einer Wissensgesellschaft besser unterstützen kann. Zwei Anliegen haben uns in dieser Zeit begleitet: der Versuch *wissenschaftliche Erkenntnisse für die Praxis* nutzbar zu machen und die *Integration von* technischen, psychologischen, pädagogischen und betriebswirtschaftlichen *Sichtweisen*. Wir hoffen, dass diese beiden Anliegen auch in diesem Buch für unsere Leser/innen sichtbar werden und Nutzen stiften. Das Buch konsolidiert viele unserer vorangegangenen Arbeiten zur Thematik des individuellen bzw. persönlichen Wissensmanagements (in Monographien, Herausgeberbänden und Fachbeiträgen) und enthält darüber hinaus neue Erkenntnisse, Methoden, Werkzeughinweise und Beispiele.

Wir haben dieses Buch *Wissenswege* genannt, weil es unterschiedliche Wege – und nicht Rezepte – zu mehr Kompetenz und Souveränität im Umgang mit Wissen aufzeigt. Wege muss man selbst beschreiten; wir können sie nicht für Sie gehen, sondern wir können sie nur aufzeigen und möglichst klar beschreiben. Die Wahl Ihrer (Lese-)Route liegt bei Ihnen; dies trifft vor allem auf das Methodenkapitel zu, bei dem Sie unterschiedliche Schwerpunkte legen können. Die Wegmetapher für das persönliche Wissensmanagement erlaubt eine weitere Übertragung: Der Weg ist das Ziel, denn es gibt beim Wissensmanagement keinen Endzustand. Gerade in Zeiten des lebensbegleitenden Lernens müssen wir unsere Kompetenzen immer wieder hinterfragen, neu ausrichten und aktualisieren.

Wir möchten uns an der Stelle herzlich beim Hans Huber Verlag für die professionelle Zusammenarbeit bedanken. Zudem danken wir Markus Aeschimann, Tobias Jenert, Sandra Hofhues und Daphne Gross für die Unterstützung beim Lektorat dieses Buches sowie Silke Heiss und Frank Vohle für inhaltliche Anregungen.

Wir sehen dieses Buch auch als Angebot für einen Austausch zum Thema persönliches Wissensmanagement: Sollten Sie selbst bewährte Methoden oder Werkzeuge für das persönliche Wissensmanagement kennen, würden wir uns über eine Mitteilung von Ihnen freuen. Auch sind wir auf weitere Reaktionen und Umsetzungserfahrungen gespannt. Sie finden unser Portal mit aktualisierten Hinweisen, Links und Hintergründen unter: www.persoenliches-wissensmanagement.com

Wir freuen uns auf den Dialog mit Ihnen und wünschen Ihnen bei der Lektüre viel Spaß und viele Anregungen für einen systematischen Umgang mit Wissen.

Augsburg und Lugano im Sommer 2007

Gabi Reinmann   Martin J. Eppler

Inhaltsverzeichnis

Einführungskapitel
Was wir mit diesem Buch wollen 11

Wissen managen ... und was geht mich das an? 11
Ziele und Zielgruppen ... ist das was für mich? 14

Kapitel 1: Hintergrund
Die vielen Gesichter des Wissensmanagements 17

1.1 Wissen: Ein psychologisches Konstrukt mit ökonomischer
     Bedeutung 18
     1.1.1 Wie Wissen entsteht 18
     1.1.2 Welche Wissensformen es gibt 20
1.2 Wissensmanagement: Eine Antwort auf die wachsende Bedeutung
     des Wissens. 24
     1.2.1 Woher Wissensmanagement kommt. 24
     1.2.2 Wie man Wissensmanagement modelliert. 26
1.3 Persönliches Wissensmanagement: Die Chance des Einzelnen 29
     1.3.1 Warum persönliches Wissensmanagement ein Klassiker ist 29
     1.3.2 Was persönliches Wissensmanagement alles bedeuten kann . . . 31

Kapitel 2: Theorie
Entwicklung eines theoretischen Rahmens
für die Praxis

für die Praxis 35

2.1   Eine Beschreibungssprache für das persönliche
       Wissensmanagement 36
       2.1.1   Die Person und ihre Wissensumwelt 36
       2.1.2   Die Person und ihre Aktivitäten im Austausch mit der
                Wissensumwelt 38
       2.1.3   Von der Wissensumwelt zur Wissensinnenwelt. 41
       2.1.4   Mentale Basisprinzipien beim persönlichen
                Wissensmanagement 43
2.2   Ein Anforderungsraster für das persönliche Wissensmanagement 50
       2.2.1   Situationen und ihre Ziele: Operativ oder strategisch? 50
       2.2.2   Aufgaben und ihre Erfordernisse: effizient oder innovativ? . . . 52

Kapitel 3: Praxis
Methoden für das persönliche Wissensmanagement . . .   57

3.1   Persönliche Wissensmanagementmethoden: Ein Überblick 58
       3.1.1   Der Methodenbegriff. 58
       3.1.2   Kategorisierung und Beschreibung 60
3.2   Akutes Problemlösen:
       Methoden mit operativer Zielsetzung. 65
       3.2.1   SQ3R 66
       3.2.2   Ethnografisches Interview und Fragebaum. 70
       3.2.3   Perspektivendiagramm 75
       3.2.4   Eisenhower-Matrix und TRAFing 78
       3.2.5   Mind Mapping 82
       3.2.6   Information Mapping 85
       3.2.7   Kategorisierung und Klassifikation 89
       3.2.8   Konzeptkarte. 93
       3.2.9   Mikroartikel 96
       3.2.10   Feedback. 100
       3.2.11   Story Template 104
       3.2.12   Concept Mapping 108
       3.2.13   Toulminkarte 112
       3.2.14   Minto-Pyramide 115
       3.2.15   Fokusmetaphern 120

3.3 Langfristige Kompetenzentwicklung:
Methoden mit strategischer Zielsetzung 128
    3.3.1   Kontaktnetz 129
    3.3.2   Kompetenz-Agenda 134
    3.3.3   Kompetenz-Portfolio 137
    3.3.4   Lifeline. 142
    3.3.5   Morphologischer Kasten und Schieber 145
    3.3.6   Synergy Map 148
3.4 Methoden im Kontext – Methoden in Aktion 154
    3.4.1   Drei typische Szenarien für persönliches
Wissensmanagement 154
    3.4.2   Emotional-motivationale Blockaden und was man gegen
sie tun kann 161
    3.4.3   Kognitive Fixierungen und wie man sich von ihnen lösen
kann. 167
    3.4.4   Soziale Hindernisse und wie man sie überwinden kann 171

Kapitel 4: Reflexion
Synergien und Perspektiven 181

4.1 Synergien schaffen – Entwicklung ermöglichen 181
    4.1.1   Wissen und Lernen: Liegt die Zukunft im Informellen? 181
    4.1.2   Wissen und Medien: Liegt die Zukunft im Netz? 184
4.2 Grenzen erkennen – Perspektiven erschließen 187
    4.2.1   Persönliches Wissensmanagement jenseits der Machbarkeit . . 187
    4.2.2   Persönliches Wissensmanagement im Zeichen der Weisheit. . . 188

Literaturnachweis 193

Sachregister 199

Personenregister 203

Einführungskapitel
Was wir mit diesem Buch wollen

Wissen managen .... und was geht mich das an?

Zeit- und Selbstmanagement, Lern- und Kreativitätstechniken, interkulturelles Training, Präsentieren und Moderieren, Teambildung, Visualisieren, Persönlichkeitsentwicklung und Microlearning – so liest man es in Broschüren und auf Web-Seiten von Weiterbildungsanbietern, die ihre Kurse Managern, Projektleitern, Freiberuflern, Lehrern und anderen Wissensarbeitern feilbieten. Und welche Probleme sollen damit gelöst werden? Z. B. in derselben Zeit mehr E-Mails und andere Korrespondenz bewältigen, schnell noch die neuen Produktinformationen in seinen Kopf bekommen und ein paar Ideen für den nächsten Workshop aus dem Hut zaubern, dem Kollegen aus Übersee die wichtigsten Botschaften aus dem aktuellen Projekt übermitteln, die Zahlen aus dem letzten Quartal ordentlich aufbereiten und das Chaos, das dann entstehen wird, moderierend in rechte Bahnen lenken, die nächste Arbeitsgruppe so zusammenstellen, dass die Expertise zur Zielsetzung passt, und das neue Leitbild möglichst plastisch darstellen, damit alle an einem Strang ziehen, und bei all dem noch zusehen, dass der eigene Wissensstand nicht auf der Strecke bleibt .... Oder ist das übertrieben? Gibt es hier einen Bezug zum Wissensmanagement – zum persönlichen Wissensmanagement?

Der Hype ist gegangen, der Bedarf geblieben. Der Wissensmanagement-Hype ist gegangen, der Bedarf an Konzepten, Methoden und Werkzeugen zum Umgang mit Wissen ist geblieben: Vor allem Menschen mit Führungsaufgaben in unterschiedlichsten Organisationen stehen immer noch vor der Aufgabe, dokumentiertes und flüchtiges Wissen zu identifizieren und zu strukturieren, zu verteilen und zu kanalisieren, hervorzubringen und anzuwenden. Immer noch und mit wachsender Geschwindigkeit ist der Einzelne dem Druck ausgesetzt, Wissen effizient – also mit überschaubaren Mitteln – einer Bewertung zu unterziehen und in das eigene Handeln einfließen zu lassen. Die Entwicklung hin zu einer Wissensgesellschaft, die in vielen Büchern längst beschrieben ist, hat sich weder verflüchtigt

noch ist sie gestoppt (Stock, Wolff, Kuwan & Waschbüsch, 1998; Kübler, 2005).
Ob man das nun alles zusammen Wissensmanagement nennt oder ob man begrifflich kleinere Brötchen backt, einzelne Aspekte herausgreift und von Dokumenten-
und Beziehungsmanagement, von Innovations- und Qualitätsmanagement oder
anderem spricht, hat letztlich wenig Einfluss auf das eigentliche Phänomen und
zahllose nach wie vor offene Fragen und Probleme. In diesem Buch geht es um den
Einzelnen und seine persönlichen Wissensziele, um den Mitarbeiter und die Mitarbeiterin in kleinen und großen Unternehmen, in Non Profit-Organisationen
und in Bildungsinstitutionen, um Menschen, die täglich spüren, dass ihnen mehr
abverlangt wird als ein routiniertes Abarbeiten auferlegter Aufträge.

Von der Erfahrung zur Wissensarbeit. Es ist nicht zu bestreiten, dass fast jede
menschliche Tätigkeit in gewisser Weise wissensbasiert ist, also auf der Grundlage
von persönlicher Erfahrung, Kenntnissen und Fähigkeiten stattfindet. Nahezu
jede fachliche Arbeit in Werkhallen, Labors, Büros und Klassenzimmern ist wissensbasierte Arbeit, setzt also auch mehr oder weniger spezialisierte Expertise
voraus, die man sich in Ausbildungsprozessen aneignen muss. Zunehmend mehr
Tätigkeiten erfüllen die Kriterien von Wissensarbeit (Willke, 2001): Wissensarbeit
macht es erforderlich, dass man Wissen als einen Prozess begreift, der niemals
abgeschlossen ist, der kontinuierlich erneuert werden muss, der nicht als Wahrheit, sondern «nur» als Ressource taugt und der darüber hinaus untrennbar mit
dem Nichtwissen verbunden ist (auch wenn uns Letzteres eher Unbehagen bereitet). Dies alles waren und sind gute Gründe für Organisationen, sich Wissensmanagement auf die Fahne zu schreiben und mittels geeigneter Strukturen, Konzepte und Methoden für Rahmenbedingungen zu sorgen, unter denen man mit
Wissen erfolgreich umgehen kann: Wissensmanagement als wirtschaftliche Notwendigkeit. Die Gründe für den Einzelnen, sich Gedanken zum persönlichen
Umgang mit Wissen zu machen, sind zwar weniger ökonomisch orientiert, aber
angesichts der wachsenden Anforderungen durchaus mit dem Genannten ver-
gleichbar.

Kann man es nicht anders sagen? Wer sich selbständig fortbildet – auf kultureller
oder beruflicher Ebene –, wer sich Notizen in Besprechungen macht, Ordner im
Regal und auf seinem Computer anlegt, wer sich im Arbeitsteam austauscht und
seine Erfahrungen weitergibt, wer in Arbeitsprozesse neue Ideen einbringt und
diese umsetzt, wer von anderen lernen kann und will und dabei auch noch im
Blick hat, was ihm das privat oder beruflich alles bringt – um hier nur ein paar
Beispiele zu nennen –, der betreibt im Grunde persönliches Wissensmanagement.
Die eingangs genannten Weiterbildungsangebote greifen einiges von diesen
Anforderungen und Aktivitäten auf. Könnte man es also auch «lebenslanges Lernen» nennen? Oder Kooperation und Teamgeist? Oder Ordnungssinn und
Disziplin? Oder Intrapreneurship und Problemlösen? Oder Kreativität und Kom-
petenzentwicklung? Und und und ... Die Antwort lautet: Ja! Wissensmanagement
im Allgemeinen und persönliches Wissensmanagement im Besonderen sind bezo-

gen auf ihre möglichen Komponenten an sich nichts Neues. Neu aber ist eine konsequente Wissensperspektive, eine enge Verbindung zum Problemlösen und zur Kompetenzentwicklung und ein oft übersehenes Potenzial: nämlich das Potenzial, die bereits genannten Ziele, Prozesse, Tugenden, Methoden und Werkzeuge aufeinander zu beziehen und begründet umzusetzen bzw. anzuwenden.

Die Beziehung zwischen Wissen und Lernen. Eben fiel schon das Stichwort «lebenslanges Lernen». Wissen und Lernen – das wird an vielen Stellen dieses Buches deutlich werden – stehen in einem engen Verhältnis zueinander. Wissen und Lernen stellen in gewisser Weise unterschiedliche Sichtweisen auf dasselbe Phänomen dar. In der Lernpsychologie (z. B. Steiner, 2006) wird Lernen als ein nicht unmittelbar beobachtbarer Vorgang definiert, der zu relativ stabilen Veränderungen im Verhalten und/oder im Verhaltenspotenzial, also auch im Wissen einer Person führt. Wichtig dabei ist die Erfahrung bzw., Erfahrungen zu machen. Anlässe zum Lernen können direkt in der Umwelt liegen: z. B. neue Herausforderungen im Arbeitsalltag oder Aufgaben in Lernumgebungen. Lernanlässe können aber auch in der lernenden Person selbst zu finden sein, etwa Reflexionen oder persönliche Erlebnisse. Mit Lernen verbinden wir meist – wohl durch die Schule bedingt – bewusste und beabsichtige Vorgänge; es gibt aber auch ein Lernen, das eher beiläufig, implizit und unterhalb der Bewusstseinsschwelle abläuft. So gesehen ist Lernen eng mit der individuellen Entwicklung im Allgemeinen und mit der Entwicklung von Erkenntnistätigkeit des Menschen im Besonderen verknüpft. Aus entwicklungspsychologischer Perspektive ist Wissen das Resultat menschlichen Handelns und Erkennens und beruht auf kognitiven Strukturen von Individuen (Seiler & Reinmann, 2004). Diese Strukturen wiederum sind das Ergebnis handelnder Auseinandersetzung von Individuen mit der sie umgebenden Umwelt – also das Ergebnis von Lernen (vgl. Abschnitt 1.1.1).

Wissen managen – muss das sein? Wenn von menschlichem Handeln und Erkennen die Rede ist, davon, dass Menschen durch Lernen Erkenntnisstrukturen, also Wissen, aufbauen, klingt der Begriff des Managements zunächst einmal fehl platziert. Dass wir trotzdem von Wissens-*management* sprechen, muss demnach gut begründet werden – und das kann es auch: Die Managementperspektive bringt die Chance mit sich, den Blick auf Wissen und Lernen zu ändern und anschlussfähiger zu machen an die wachsenden Anforderungen in vielen Arbeits- und Lernumgebungen. Den Begriff des Managements verwenden wir im Deutschen in der Regel einseitig im betriebswirtschaftlichen Sinne. Management meint hier die aufeinander abgestimmten Tätigkeiten, um Organisationen zu lenken und zu leiten. Im Englischen bedeutet «to manage» neben geschäftlichen und führungsbezogenen Aufgaben auch, dass ein Vorhaben gelingt, dass man ein Werkzeug beherrscht und/oder sich geschickt bei der Bewältigung einer schwierigen Herausforderung anstellt. Wenn von *persönlichem Wissensmanagement* die Rede ist, ist beides gemeint: einerseits, das eigene Wissen und das uns umgebende Wissen durch abgestimmte Tätigkeiten in die rechten Bahnen zu lenken und zu organisieren; andererseits, den vielfältigen Anforderungen an unser Handeln und Erkennen offen zu begegnen und mit vorhandenen Hilfsmitteln geschickt umzugehen.

Ziele und Zielgruppen ... ist das was für mich?

Die Kernidee und was wir nicht erfüllen können. Das Buch möchte zeigen, dass persönliches Wissensmanagement von seiner Kernidee her ein erstrebenswertes Ziel war, ist und künftig sein wird: Es geht *nicht* um den Begriff an sich – wir könnten es auch «persönliches Lernmanagement», «Methoden für die Entfaltung des eigenen Wissenspotenzials» oder gar «Möglichkeiten menschlichen Erkennens und Handelns in der Arbeitstätigkeit» nennen. Es geht vielmehr um die *Chance*, den persönlichen Umgang mit Wissen aus möglichst verschiedenen Perspektiven zu sehen und zu erkennen, dass viele psychologische Ratschläge, Trainings und Methoden auch für ein besseres Management des eigenen Wissens genutzt werden können. Und es geht darum, wissenschaftliche Erkenntnisse zum Umgang mit Wissen aus unterschiedlichen Bereichen der Psychologie und Pädagogik so zu bündeln und aufzubereiten, dass daraus brauchbare Empfehlungen für den «ganz normalen» Arbeitsalltag werden. Anreichern wollen wir das mit dem aktuellen Stand an technischen Möglichkeiten, die individuelle Prozesse unterstützen. Unterstreichen Sie sich an dieser Stelle das Wörtchen «unterstützen», denn die Hoffnung auf einen technischen Baukasten mit allerlei raffinierten Werkzeugen, die einem das eigene Denken und persönliche Urteilen abnehmen, wenn man mit zu vielen E-Mails, schweigsamen Kollegen oder unklaren Botschaften des Vorgesetzten zu kämpfen hat, müssen wir gleich zu Beginn dieses Buches enttäuschen.

Die Inhalte dieses Buches – ein Überblick. Es ist uns klar, dass es den eiligen Leser gibt, und deswegen kann man auch vor allem den Praxisteil gezielt mit Blick auf ganz bestimmte Methoden lesen. Trotzdem: Wir wollen dieses Buch nicht nur mit Methodenwissen füllen, auch wenn dieses im Zentrum steht. Wir legen daher – metaphorisch gesprochen – zunächst ein kleines Fundament, und das bedeutet beim persönlichen Wissensmanagement, dass wir einige Hintergrundinformationen zum Wissensmanagement generell und zur Position des persönlichen Wissensmanagements bieten (*Kapitel 1: Hintergrund*). Sodann bauen wir eine Art Gerüst, indem wir ein theoretisches Rahmenmodell vorstellen, das unserer Auffassung von persönlichem Wissensmanagement zugrunde liegt und eine Grundlage für die Auseinandersetzung mit verschiedenen Methoden bietet (*Kapitel 2: Theorie*). Die Methoden, die einem zur Verfügung stehen, wenn man persönliches Wissensmanagement im Alltag praktizieren will, bilden den Kern dieses Buches (*Kapitel 3:Praxis*). Hier finden Sie gewissermaßen die Baustoffe unseres «Wissenshauses», die Ihnen die Praxis des persönlichen Wissensmanagements erleichtern sollen. Fehlt noch das Dach, das wir in der Zukunft persönlichen Wissensmanagements sehen (*Kapitel 4: Zukunft*): Mit Hinweisen auf mögliche Synergien und einer kurzen Diskussion der Grenzen und Perspektiven des persönlichen Wissens- (oder sogar Weisheits-)managements beenden wir das Buch.

Für wen ist dieses Buch geeignet? Klassische Managementratgeber richten sich an Führungskräfte in kleinen, vor allem aber großen Unternehmen. Genau diese Führungskräfte haben wir ebenfalls im Blick – doch nicht nur sie. Angesprochen sind auch Mitarbeiter ohne Führungsaufgaben, denn Arbeitstätigkeiten werden in vielen Bereichen wissensintensiver; die Menge an zu bewältigender Information und auf Wissen bezogene Anforderungen werden größer. Daneben hoffen wir, Leser zu erreichen, die in Bildungsinstitutionen, im sozialen Sektor und anderen Non Profit-Bereichen tätig sind, denn Wissensarbeit im oben definierten Sinne hält gerade auch in diesen Organisationen Einzug. Insbesondere Menschen mit Lehraufgaben, also Lehrer in der Schule, Dozenten an der Hochschule und Trainer in der Weiterbildung, könnten besonders neugierige und gleichzeitig kritische Abnehmer der Inhalte dieses Buches werden – immerhin sind sie die Spezialisten in Sachen Aufbereitung, Weitergabe und Schaffung von Wissen.

Wie das Buch gestaltet ist. Die Inhalte dieses Buches gründen auf wissenschaftlichen Erkenntnissen. Doch keine Angst: Dies bedeutet nicht, dass es schwierig ist, diese Inhalte zu verstehen. Wir haben uns um klare Strukturen und Argumentationsgänge und um eine nachvollziehbare Sprache bemüht, ohne dass wir in unangemessene Vereinfachung verfallen: Die Materie, um die es hier geht, ist komplex, und sie wird nicht dadurch weniger komplex, dass man einfach darüber schreibt. Wohl aber sollte es möglich sein, sich einen Pfad durch diese Komplexität zu schlagen: Dabei will dieses Buch eine Hilfe sein, und das ist auch der Zweck der angestrebten Einfachheit. Das Buch beinhaltet in jedem Kapitel maximal drei Gliederungsebenen (z. B. 1.1.1). Nach Abschluss jeder zweiten Gliederungsebene (z. B. 1.1) finden Sie eine kurze Zusammenfassung der Kernbotschaften. Logische Grafiken und Tabellen sollen dabei helfen, schwierigere Inhalte übersichtlicher zu machen. Beispiele aus der Praxis unterstützen an geeigneten Stellen das Verstehen. Ein Online-Portal zum Buch gibt Ihnen Gelegenheit, sich in einem wachsenden Glossar zu informieren oder sich selbst daran zu beteiligen. In diesem Portal finden Sie zudem Informationen über neue, vor allem auch technische Werkzeuge und hilfreiche aktuelle Links. Die URL zum Portal lautet:

www.persoenliches-wissensmanagement.com

Von Wissensmanagerinnen und Wissensmanagern. Uns ist noch kein probates Mittel bekannt, welches das alt bekannte Problem löst, dass man in der Regel von «Experten» spricht, wenn man Experten *und* Expertinnen meint, von «Wissenschaftlern», wenn auch die Wissenschaftlerinnen angesprochen sind etc. Schrägstriche und Großbuchstaben empfinden viele LeserInnen und Autoren/innen als orthografische Beleidigung und machen dem/der genervten AutorIn auch so manche grammatikalischen Probleme. Die Lösung, mal Mann mal Frau im Text zu Wort kommen zu lassen, hat sich ebenfalls noch nicht durchgesetzt und schafft bisweilen unvorhergesehene Verwirrung. Man verzeihe es uns also, wenn wir uns «nur» bemühen, möglichst geschlechtsneutrale Bezeichnungen (z. B. Lehrende) zu verwenden und zur Not dem Lesefluss zuliebe die männliche Form verwenden – wohl wissend, dass es nicht die optimale Lösung ist. Selbstverständlich sind immer auch alle Vertreterinnen des weiblichen Geschlechts angesprochen.

Kapitel 1 – Hintergrund
Die vielen Gesichter
des Wissensmanagements

Wissensmanagement – das assoziieren viele nach wie vor mit dem Wissensmanagement in Organisationen, für das es beispielsweise einen Wissensmanager gibt, also einen Verantwortlichen, der dafür sorgt, dass Wissen im Sinne der Organisation gemanagt wird. Dass persönliches Wissensmanagement einerseits etwas anderes ist und mit organisationalem Wissensmanagement nicht gleichgesetzt werden kann, andererseits aber natürlich auch in einem Zusammenhang mit Letzterem steht, soll in diesem Kapitel deutlich werden.

Allem voran ist hierfür der Wissensbegriff wichtig: Organisationales und persönliches Wissensmanagement arbeiten nicht immer mit demselben Wissensbegriff. Doch selbst wenn sie es tun (was man, wie gesagt, nicht voraussetzen kann), werden die Folgerungen für das praktische Handeln jeweils anders sein. Wir kommen also nicht umhin zu klären, was Wissen ist bzw. sein kann und was wir in diesem Buch unter Wissen verstehen werden. Ohne diese Grundlage wäre die Gefahr zu groß, aneinander vorbeizureden.

Schließlich möchten wir Ihnen gleich von vornherein reinen Wein einschenken und klarstellen: Persönliches Wissensmanagement ist keine neue Erfindung und bedarf auch keiner neuen, eigenen wissenschaftlichen Disziplin. Persönliches Wissensmanagement kann auf ein beachtliches Repertoire an pädagogisch-psychologischen Erkenntnissen unterschiedlicher Forschungszweige (z. B. der Metakognitionsforschung, der Lernstrategieforschung und der Problemlöseforschung) zurückgreifen – und das werden wir auch tun.

1.1
Wissen: Ein psychologisches Konstrukt mit ökonomischer Bedeutung

1.1.1
Wie Wissen entsteht

Zu wissen, heißt noch lange nicht zu wissen, wovon man spricht. Wissen – das ist ein Wort, das wir auch in der Umgangssprache häufig verwenden: Wir sprechen davon, Wissen in einem Seminar erworben zu haben, und meinen damit vor allem *Kenntnisse*, manchmal aber auch *Fähigkeiten*. Wir gehen davon aus, dass bekannte Enzyklopädien wissenschaftliches Wissen enthalten, und meinen damit *dokumentierte Ergebnisse* des Denkens und Handelns von Forschern aus aller Welt. Wir sagen, dass wir um die Bedeutung einer Sache wissen, und meinen damit, *verstanden* zu haben, dass etwas wichtig ist. Wenn wir darauf verweisen, dass uns das Leben wissender macht, meinen wir die *Erfahrung*, die wir sammeln, wenn wir älter werden. Nun liest man in vielen Wissensmanagementbüchern, dass einige der hier genannten Beispiele (etwa das Wissen in Enzyklopädien) zu Unrecht als Wissen bezeichnet werden, weil eigentlich Information vorläge. Das schlägt sich auch in der Kontroverse nieder, ob unsere Gesellschaft eine Wissensgesellschaft oder nicht doch (nur) eine Informationsgesellschaft ist (Kübler, 2005). Es werden «Wissenstreppen» (z. B. North, 2005) vorgeschlagen, die von Daten über Information bis zu Wissen und darüber hinaus zu Kompetenzen oder gar zu Weisheit reichen (siehe Kap. 4.3.2). Wir wollen an der Stelle zwar keinen gänzlich anderen Vorschlag machen, aber die Blickrichtung etwas verändern und die Frage stellen, wie Wissen entsteht, um zu verstehen, was Wissen alles sein kann.

Die Bedeutung von Dynamik und Veränderung. Menschen kommen mit Reflexen, vielen Potenzialen, aber sicher nicht mit Wissen in dem Sinne auf die Welt, wie wir es oben gerade beispielhaft skizziert haben. Wissen ist untrennbar damit verbunden, dass und wie man sich mit seiner Umgebung lernend auseinandersetzt, also mit den Menschen und Gegenständen, die um uns sind. Menschliches Erkennen und Verstehen entwickeln sich langsam, wobei weniger das Langsame als vielmehr die Tatsache wichtig ist, dass es sich um eine Entwicklung, also um ständige Veränderung handelt. Gerade beim Wissen lohnt es sich, diese Veränderungsprozesse und die Dynamik in den Blick zu nehmen, die das menschliche Erkennen und seine Voraussetzungen kennzeichnen. Einen solchen Blick nimmt die *Theorie der Strukturgenese* ein (Seiler, 2001): Danach ist das menschliche Denken und Handeln nicht in fertiger Form vorgegeben; es entsteht auch nicht aus einer einfachen und schrittweisen Abbildung von Wirklichkeit. Vielmehr verhält es sich so, dass sich jedes erkennende Subjekt sein Wissen selbst konstruiert: Erkenntnisstrukturen werden aufgebaut, auf die erfahrene Umwelt angewendet und an das Erfahrene nach und nach angepasst. Dieser Kerngedanke der Strukturgenese soll im Folgenden etwas genauer betrachtet werden.

Der Kerngedanke der Strukturgenese. Wenn man einmal das eben Gesagte auseinandernimmt, trifft man auf drei Begriffe, die in der strukturgenetischen Perspektive besonders wichtig sind, nämlich: die Person als Ausgangspunkt, Erkenntnisstrukturen und der Aspekt der Genese:

- *Die Person als Ausgangspunkt* zu nehmen, ist Ausdruck der Überzeugung, dass die Wurzel allen Wissens das Wissen von Individuen ist. Ohne die vielfältigen Erkenntnistätigkeiten von Individuen gibt es kein Wissen, und es ist individuelle Erkenntnistätigkeit, die allein Wissen reaktivieren bzw. aktualisieren, also z. B. zum Handeln nutzen oder an andere weitergeben kann.
- *Erkenntnisstrukturen* sind die Basis für menschliches Erkennen und Verstehen und damit auch für Wissen. Sie entwickeln und verändern sich, wenn sich die Person mit der Wirklichkeit auseinandersetzt. Erkenntnisstrukturen werden in der Theorie der Strukturgenese auch als kognitive Strukturen bezeichnet, was aber etwas irreführend ist, denn: Kognition ist ein Sammelbegriff für Wahrnehmen, Denken, Problemlösen und weitere durch unseren Verstand gelenkte Tätigkeiten. Kognitive Strukturen im Sinne von Erkenntnisstrukturen aber gehen über kognitive Phänomene hinaus: Sie beziehen sich nicht nur auf das Denken, sondern auch auf das Wollen, Fühlen und wertbezogene Urteilen.
- Mit dem Aspekt der *Genese* kommt die Frage ins Spiel, wie Wissen entsteht und sich verändert. Erkenntnisstrukturen sind grundsätzlich flexibel und dynamisch. Sie sind sowohl Ausgangspunkt als auch Mittel und Ergebnis konstruktiver Prozesse einer Person, das heißt: Wir erkennen und verstehen neue Dinge nur vor dem Hintergrund dessen, was wir schon wissen und erfahren haben; man ordnet das Neue also in bestehende Erkenntnisstrukturen ein (Assimilation). Glücklicherweise sind wir aber auch in der Lage, die in neuen Situationen angewandten Voreinstellungen zu ändern – innere Strukturen passen sich also auch den äußeren Phänomenen an (Akkomodation). Beide Prozesse bedingen sich (Piaget, 1968), sind aber auch von vielen zufälligen Faktoren (z. B. situativen Besonderheiten) beeinflusst und damit nicht berechenbar.

Und was folgt daraus für das Wissen? Nach strukturgenetischer Auffassung besteht also alles Wissen einer Person aus Erkenntnisstrukturen, die beständig reaktiviert und kontinuierlich verändert werden. Diese Reaktivierungen und Veränderungen sind subjektive Konstruktionen von Individuen, hängen aber gleichzeitig auch davon ab, mit wem (z. B. mit Familienmitgliedern, Kollegen, Fremden) und womit (z. B. mit alltäglichen, schulischen, beruflichen Aufgaben) eine Person in Interaktion tritt. Die verzahnten Mechanismen der Assimilation und Akkomodation sollten das deutlich gemacht haben. Nun könnte man folgern, dass Interaktion und Verständigung zwischen Menschen unmöglich werden, wenn doch alles Wissen subjektiv konstruiert ist. Und in der Tat kann man *nicht* davon ausgehen, dass jemand genau dieselbe Bedeutung konstruiert, die ein anderer mit seinen Äußerungen gemeint hat – insbesondere was Nuancen angeht. Die alltägliche Erfahrung ist voll von Beispielen für eine mangelnde Deckung des Wissens zwischen zwei Personen, angefangen bei Verständnisschwierigkeiten in der Partnerschaft («du verstehst nicht, was ich sage») bis zum geheimen Code, den man kennen muss, um die Anspielungen des Kollegen oder Vorgesetzten zu verstehen. Dass dennoch ein gewisser Grad an Verständigung und Austausch möglich ist, liegt daran, dass viele Wissensinhalte sozial ausgehandelt und dann vor allem in sprachlichen Systemen niedergelegt werden. Im zuletzt genannten Fall haben wir es mit Wissen zu tun, das man in gewisser Hinsicht objektiviert, mitunter auch materialisiert (also z. B. aufgeschrieben) hat.

1.1.2
Welche Wissensformen es gibt

Wissen – eine personale *und* öffentliche Angelegenheit. Wissen ist also aus strukturgenetischer Sicht das Resultat menschlichen Erkennens und beruht damit auf Erkenntnisstrukturen von Individuen, die wiederum das Ergebnis der subjektiven Auseinandersetzung mit der Wirklichkeit sind. Diese Strukturen sind rein personaler Natur und das können sie auch bleiben – ein Umstand, den man z. B. dann beklagt, wenn Experten eine Organisation verlassen und ihr Wissen auf diesem Wege mitnehmen. Individuelle Erkenntnisstrukturen können aber auch objektiviert und öffentlich zugänglich gemacht werden – eines der großen Ziele vieler Wissensmanagementaktionen. Wenn man es einmal von sich selbst (also von der Person) aus betrachtet, kann man zunächst das *eigene* Wissen von dem Wissen unterscheiden, das *außerhalb* der eigenen Person liegt (also eine Innen-Außen-Unterscheidung). Das Wissen, das außerhalb der eigenen Person existiert, kann wiederum personales Wissen sein, nämlich das Wissen anderer Menschen, oder es handelt sich um öffentliches Wissen, das direkt zugänglich ist. Diese Unterscheidung zwischen personalem und öffentlichem Wissen (Seiler & Reinmann, 2004) ist für jede Form des Wissensmanagements von Bedeutung, weshalb sie etwas genauer betrachtet werden soll.

Personales Wissen. Schon die Eingangsbeispiele, was Wissen alles bedeuten kann, lassen vermuten, dass auch personales Wissen eher eine Sammelbezeichnung für verschiedene Wissensformen ist. Ein grundsätzliches Merkmal allen personalen Wissens ist zwar, dass es zunächst nur der jeweiligen Person selbst zugänglich ist. Es kann aber durchaus unterschiedlich beschaffen sein[1] und die Person kann diese Beschaffenheit selbst verändern bzw. mental transformieren:

■ Ein Teil des personalen Wissens entsteht aus konkretem körperlichen Tun und zeigt sich auch nur in Aktivitäten, im Handeln oder Problemlösen. Beispiele

---

1   Die folgenden Merkmale entsprechen weitgehend den von Bruner (1964) postulierten «Formaten der Repräsentation» (enaktiv, ikonisch, symbolisch).

sind nicht nur das Schuhebinden und erlernte Bewegungsmuster, sondern z. B. auch die Bewältigung von Konfliktsituationen auf der Grundlage von Erfahrung. Man spricht von Handlungswissen oder – wenn man den Repräsentationsmodus dieses Wissens betonen will – von enaktivem Wissen. *Enaktives Wissen* ist dem Bewusstsein meist nicht (mehr) zugänglich, es ist implizit und weit davon entfernt, sprachlich artikuliert zu werden.

▨ Wissen, das in der Regel auf enaktivem Wissen aufbaut, aber unabhängig von Wahrnehmungen und Handlungen in der Vorstellung aktiviert werden kann, kann man als intuitives Wissen bezeichnen oder – will man wieder den Repräsentationsmodus betonen – als bildhaftes Wissen. *Bildhaftes Wissen* ist vorbegrifflich, kann ebenfalls noch nicht sprachlich artikuliert werden und stützt sich auf bildliche Vorstellungen und erfahrene Beziehungen (also verinnerlichte Wahrnehmungen).

▨ Für die Entwicklung von Erkenntnistätigkeit entscheidend ist das *begriffliche Wissen.* Dieser Teil des personalen Wissens entsteht durch verschiedene Transformationen aus enaktivem und bildhaftem Wissen und zeigt sich in hochkomplexen Strukturen. Begriffliches Wissen ist bewusstseinsfähig und kann explizit artikuliert, also auch sprachlich dargelegt werden. Hier handelt es sich um das Wissen, das man in der Umgangssprache in aller Regel meint, wenn man sagt, dass jemand Wissen «hat» oder «besitzt».

Die folgende Tabelle 1.1 fasst noch einmal die wichtigsten Aussagen zum personalen Wissen und dessen Unterformen bzw. Repräsentationsmodi zusammen.

Tabelle 1.1: Personales Wissen

	ist dem Bewusstsein	**ist sprachlich**
Begriffliches Wissen	zugänglich.	artikulierbar.
Bildhaftes Wissen	über Vorstellungen z. T. zugänglich.	i. d. R. nicht artikuliert.
Enaktives Wissen	nicht (mehr) zugänglich.	nicht artikulierbar.

Öffentliches Wissen. Sie können die Bezeichnung «öffentliches Wissen» wörtlich nehmen: Es ist das Wissen, das – im Gegensatz zum personalen Wissen – nicht nur einer Person, nämlich der, die das Wissen hervorgebracht hat, sondern der Öffentlichkeit, also auch anderen, prinzipiell zugänglich ist. Öffentliches Wissen lässt sich mit anderen teilen, weil es in irgendeiner Form materialisiert ist. Auch das öffentliche Wissen kommt in verschiedenen Ausprägungen vor, nämlich in Form von kollektivem Wissen und formalisiertem Wissen.

▨ *Kollektives Wissen* ist für den Austausch von Wissen z. B. in Bildungs- oder Arbeitssituationen am wichtigsten. Kollektives Wissen entsteht, wenn Menschen Bedeutungen aushandeln, verdichten, vereinheitlichen und systematisch durch Zeichen – meist, aber nicht nur, durch Sprache – darstellen. Diese Form des Wissens kann man auch als *Information* bezeichnen. Individuen können also ihr Wissen in Zeichen objektivieren, und in dieser Form kann es mit anderen Personen geteilt und verbreitet werden. Was dabei oft zu kurz kommt, ist die Erkenntnis, dass Wissen im objektivierten Zustand nur *potenzieller* Natur ist: Es ist ein in Zeichen «eingefrorenes» Wissen und kann nur wieder von Individuen aktualisiert (und damit verstanden) werden, die wissen, was diese Zeichen bedeuten, denn den Zeichen selbst sieht man ihre Bedeutung nicht an. Kollektives Wissen lebt von der lebendigen Interaktion und vom Dialog zwischen Personen, was zur Folge hat, dass auch kollektives Wissen nicht statisch, sondern dynamisch ist.

- *Formalisiertes Wissen* ist kollektives Wissen, das noch einmal transformiert wurde – nämlich nach festgelegten Kriterien und Zuordnungsregeln, sodass *Daten* entstehen, die elektronisch weiterverarbeitet werden können. Nur diese Prozesse laufen ohne Steuerung und Kontrolle denkender Individuen ab; Bedeutungen werden dabei *nicht* hergestellt. Die Vorteile der elektronischen Datenverarbeitung liegen bekanntlich darin, dass immense Datenmengen gespeichert werden können, das Gedächtnis entlastet wird, Routinearbeiten wegfallen, Daten für Suchmaschinen sortiert werden können und vieles mehr.

Die folgende Tabelle 1.2 fasst noch einmal die wichtigsten Aussagen zum öffentlichen Wissen und dessen Unterformen zusammen.

Tabelle 1.2: Öffentliches Wissen

	ist transformiert	wird weiter verarbeitet	heißt auch
Kollektives Wissen	in Zeichen.	durch menschlichen Dialog.	Information.
Formalisiertes Wissen	nach festen Regeln.	in elektronischer Form.	Daten.

Und wo ist die ökonomische Bedeutung? Der Begriff der Wissensgesellschaft ist bereits an mehreren Stellen gefallen: Damit ist – aus ökonomischer Sicht – eine Form der Gesellschaft gemeint, in der Wissen in ähnlicher (aber nicht gleicher) Weise wie Land, Kapital und Arbeit zu einem Produktionsfaktor wird und künftig gar die «alten» Produktionsfaktoren überflügeln könnte (Willke, 2001). Welche Form von Wissen wird dabei wohl gemeint sein? Enaktives Wissen, bildhaftes Wissen, begriffliches Wissen, kollektives Wissen oder formalisiertes Wissen? Wenn man Wissen als Produktionsfaktor deklariert, liegt zunächst die Vermutung nahe, dass vor allem das öffentliche Wissen gemeint ist, denn: Nur Information und Daten lassen sich aufgrund ihres objektivierten Charakters «handhaben» wie etwa Land und Kapital. Bei genauerem Hinsehen aber wird deutlich, dass über Themen wie lebenslanges Lernen, Kompetenzentwicklung und «employability[2]» auch das personale Wissen ins ökonomische Blickfeld rückt: Personales Wissen in

---

2   die Beschäftigungsfähigkeit von Organisationsmitgliedern

Form von Expertise und Handlungskompetenz steht in seiner Bedeutung der elektronisch verfügbaren Information keineswegs nach; das ist vor allem dort der Fall, wo Wissensarbeit (siehe Einführung) gefordert ist.

Zusammenfassung

Verschiedene Bedeutungsvarianten von Wissen finden wir bereits in der Alltagssprache; folglich ist es kein Wunder, dass es in Diskussionen zum Wissensmanagement meist schon beim Wissensbegriff zu ersten Kontroversen kommt. Wir haben dafür plädiert, die Dynamik des Wissens, also Entstehung und Veränderung von Wissen, für eine Klärung heranzuziehen. Dazu haben wir auf die Theorie der Strukturgenese verwiesen: Danach ist die Wurzel allen Wissens das Individuum. Erkenntnisstrukturen bilden die Basis von Wissen und sind das Produkt menschlichen Denkens und Handelns; sie sind die Voraussetzung für das Erkennen von Neuem und gleichzeitig veränderbar durch das Neue. Wissen gibt es in personalen und öffentlichen Ausprägungen: Enaktives Wissen, bildhaftes Wissen und begriffliches Wissen bilden das personale Wissen, das nur dem jeweiligen Individuum zugänglich ist. Kollektives Wissen und formalisiertes Wissen sind Varianten des öffentlichen Wissens, auf das auch andere Personen zugreifen können. Ökonomisch relevant können alle diese Wissensformen sein.

1.2
Wissensmanagement: Eine Antwort auf die wachsende Bedeutung des Wissens

1.2.1
Woher Wissensmanagement kommt

Ein Blick zurück auf verschiedene Wissensmanagementbewegungen. Es gibt Dinge, die versteht man besser, wenn man etwas über ihre Entstehung und Entwicklung weiß (das ist wie beim Wissen): Der (aktuelle) Zustand eines Unternehmens wird einem klarer, wenn man seine Geschichte kennt. So mancher Schüler würde physikalische Phänomene wohl besser verstehen, wenn man sich die Zeit nähme, zu erzählen, wie man diese entdeckt hat und wie viele Fehlannahmen vorab die Runde machten. Wenn es um persönliches Wissensmanagement geht, kann es ebenfalls hilfreich sein zu wissen, woher die Wissensmanagementbewegung kommt. Es ist nämlich keineswegs selbstverständlich, den Umgang mit Wissen aus einer psychologischen Perspektive und das Individuum als den eigentlichen Akteur zu betrachten. Der psychologische Ansatz zum Wissensmanagement ist nur Ausdruck *einer* von vielen Wissensmanagementbewegungen. Und schließlich ist es sinnvoll, wenn man das persönliche Wissensmanagement mit dem organisationalen Wissensmanagement verknüpfen kann, und letzteres steht im Allgemeinen im Vordergrund, wenn von Wissensmanagement (in Organisationen) die Rede ist. Von daher werden im Folgenden – in aller Kürze – einige wichtige Entwicklungslinien des Wissensmanagements vorgestellt (vgl. Roehl, 2000): die ingenieurswissenschaftliche, die betriebswirtschaftliche, die soziologische und schließlich die psychologische Entwicklungslinie.

Die Technik im Spiel. Die *ingenieurswissenschaftliche* Entwicklungslinie des Wissensmanagements steht in enger Verbindung zu Fortschritten der Informations- und Kommunikationstechnologie; sie stellt den Computer und Möglichkeiten der elektronischen Vernetzung in den Vordergrund. Was die Organisation davon hat, steht nicht primär im Interesse. Wissen gilt als technisch gestaltbares Phänomen und weniger als ökonomische Ressource. Ziel der ingenieurswissenschaftlichen Vorgehensweise ist es, Probleme mit technologischen Mitteln zu lösen – etwa mit Datenverarbeitung und medialer Informationsvermittlung. Damit wird deutlich, dass die ingenieurswissenschaftliche Betrachtung ausschließlich kollektives, vorzugsweise formalisiertes Wissen im Blick hat. Man hat es also eigentlich mit Daten- und Informationsmanagement zu tun; doch so genau nimmt man es in der Praxis mit den Bezeichnungen in aller Regel nicht[3]. Die ingenieurswissenschaftliche Entwicklungslinie bildete den Anfang der Wissensmanagementbewegung, ist heute

---

3   Was auch mit eine Ursache dafür ist, dass es immer wieder zu Missverständnissen kommt.

aber keineswegs von der Bildfläche verschwunden, denn: Die *Technik* ist nach wie vor *eine* der Säulen des Wissensmanagements (z. B. Krcmar, 1996). Das Praxiskapitel wird zeigen, dass es auch für das persönliche Wissensmanagement technische Werkzeuge gibt, die einem das Leben erleichtern können.

Die Ziele der Organisation als Zweck. Während sich der Ingenieurswissenschaftler primär zweckfrei mit Wissen (im Sinne von Daten) und seinem Management auseinandersetzen kann, ist der Zweck, genauer: der ökonomische Zweck Dreh- und Angelpunkt der *betriebswirtschaftlichen* Entwicklungslinie des Wissensmanagements. Die Frage ist hier, wie man Wissen (nicht nur, aber vor allem) in Form von Information nutzen- und effizienzorientiert bewirtschaften und/oder wie man Managementaufgaben wie Führung und Controlling wissensorientiert gestalten kann (z. B. North, 2005). Wenn man aus dieser Sicht davon ausgeht, dass Wissen ein immaterieller Vermögenswert ist, liegt es nahe, nach Möglichkeiten zu suchen, diesen Wert zu messen und zu bewerten. Mess- und Bewertungsansätze haben die Idee des Wissensmanagements in das betriebswirtschaftliche Denken wirkungsvoll eingeführt. Gleichzeitig ist diese Mess- und Bewertungsintention eine ganz wesentliche Komponente des organisationalen Wissensmanagements, die mit dem persönlichen Umgang mit Wissen in einem Spannungsverhältnis stehen kann. Die *Organisation* und ihr (ökonomischer[4]) Zweck bilden – neben der Technik – die zweite Säule des Wissensmanagements. Da die Organisation vielfach der Kontext ist, in dem auch Individuen gefordert sind, effizient und effektiv mit Wissen umzugehen, kann man auch diese zweite Säule beim persönlichen Wissensmanagement keineswegs ausblenden.

Die systemische und kulturelle Perspektive. In der *soziologischen* Entwicklungslinie des Wissensmanagements geht es weniger um ein praktisches Steuerungsziel (wie in betriebswirtschaftlichen Ansätzen) als vielmehr darum, das Management von Wissen in Organisationen theoretisch zu beschreiben und Organisationen als soziale Systeme zu modellieren. Ziel dieser Entwicklungslinie ist es, die gesellschaftliche Bedeutung des Wissens herauszuarbeiten und herauszufinden, welche systemischen Zusammenhänge es beim Wissensmanagement in Organisationen gibt. Aus soziologischer Sicht sind Organisationen soziale Systeme. Die systemtheoretische Richtung (innerhalb der Soziologie) verweist darauf, dass diese sozialen Systeme selbstreferentiell sind, also letztlich immer nur auf sich selbst reagieren, und dass sie trotz aller Koppelung an die Umwelt operativ geschlossen, also vorrangig mit sich selbst beschäftigt sind (z. B. Willke, 2001). Über die Systemtheorie hinaus haben soziologische Herangehensweisen die Organisationskultur in die Wissensmanagementdiskussion eingebracht. Man könnte auch sagen: Sie haben über die Säule der *Kultur* zumindest *einen* Weg hin zur letzten Säule des Wissensmanagements – zum *Menschen* – geebnet.

---

4   Dies gilt für Unternehmen, weniger für Non Profit- und soziale Organisationen.

Und wo ist der Mensch im Wissensmanagement? Natürlich spielt der Mensch in allen Richtungen des Wissensmanagements eine gewisse Rolle. Technisch interessiert der Mensch als *ein* Bestandteil der Mensch-Maschine-Interaktion und ist damit durchaus ein Kriterium etwa für gute Benutzerschnittstellen von technischen Wissensmanagementwerkzeugen. Als Wissensträger ist der Mensch auch von wirtschaftlicher Relevanz: Nicht nur sein Wissen, sondern auch seine Fähigkeit, Wissen aufzubauen und weiterzugeben, zählen zu den immateriellen Vermögenswerten einer Organisation. Über soziale und kulturelle Phänomene führt die soziologische Richtung den Menschen am deutlichsten in das Wissensmanagement ein; für seine Individualität aber interessiert man sich aus soziologischer Sicht eher nicht. Eine *psychologische* Entwicklungslinie des Wissensmanagements, die zu den anderen Richtungen ernsthaft in Konkurrenz treten könnte, gibt es nur in Ansätzen (vgl. Reinmann & Mandl, 2004). Zwar werden aus betriebwirtschaftlicher Sicht lernpsychologische Aspekte (im Schnittfeld von Personal- und Wissensmanagement) oder motivationspsychologische Aspekte (als Grundlage zur Gestaltung von Anreizsystemen) gewissermaßen einverleibt – allerdings nur in der Form, in der es das betriebswirtschaftliche Denken weiterbringt. Wissensmanagement aus psychologischer Sicht versucht, menschliche Phänomene in Form von Kognition, Motivation, Emotion und sozialer Interaktion zu verstehen und zu nutzen, wenn es um den Umgang mit Wissen geht. Im Zentrum steht der *Mensch*; der Ansatz des persönlichen Wissensmanagements lässt sich von daher eindeutig in die psychologische Entwicklungslinie einreihen.

Die folgende Tabelle 1.3 fasst die wichtigsten Unterschiede der verschiedenen Entwicklungslinien zum Wissensmanagement knapp zusammen.

Tabelle 1.3: Entwicklungslinien des Wissensmanagements

Entwicklungslinie	Ziel	Wissensart	Säule
Ingenieurs-wissenschaftlich	Probleme im Bereich Wissen mit technischen Mitteln lösen.	Öffentliches Wissen: Daten	Technik
Betriebswirtschaftlich	Wissen nutzen- und effizienz-orientiert bewirtschaften.	Öffentliches Wissen: Information	Organisation
Soziologisch	Wissen aus sozialer und systemischer Sicht beschreiben.	Öffentliches und personales Wissen	Kultur
Psychologisch	Individuelle Wissensprozesse verstehen und nutzen.	Vor allem personales Wissen	Mensch

1.2.2
Wie man Wissensmanagement modelliert

Wozu dieser Abschnitt? In diesem Buch ist *nicht* der Platz, um verschiedene Wissensmanagementmodelle – also die Konkretisierungen in verschiedenen Entwicklungslinien des Wissensmanagements – darzustellen; dies würde den Rahmen sprengen. Dieser Abschnitt hat also nur Hinweischarakter für die, die sich ein bisschen weiter informieren wollen, bzw. Erinnerungscharakter für die, die sich in der Wissensmanagementszene auskennen. Zugleich soll deutlich werden, dass die «Renner» im Wissensmanagement vor allem einen betriebswirtschaftlichen Fokus haben, dabei auch die technischen Möglichkeiten nutzen und mancherorts sogar in der Psychologie fündig werden, ohne dass man aber von einem psychologischen Ansatz oder gar von persönlichem Wissensmanagement sprechen kann.

Die «Hitliste» der Wissensmanagementmodelle. Den wohl höchsten Bekanntheitsgrad im deutschsprachigen Raum hat das Modell «Bausteine des Wissensmanagements» erlangt – ein Modell, das von Gilbert Probst und Mitarbeitern an der Universität Genf entwickelt wurde (Probst, Raub & Romhardt, 1997[5]). Kern des Modells sind acht praktisch leicht nachvollziehbare Bausteine, denen verschiedene Wissensmanagementinstrumente zugeordnet sind. Ein weiteres Modell – die «Spirale des Wissens» – wurde von den Japanern Nonaka und Takeuchi (1997) ausgehend von empirischen Untersuchungen in japanischen Unternehmen entwickelt. Dieses Modell ist stärker theoriegeleitet und will zeigen, wie individuelles Wissen zu einem Teil der Organisation gemacht werden kann. Wieder eine etwas andere Richtung schlägt das Wissensmarkt-Modell von North (2005) ein, das an der Fachhochschule Wiesbaden in wissenschaftlich begleiteten Praxisprojekten entstanden ist. Das Modell basiert auf der Annahme, dass Wissen als (knappe) Ressource auch innerhalb einer Organisation einem marktorientierten Mechanismus unterworfen ist und von daher wettbewerbswirksam entwickelt und genutzt werden muss. Die meisten Wissensmanagementmodelle waren und sind betriebswirtschaftlichen Ursprungs und zielen darauf ab, Unternehmen wissensbasiert zu gestalten (Schneider, 1996) oder organisationale Lernprozesse so zu steuern, dass man die Ressource Wissen optimal nutzen kann (Pawlowski, 1998).

Die «Außenseiter». Wissensmanagementmodelle, die ausschließlich einer ingenieurswissenschaftlichen Tradition zuzuordnen sind, werden heute als reduktionistisch für das Management von Wissen in Organisationen eingeschätzt und kaum mehr vertreten. Wohl aber spielen technische Werkzeuge in *allen* Wissensmanagementmodellen eine Rolle, denn wer würde heute ohne Intranets, mediale Kommunikationswege und Datenbanken noch auskommen wollen und können. Systemische Modelle, die aus der soziologischen Ecke kommen, werden in der Praxis meist nur oberflächlich rezipiert; einzelner Fragmente werden aber gerne in betriebswirtschaftliche Modelle integriert – z. B. die Konzepte der Wissensarbeit und der organisationalen Intelligenz (Willke, 2001). Etwas neueren Datums sind Konzepte aus arbeitspsychologischer Sicht (Lüthy, Voit & Wehner, 2002): Hier steht die Wissenskooperation im Zentrum des Interesses und damit die Frage, unter welchen Bedingungen und auf welche Weise Menschen welches Wissen

---

5   Das Buch liegt inzwischen in der sechsten Auflage vor.

untereinander austauschen und weitergeben. Damit kommt erstmals eine genuin psychologische Betrachtungsweise ins Spiel, ohne dass man aber auch hier von einem persönlichen Wissensmanagement sprechen kann.

Und was ist mit der individuellen Perspektive? Dass der Mensch in allen Wissensmanagementmodellen eine mehr oder weniger wichtige Rolle spielt, wurde bereits gesagt. Dass eine genuin psychologische Betrachtungsweise – vor allem in der Praxis – kaum anzutreffen ist, ist ebenfalls schon erwähnt worden. Hier stellt sich nun die Frage, was eine solche individuelle Perspektive eigentlich genau sein kann, warum diese wichtig ist und inwiefern sich das in einem *persönlichen Wissensmanagement* widerspiegelt. Nun, im Prinzip wurde die wichtigste Antwort auf diese Fragen schon gegeben: Wissen hat seinen Ursprung in der menschlichen Erkenntnistätigkeit. Folglich gibt es kein Wissen ohne den Menschen. Gehen wir einmal davon aus, dass man den Menschen in Organisationen darin unterstützen will, mit seinem eigenen Wissen, dem (personalen) Wissen seiner Kollegen und den ihn umgebenden Informationen (öffentliches Wissen) z. B. bei seiner Arbeitstätigkeit geschickter (effizienter, effektiver etc.) umzugehen. Wenn das so ist – aber nur dann –, setzt auch die Organisation einen psychologischen Schwerpunkt und bietet eine gute Voraussetzung für persönliches Wissensmanagement. Das lässt sich mit anderen Wissensmanagementmodellen und -richtungen durchaus verbinden, nicht aber praktizieren, denn: Persönliches Wissensmanagement braucht einen eigenen, einen genuin psychologischen Ansatz.

Zusammenfassung

Es gibt nicht *das* Wissensmanagement; vielmehr findet man eine ingenieurswissenschaftliche, betriebswirtschaftliche und soziologische Entwicklungslinie vor. Gut abgedeckt sind damit die Säulen Technik, Organisation und Kultur beim Management von Wissen. Zu kurz aber kommt die vierte Säule, nämlich der Mensch, der in den meisten, vor allem den sehr bekannt gewordenen Wissensmanagementmodellen letztlich nur halbherzig berücksichtigt wird. Das Bausteinmodell, die Wissensspirale und der Wissensmarkt führen die Hitliste der Modelle aus den 1990er Jahren an. Sie alle klammern den Menschen keineswegs aus; es bleibt aber letztlich bei einer instrumentellen Sicht; von einem genuin psychologischen Fokus kann nicht die Rede sein. Geht es einem um das *persönliche* Wissensmanagement, muss man also einen etwas anderen Weg einschlagen und eine Perspektive einnehmen, die das Individuum und seine Ziele in den Vordergrund stellt. Dass sich eine solche Perspektive lohnt, nicht nur aus der Sicht der betroffenen Personen, sondern auch aus der Sicht der Organisation, das lässt sich am besten aus dem Wissen selbst erklären, dessen Wurzeln stets im Menschen liegen.

1.3
Persönliches Wissensmanagement: Die Chance des Einzelnen

1.3.1
Warum persönliches Wissensmanagement ein Klassiker ist

Warum man wissen muss, was man weiß und wie man wissen kann. Wenn ich mir neues Wissen aneignen will, muss ich einigermaßen abschätzen können, wie es um mein Vorwissen und meine Lernfähigkeit bestellt ist; nur dann werde ich Mittel und Wege wählen, die mich weder über- noch unterfordern. Wenn ich mehr Ordnung in meine Ablage, meine Notizen, Artikel und sonstige «Wissensspeicher» bringen will, muss ich mir entweder helfen lassen oder ich muss schlichtweg wissen, wie man das bewerkstelligen kann; mir müssen also entsprechende Methoden bekannt sein und ich muss sie beherrschen. Vor allem aber muss ich wissen, was ich eigentlich will, ich muss mir also Ziele setzen können und ich muss erkennen, wann ich diese Ziele erreicht habe. Diese wenigen Beispiele zeigen, dass der Umgang mit Wissen eine Form von «Metawissen», also Wissen über das eigene Wissen, ein gewisses Handwerkszeug und eine grundlegende Kompetenz des Problemlösens erfordert. Dabei handelt es sich um alt bekannte Themen in der Psychologie: Mehrere Forschungszweige, nämlich die *Metakognitionsforschung*, die daran angrenzende *Lernstrategieforschung* und die *Problemlöseforschung* beschäftigen sich seit Langem – wenn auch unter unterschiedlichen Bezeichnungen – damit, welches Wissen man braucht, um sinnvoll und zielgerichtet mit Wissen umgehen und damit Probleme lösen zu können. Ein Blick auf alle drei Forschungsrichtungen ist für das persönliche Wissensmanagement entsprechend lohnend.

Metakognition und ihre praktische Bedeutung. Kognition ist ein übergeordneter Begriff, der alle rationalen Prozesse des Menschen meint, die man zum Denken, Lernen, Problemlösen braucht[6]. Metakognition bezeichnet folglich eine Form von Kognition, die selbst wiederum kognitive Phänomene zum Inhalt hat. Eine gängige Definition von *Metakognition* bündelt darunter mehrere Fähigkeiten, nämlich: a) das eigene Wissen zu kennen, b) über das eigene Denken nachzudenken, c) sich bei der Lösung von Problemen selbst zu beobachten und zu kontrollieren und d) notwendige Prozesse wie auch Hilfsmittel beim Lernen (oder Problemlösen) effektiv zu organisieren. Man kann also zwei Komponenten der Metakognition unterscheiden (Kluwe, 1982): erstens das *metakognitive Wissen*, also Wissen über das eigene Wissen, über (mögliche) kognitive Prozesse sowie über Ziele und Aufgaben, die vor einem stehen; und zweitens *metakognitive Strategien*, die sich auf Prozesse beziehen, also darauf, wie man plant, auswählt, überprüft, schlussfolgert etc. Meta-

---

6   Erinnert sei an die «kognitiven Strukturen», die dem Wissen nach Ansicht der Strukturgenese zugrunde liegen.

kognitives Wissen und metakognitive Strategien gelten als Voraussetzung für einen erfolgreichen Einsatz von Lernstrategien jeder Art (Mandl & Friedrich, 2006). Meist machen wir uns wenig Gedanken über unsere Metakognition; vieles läuft im Idealfall automatisch ab. Bewusst aber werden uns Defizite in der Metakognition dann, wenn es nicht gelingt, sich etwas zu merken, wenn wir uns überschätzt oder die falschen Hilfsmittel zum Problemlösen gewählt haben etc.

Lernstrategien oder: Was man tun kann, um besser zu lernen. Die Lernstrategieforschung baut auf den Erkenntnissen der Metakognitionsforschung auf. Sie geht davon aus, dass der Mensch in der Lage ist, seine Denk- und Lernprozesse bewusst zu steuern – eine Annahme, die auch dem persönlichen Wissensmanagement zugrunde liegt. Ziel der Lernstrategieforschung ist es, Maßnahmen zu entwickeln und zu überprüfen, die dazu geeignet sind, das eigene Lernen zu verbessern (Weinstein & Mayer, 1986). Den größten Komplex bilden die kognitiven und metakognitiven Lernstrategien: *Kognitive* Strategien sollen einem helfen, neue Informationen besser zu verstehen und länger zu behalten, Informationen wie auch das eigene Wissen übersichtlicher und eingängiger zu strukturieren oder besser anzuwenden. In den Bereich der *Metakognition* gehören Strategien, die einen darin unterstützen, den Lernprozess präziser zu planen, zu überwachen und zu bewerten; auch Strategien zur Nutzung von Ressourcen kann man hier einordnen. Da wir keine Lernmaschinen sind, bleiben die besten kognitiven Strategien wertlos, wenn es an Wille und Antrieb zum Lernen fehlt, wenn uns negative Gefühle vom Lernen abhalten oder wenn wir ein Defizit an sozialem Austausch haben. Vor diesem Hintergrund beschäftigt sich die Lernstrategieforschung auch mit *motivationalen* und *emotionalen* Strategien sowie mit Strategien zum *kooperativen* Lernen (Mandl & Friedrich, 2006).

Probleme im Fokus der Psychologie. Wenn sich Problemlöseforscher mit Problemen beschäftigen, so ist damit nicht gemeint, dass sie sich ausschließlich mit problematischen Dingen umgeben. Das Wort «Problem» ist hier nüchterner definiert: Ein Problem besteht dann, wenn man ausgehend von einem gegebenen Zustand (dem Ausgangszustand) einen gewünschten Zustand (den Zielzustand) nicht ohne Weiteres erreichen kann, wenn also zwischen Ausgangs- und Zielzustand eine Barriere liegt, die überwunden werden muss (z. B. Seel, 2003). Das klingt recht mechanistisch und einem großen Teil dieses Forschungszweigs (wie auch Teile der Metakognitions- und der Lernstrategieforschung) liegt denn auch die Auffassung zugrunde, dass menschliches Denken und Lernen ein letztlich berechenbarer Informationsverarbeitungsprozess ist[7]. Bis zu einem gewissen Grad ist das funktional, um praktische Hilfen anbieten zu können – auch wir wer-

---

7   Das ist allerdings nur *eine*, wenn auch beherrschende Sicht. In den 1930er und 1940er Jahren gab es die gestaltpsychologische Auffassung, dass ein Problem so etwas wie eine «defekte Gestalt» sei, die beim Betrachter eine Spannung und damit die Tendenz auslöse, daraus eine «gute Gestalt» zu machen. Das Paradigma der Informationsverarbeitung aber war einflussreicher.

den an manchen Stellen dieses Buches aus diesem (praktischen) Grund «so tun, als ob» der Umgang mit Wissen bzw. das Problemlösen mit Hilfe von Wissen eine steuerbare Angelegenheit sei. Als Grundlage aber soll uns die strukturgenetische Auffassung von Wissen dienen, die den *konstruktiven* Charakter menschlichen Erkennens ins Zentrum stellt (vgl. Abschnitt 1.1).

Was am persönlichen Wissensmanagement neu und weniger neu ist. Inzwischen dürfte die Überschrift dieses Kapitels «Warum persönliches Wissensmanagement ein Klassiker – genauer: ein psychologischer Klassiker – ist» verständlich geworden sein: Was wir hier in diesem Buch vor allem an Methoden zusammentragen, ist in vielen Fällen nicht eigens oder ausschließlich für das Wissensmanagement entwickelt worden; und viele Dinge, die Sie hier lesen werden, sind nicht grundsätzlich neu. Metakognition, Lernstrategien und Problemlösen sind drei Forschungsgebiete der Psychologie mit langen Traditionen, deren Erkenntnisse *die* zentrale Basis für ein persönliches Wissensmanagement jenseits von marktschreierischen Neuheiten bilden. Neu ist die Zusammenstellung und Zusammenführung verschiedener Methoden und Werkzeuge und deren Einordnung in eine Modellvorstellung vom persönlichen Wissensmanagement. Neu ist darüber hinaus die konsequente Wissensperspektive und die Aufbereitung bestehender Erkenntnisse für die praktische Nutzung im Arbeitsalltag von Menschen. Natürlich werden wir auch Maßnahmen und Ideen integrieren, die wissensmanagementspezifisch, anderer Herkunft und/oder neuartig sind. Doch wir werden Ihnen nicht vorgaukeln, die Welt neu erfunden zu haben.

1.3.2
Was persönliches Wissensmanagement alles bedeuten kann

Implizite Bedeutungszuschreibung. Bisher haben wir das persönliche Wissensmanagement implizit und auf der Grundlage der strukturgenetischen Auffassung von Wissen schlicht als *den Umgang der einzelnen Person mit öffentlichem und personalem Wissen* definiert. Wir haben das persönliche Wissensmanagement darüber hinaus mit der klassischen Wissensmanagementbewegung in Verbindung gebracht und dabei festgestellt, dass der Mensch in allen Entwicklungsrichtungen des Wissensmanagements in und für Organisationen zwar eine Rolle spielt, aber nicht im Zentrum steht. Schließlich haben wir das persönliche Wissensmanagement mit drei psychologischen Forschungsrichtungen verknüpft, nämlich mit der Metakognitionsforschung und der damit eng verbundenen Lernstrategieforschung sowie mit der Problemlöseforschung. Vor diesem Hintergrund kann man persönliches Wissensmanagement *vorläufig* als ein systematisches Unterfangen eines Individuums bezeichnen, mit Hilfe von Methoden, einschließlich geeigneter Werkzeuge, personales und öffentliches Wissen so zu handhaben, dass bestimmte Ziele erreicht werden. Dabei ist noch zu klären, was genau unter «Handhabung» zu verstehen ist, was die Ziele sein können und welche Methoden und Werkzeuge in Frage kommen.

Bestehende Definitionen. Ein Blick in die (nicht eben zahlreich vorhandene) Literatur zum persönlichen (bzw. individuellen[8]) Wissensmanagement liefert Umschreibungen, die mit der eben formulierten vorläufigen Definition weitgehend konform gehen und bereits einige Konkretisierungen anbieten:

- Tsui (2002) spricht von persönlichem Wissensmanagement, wenn Individuen in ihren täglichen Aktivitäten Wissen sammeln, klassifizieren, bewahren, suchen und abrufen. Dabei geht es nicht nur um Arbeitstätigkeiten, sondern auch um Tätigkeiten in Familie, Freizeit und anderen Lebensbereichen.
- Lembke (2004) umschreibt persönliches Wissensmanagement als ein Bündel von Konzepten, Methoden und Instrumenten, die dazu dienen, individuelles Wissen zu strukturieren, zu entwickeln, zu bewahren, zu teilen und anzuwenden. Damit wird es dem Einzelnen ermöglicht, Verantwortung für sein Wissen zu übernehmen.
- Für Röll (2004) spiegelt sich das persönliche Wissensmanagement in den Aktivitäten von Wissensarbeitern, die mit Information und Wissen täglich komplexe Probleme lösen. Diese Aktivitäten bestehen darin, Informationen zu suchen, zu finden, zu organisieren, zu verstehen und einzuordnen, Bedeutungen auszuhandeln, Ideen zu entwickeln, persönliche Netzwerke aufzubauen und zu pflegen sowie in Gemeinschaften zusammenzuarbeiten.

Und da wir – also die Autoren dieses Buches (Gabi Reinmann und Martin Eppler) – uns natürlich auch schon eine Weile Gedanken über das Wissensmanagement machen, sollen an der Stelle unsere eigenen Definitionen aus früheren Schriften nicht fehlen:

- Reinmann-Rothmeier und Mandl (2000) beschreiben persönliches (bzw. individuelles) Wissensmanagement als das Zusammenspiel von eigenverantwortlicher Zielsetzung und Evaluation einerseits und psychologischen Prozessen der Repräsentation, Generierung, Kommunikation und Nutzung von Wissen andererseits. Auch Stress- und Fehlermanagement wird zum individuellen Wissensmanagement gezählt.
- Nach Probst, Deussen, Eppler und Raub (2000) sowie Eppler (2004a) gehört zum persönlichen Wissensmanagement, systematisch Zugang zu Wissen zu haben, handlungsrelevante Informationen auszuwählen, diese in das eigene Wissen zu integrieren und die persönlichen Kompetenzen bzw. das eigene Wissensportfolio anforderungsorientiert und strategisch weiterzuentwickeln.

Was folgt aus diesen Definitionen? Alle hier vorgestellten Definitionen weisen in irgendeiner Form darauf hin, dass persönliches Wissensmanagement zielbezogen,

---

8   Persönliches und individuelles Wissensmanagement unterscheiden sich in der Regel nicht voneinander.

systematisch, aber auch eigenverantwortlich abläuft. Der *Planung* kommt also ein wesentlicher Stellenwert zu. Zudem werden verschiedene *Prozesse* im Umgang mit Information und Wissen benannt: Diese umfassen in unterschiedlichen Formulierungen vor allem die Recherche, Auswahl, Aufbereitung und Organisation von Information sowie die Entwicklung von Wissen und die Teilung des eigenen Wissens mit anderen. Eine theoretische Begründung für diese Prozesse fehlt oder ist nur schwach ausgeprägt. Auch klären die zitierten Definitionen nicht oder kaum ihr Wissensverständnis; die Unterscheidung zwischen Information und Wissen bleibt vage. In dem meisten Fällen wird persönliches Wissensmanagement auf Tätigkeiten im Arbeitsleben bezogen und damit vor allem externen Anforderungen unterworfen.

Wie wir im Folgenden vorgehen wollen. Unsere Auffassung von persönlichem Wissensmanagement wird den hier aufgeführten Definitionen nicht widersprechen, aber doch einen eigenen Akzent setzen. Auch unserer eigenen Definitionen werden in diesem Buch eine Erweiterung, stellenweise auch eine Erneuerung erfahren. Unser Ziel ist es, (a) allen folgenden Ausführungen das strukturgenetische Wissensverständnis zugrunde zu legen, (b) eine enge Verbindung zum Lernen und seinen (meta-)kognitiven, emotionalen, motivationalen und sozialen Aspekten herzustellen und (c) Wissen und Wissensprozesse in ein *neues Rahmenmodell* einzuordnen. Einige dieser Grundlagen wurden bereits im vorliegenden ersten Kapitel vorgestellt. Darauf aufbauend wollen wir nun im anschließenden Kapitel 2 einen theoretischen Rahmen für das persönliche Wissensmanagement liefern.

Zusammenfassung

Metawissen, Lernstrategien und Problemlösekompetenz gehören zu den Voraussetzungen für persönliches Wissensmanagement. Entsprechend liefern die Metakognitionsforschung, die Lernstrategieforschung und die Problemlöseforschung wertvolle Erkenntnisse für die theoretische wie auch praktische Herangehensweise an dieses Thema. So gesehen ist persönliches Wissensmanagement keineswegs nur ein Ableger der Wissensmanagementbewegung in Organisationen. Vielmehr stellt der inhaltliche Kern des persönlichen Wissensmanagements ein genuin psychologisches Thema dar, zu dem es bereits zahlreiche Konzepte, empirische Befunde und Empfehlungen für die Praxis gibt. Diese müssen allerdings für das persönliche Wissensmanagement erst noch sinnvoll zusammengestellt, gebündelt, begründet, integriert und mit spezifischen Neuerungen verknüpft werden – eine Aufgabe, der wir uns mit diesem Buch stellen. Die in der Literatur zu findenden Definitionen von persönlichem Wissensmanagement umfassen Elemente, die mit dem hier vertretenen Verständnis vereinbar sind, aus unserer Sicht aber noch zu wenig theoretisch fundiert und meist nur bruchstückhaft auf die psychologische Forschung bezogen sind. So mangelt es nach wie vor an einem wissenschaftlich *und* praktisch brauchbaren Rahmenmodell.

Kapitel 2 – Theorie
Entwicklung eines theoretischen Rahmens für die Praxis

Dass Theorie ohne Praxis zwar leer, aber die Praxis ohne Theorie wiederum blind ist, wusste schon der Philosoph Immanuel Kant (1724–1804). In eine ähnliche Kerbe schlug der Sozialpsychologe Kurt Lewin (1890–1947) mit seinem Spruch, dass nichts praktischer ist als eine gute Theorie. Und Albert Einstein (1879–1955) hat uns darauf hingewiesen, dass die Theorie bestimmt, was wir überhaupt beobachten können. Grund genug also, um auch diesem Buch, das sich auf Methoden für das persönliche Wissensmanagement konzentriert, einen theoretischen Rahmen zu geben. Dabei wollen wir *kein* Modell entwickeln, das menschliches Denken und Handeln *an sich* beschreibt. Vielmehr bezieht sich unser theoretischer Rahmen auf *den* Teil menschlicher Wirklichkeit, der für Menschen in Organisationen wichtig ist, wenn sie ihren Umgang mit Wissen verbessern wollen. Dies ist eine wichtige Einschränkung des Geltungsbereichs unserer theoretischen Vorschläge. Es handelt sich im Kern um ein *psychologisches* Modell, das die Person, ihr Erleben und ihre Interaktion mit der Umwelt ins Zentrum stellt. Vor diesem Hintergrund führen wir einige Unterscheidungen ein, die man aus der Perspektive anderer Disziplinen durchaus in Frage stellen oder kontrovers diskutieren kann.

Eine Basisunterscheidung ist die zwischen Innen und Außen im persönlichen *Erleben* der Person. Forschungen zur Frage, wie wir Identität, unser Selbst und unsere Persönlichkeit entwickeln, zeigen (z. B. Krampen, 2002): Es ist für den Menschen essenziell, zwischen dem Ich einerseits (Innen) und den Anderen sowie Gegenständen andererseits (Außen) zu unterscheiden, sich aber gleichzeitig mit der Umwelt aktiv auseinanderzusetzen und die Grenzen entsprechend durchlässig zu machen. Darauf aufbauend unterscheiden wir zum einen zwischen Personen und Gegenständen in der *Wissensumwelt*, mit der die Person interagiert, und zum anderen zwischen Rezeption und Produktion als zwei Formen von konstruktiver *Aktivität* der Person im Austausch mit der Wissensumwelt. Dazu kommen mentale Basisprinzipien, die die Grundlage dafür bilden, dass eine Person zu all diesen

Austauschprozessen überhaupt in der Lage ist. Ziel ist es, primär eine *Beschreibungssprache* zur Verfügung zu stellen: Diese zieht ein psychologisches Vokabular heran und nimmt die strukturgenetische Auffassung von Wissen als Grundlage. Ziel ist es, die beim persönlichen Wissensmanagement ablaufenden Prozesse zu *verstehen*. Wir ergänzen diese Beschreibungssprache mit einer Art *Anforderungsraster*: Dieses soll den Blick für typische Situationen und Aufgaben schärfen, die persönliches Wissensmanagement einfordern. Ziel ist es, den Leser darin zu unterstützen, wahrgenommene Anforderungen zu *analysieren* und die Wahl geeigneter Methoden vorzubereiten.

2.1
Eine Beschreibungssprache für das persönliche Wissensmanagement

2.1.1
Die Person und ihre Wissensumwelt

Objekte und Subjekte in unserer Umwelt. Wir haben in der Hinführung zu diesem zweiten Kapitel bereits festgestellt: Die Unterscheidung zwischen Innen und Außen ist Voraussetzung dafür, dass wir uns von der Umwelt abgrenzen können. Wir sprechen im Folgenden von *Wissensumwelt*, wenn wir damit *nicht* die gerade im Interesse stehende Person und ihr personales Wissen meinen, sondern entweder die sie umgebenden Gegenstände, die Wissen darstellen oder beinhalten (Objekte), oder andere Personen bzw. soziale Interaktionspartner mit deren Wissen (Subjekte). Medien wie Zeitungen, Zeitschriften, Bücher, Radio, Fernsehen, Internet und Intranet sind wesentliche Bestandteile unserer *materialen* Wissensumwelt: Sie sind heutzutage wichtiger Träger öffentlichen Wissens, das uns – je nach Medium – in unterschiedlichen Symbolsystemen (geschriebene und gesprochene Sprache, statische und dynamische Bilder sowie deren Kombinationen) begegnet. Die *soziale* Wissensumwelt meint primär das unmittelbare Umfeld bestehend aus Freunden, Kollegen, Vorgesetzten, Menschen, die einem etwas beibringen oder die von einem etwas lernen möchten. Auch wenn es beim persönlichen Wissensmanagement primär um das Individuum bzw. die eigene Person geht: Niemand von uns lebt in einem luftleeren Raum; vielmehr befinden wir uns immer im Austausch mit der materialen und sozialen Wissensumwelt, und auch unsere individuellen Erkenntnisstrukturen können wir nur in der Auseinandersetzung mit dieser vielfältigen Umwelt verändern. Von daher lohnt sich ein genauerer Blick auf die Wissensumwelt, die uns umgibt.

Die materiale Wissensumwelt. Was wäre die Schule ohne Schulbücher (auch heute noch), die Hochschule ohne wissenschaftliche Journale und große Enzyklopädien. Was wäre die Wirtschaftswelt ohne gedruckte oder online abrufbare Wirtschaftsdaten, Schränke voller Akten und Datenbanken mit Dokumenten und Tabellen. Was würde aus unseren Hobbys und Interessen werden, wenn wir auf allerlei Ratgeber, Geschichten und Hintergründe in den (Massen-)Medien verzichten müssten. All diese Beispiele stehen für die *materiale* Wissensumwelt, in der wir uns bewegen, aus der wir uns bedienen und zu der wir in verschiedenen Rollen auch immer wieder beitragen. Die materiale Wissensumwelt steht für das öffentliche Wissen (in Form von Information und Daten) bzw. sie beinhaltet Artefakte, also von Menschen gemachte Phänomene. Wenn diese Artefakte nicht nur heute, sondern auch morgen noch nicht nur von einer bestimmten Person, sondern von mehreren oder vielen genutzt werden können (Kriterium 1) und wenn sie von Dritten nachvollziehbar bzw. verstehbar sind (Kriterium 2), sprechen wir von *Wissensobjekten*. Diese sind materialisiert *und* konventionalisiert.

Die soziale Wissensumwelt. Doch die Schule wäre auch keine Schule, gäbe es keine Lehrer und Mitschüler, und eine Hochschule ohne wissenschaftliches Personal und Kommilitonen wäre undenkbar. Sie alle bereichern, ergänzen und ersetzen bisweilen das Wissen, das in Büchern oder anderen Medien zu finden ist. Auch das Arbeitsleben wäre nicht nur eintönig, sondern ineffizient, müsste man auf das Wissen und Können der Kollegen, der Vorgesetzten, der Partner und der Kunden verzichten. Und so manche Freizeitbeschäftigung ist vor allem Ausdruck sozialer Bedürfnisse; Erfahrung und Rat der Gleichgesinnten sind heiß begehrt und unersetzlich. All diese Beispiele stehen für die *soziale* Wissensumwelt einer Person. Sie umfasst alle Personen unseres jeweiligen Umfelds und deren personales Wissen, zu dem wir prinzipiell Zugang erhalten können, wenn wir mit ihnen in eine soziale Interaktion treten. Für die anderen wiederum sind wir mit unserem Wissen, das wir zur Verfügung stellen *können*, ebenfalls Teil der Wissensumwelt. Anders als in der materialen Wissensumwelt läuft der Austausch von Wissen ohne Materialisierung ab, setzt dafür aber eine direkte Kommunikation oder gemeinsames Handeln voraus. Nicht Artefakte, sondern Personen in ihrer Funktion als *Wissensträger* stehen hier im Zentrum des Interesses.

In welcher Umwelt bin ich jetzt? Das gerade vor Ihnen liegende Buch z. B. ist nicht nur da, damit Sie es lesen, verstehen und eventuell für Ihr Handeln nutzen. Das gleiche Buch ist im Moment möglicherweise auch die Lektüre Ihres Kollegen, mit dem Sie am Nachmittag eine Besprechung haben; Sie beziehen sich vielleicht beide darauf und streiten sich im schlimmsten Fall darum, was wir – die Autoren – wohl gemeint haben. Wissensobjekte werden also nicht nur von Einzelpersonen rezipiert und genutzt. Sie fließen auch in die soziale Wissensumwelt ein, bilden dort eine wichtige Grundlage gemeinsamen Handelns und wirken auf soziale Interaktionen von Wissensträgern ein. Umgekehrt muss die Besprechung mit Ihrem Kollegen nicht ohne greifbares Wissensergebnis bleiben. Auch wenn Sie sich eigentlich nur treffen wollten, um einen kurzen Plausch über die letzten Tagungen abzuhalten, kann es sein, dass Sie im Eifer des Gesprächs Ihre Notizen zusammenwerfen, Überschneidungen feststellen und beschließen, das

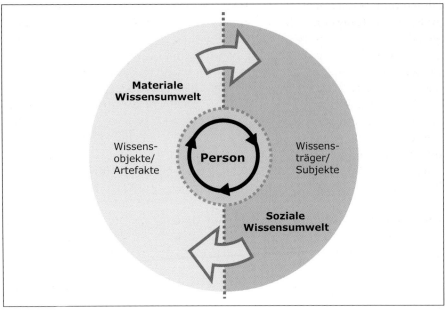

Abbildung 2.1: Die Person und ihre Wissensumwelt

Ganze auf ein paar Folien festzuhalten und der Abteilung zur Verfügung zu stellen. Aus kollaborativem Handeln und Problemlösen durch zwei oder mehr Personen können gemeinsam produzierte Wissensobjekte entstehen, die in die materiale Wissensumwelt einfließen und diese verändern. Es gibt also einen beständigen Austausch zwischen der materialen und der sozialen Wissensumwelt (siehe **Abb. 2.1**).

2.1.2
Die Person und ihre Aktivitäten im Austausch mit der Wissensumwelt

Aktivitäten im Austausch mit der Wissensumwelt. Wissenschaftlern ist in der Regel bewusst, dass sie eine Menge Wissensobjekte im oben definierten Sinne produzieren: Sie schreiben die Ergebnisse ihrer Forschungen und die Fortschritte auf, die sie bei der Entwicklung von Theorien erarbeitet haben, und publizieren das Ganze bei Verlagen oder auf Web-Seiten. Mitglieder anderer Organisationen aber produzieren ebenfalls eine Menge Wissensobjekte: Mitarbeiter und Führungskräfte fertigen massenweise PowerPoint-Folien an (Studierende an Hochschulen übrigens auch), erstellen Texte, Tabellen und statistische Grafiken. Lehrer verewigen sich in Arbeitsblättern, Dienstleister stellen Plakate und Flyer her. Manch einer schreibt regelmäßig etwas in sein Weblog. Einige empfinden vor diesem

Hintergrund bereits einen «Produktionsdruck» in Sachen Wissen[9]. Derzeit noch größer ist allerdings die Zahl derjenigen, die vor allem über die Wissensflut klagen, die sie nicht mehr zu bewältigen glauben. Und doch ist dies nur eine Seite der Medaille, denn: Natürlich greifen wir auch dankbar und gerne auf all das Wissen zurück, das andere für uns festgehalten, aufbewahrt, mitunter aufbereitet haben, das unser Gehirn allein niemals würde speichern können. Noch mehr gilt das für all das Wissen, das uns unsere Mitwelt auf direktem Wege (z. B. im Gespräch) vermittelt. Die Aktivität einer Person im Austausch mit ihrer Wissensumwelt kann also dergestalt sein, dass sie Wissen für die Wissensumwelt produziert (von lat. *pro-ducere*: hervorbringen) oder aus der Wissensumwelt rezipiert (von lat. *re-cipere*: zurück-/aufnehmen). In beiden Fällen handelt es sich um konstruktive Aktivitäten einer Person, die jedoch sehr unterschiedlich ablaufen.

Die Produktion von Wissen. Die Aktivität einer Person im Austausch mit der Wissensumwelt bezeichnen wir als *Wissensproduktion*, wenn sie andere Personen an ihrem (personalen) Wissen entweder direkt durch soziale Interaktion oder vermittelt über Wissensobjekte teilhaben lässt. Gemeint ist also *nicht* die intern ablaufende Erweiterung des eigenen Wissens bzw. der eigenen Erkenntnisstrukturen – damit beschäftigen wir uns bei den mentalen Basisprinzipien (siehe Kap. 2.1.3). Hier geht es vielmehr um *teilhaben lassen*, was immer eine Wissensumwelt als Gegenüber voraussetzt. Andere am eigenen Wissen teilhaben zu lassen, ist qualitativ unterschiedlich, je nachdem, ob der Austausch mit der sozialen oder materialen Wissensumwelt erfolgt: Andere Personen kann ich direkt nur dann an meinem Wissen teilhaben lassen, wenn ich ihnen dieses Wissen face-to-face, per Telefon oder Internet-Telefonie, im Chat oder Videokonferenzraum oder via Kombination verschiedener synchroner Medien berichte oder erzähle. Im direkten Kontakt kann ich mein Wissen durch unmittelbares Handeln bzw. Problemlösen auch ohne verbale Artikulation schlichtweg zeigen. Anders sieht es aus, wenn ich Wissensobjekte, also z. B. einen Text, ein Abbild oder logisches Bild, ein Audio- oder Videodokument produziere: Hier ermögliche ich Teilhabe, indem ich mein Wissen darstelle und greifbar mache. Wichtig ist: Was ich da herstelle, ist nur dann ein Wissensobjekt, wenn es die oben genannten Kriterien erfüllt (Nutzbarkeit über Zeit und Personen hinweg sowie Nachvollziehbarkeit). Natürlich kann ich auch Texte, Bilder u. ä. verfassen, die nur mir in ihrer Bedeutung zugänglich sind; dann produziere ich zwar auch Artefakte, aber keine Wissensobjekte, mit denen ich andere an meinem Wissen teilhaben lasse. Ähnlich ist es bei einem Chatprotokoll, das ebenfalls eine Materialisierung darstellt. Wenn es aber für niemanden außerhalb dieser Situation brauchbar ist, ist es zwar ein Artefakt, aber kein Wissensobjekt.

---

9   Dieses Phänomen trifft man bereits bei einigen Webloggern an; es zeichnet sich vor allem dadurch aus, dass es ein in hohem Maße *selbst auferlegter* Produktionsdruck ist (z. B. regelmäßig für andere interessante Dinge zu posten und/oder damit die eigene Person ins rechte Licht zu rücken).

Die Rezeption von Wissen. Die Aktivität einer Person im Austausch mit der Wissensumwelt bezeichnen wir als *Wissensrezeption*, wenn sie am (personalen) Wissen anderer Personen oder an der materialen Wissensumwelt partizipiert bzw. *teilhat*. Echte Teilhabe setzt natürlich voraus, dass eine Person das Wissen aus der Wissensumwelt auch versteht und es tatsächlich in irgendeiner Form nutzen kann. Bei der Darstellung der Strukturgenese war daher von «Aktualisieren» die Rede (vgl. Kap. 1.1.2): Wissen, das eine Person von außen aufnimmt, stiftet für diese nur dann Sinn, wenn sie es in eigenes Wissen transformieren kann. Der Akt des *Teilhabens* hat wiederum unterschiedliche Qualitäten, je nachdem, ob man sich mit der sozialen oder der materialen Wissensumwelt austauscht. Am Wissen anderer Personen, mit denen ich in einem direkten sozialen Austausch stehe, kann ich teilhaben, indem ich zuhöre – eine einfache und trotzdem nicht triviale Herausforderung, denn das Zuhören will gelernt sein. Kann mir der andere sein Wissen nur durch konkretes Handeln zeigen, muss ich dies beobachten, um an sein Wissen zu kommen. In beiden Fällen habe ich den aufnehmenden Part. Finde ich dagegen das Wissen materialisiert in irgendwelchen Wissensobjekten vor, sehen Rezeptionsprozesse anders aus: Zwar kann es auch hier sein, dass ich Wissen aufnehme, indem ich zuhöre und/oder beobachte, nämlich dann, wenn mir beispielsweise ein Podcast oder ein Video zur Verfügung steht. Da diese Objekte aber in der Regel in einem anderen als dem aktuellen Kontext entstanden sind, muss ich das so dargestellte Wissen auf mich und mein gegenwärtiges Problem beziehen, es also in gewisser Weise individualisieren. Ich muss es konkretisieren oder andere «Übersetzungsleistungen» vollbringen, um es nutzen zu können.

Und wie lassen sich die Aktivitäten trennen? Ähnlich wie bei der Unterscheidung zwischen einer materialen und einer sozialen Wissensumwelt dürfen Wissensproduktion und Wissensrezeption nicht als Schubladen verstanden werden, sondern als eine analytische Trennung, die für die Beschreibung realer Phänomene entsprechende Grenzen hat: Prozesse der Produktion und Rezeption laufen oft mehrfach, nacheinander oder zyklisch ab; bisweilen lassen sie sich im Erleben der Person auch nicht (mehr) trennen. Gleichzeitig produktiv *und* rezeptiv sind Sie z. B. dann, wenn Sie sich auf eine Präsentation (im Unternehmen) oder eine Unterrichtsstunde (in Schule oder Hochschule) vorbereiten: Im Wechsel suchen Sie nach Inhalten in Ihren Büchern und machen sich Notizen, surfen auf einer Web-Seite und tippen erste Kerngedanken zusammen, erstellen eigene Dokumente und lesen bei anderen nach etc. – natürlich ohne dabei immer genau zu realisieren, ob Sie produzierenden oder rezipierenden Tätigkeiten nachgehen. Noch stärker verschwimmen die Grenzen bei der Arbeit in einer Gemeinschaft: Ob Ideen gesammelt oder Entscheidungen getroffen werden – wer im direkten Austausch zusammen mit anderen handelt oder Probleme löst, für den fließen Mitteilen und Zuhören ineinander, bilden das Aufnehmen und Einbringen von Wissen häufig eine erlebte Einheit (siehe **Abb. 2.2**).

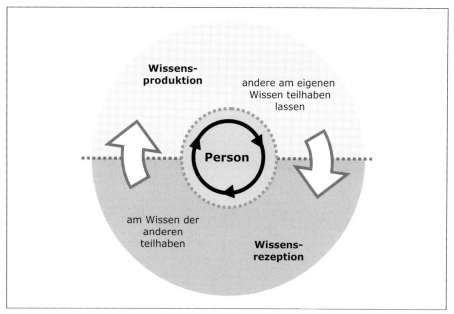

Abbildung 2.2: Die Person und ihre Aktivitäten

Von der Wissensumwelt zur Wissensinnenwelt

Wozu die Fokussierung der Außenwelt? Blicken wir kurz zurück: Zur Beschreibung des persönlichen Wissensmanagements haben wir zunächst die Wissensumwelt als eine *erste* Dimension erkannt, auf der wir Objekte und Subjekte bzw. die materiale und die soziale Wissensumwelt unterscheiden, gleichzeitig aber auch zahlreiche Verbindungen beobachten. Als eine zweite Dimension haben wir die Aktivitäten der Person *im Austausch* mit der Wissensumwelt postuliert. Hier haben wir eine produzierende und eine rezipierende Richtung (mit all ihren Übergängen) festgestellt. An der Stelle ist es noch einmal wichtig, dass Sie verstehen, *wozu* wir diese Dimensionen eingeführt haben, die beide – aus der Perspektive der Person betrachtet – die Außenwelt fokussieren: Man könnte ja auf die Idee kommen, genau diese Außenwelt der Person auszublenden, wenn es um persönliches Wissensmanagement und folglich darum geht, mit sich selbst und seinem Wissen klarzukommen. Viele der Methoden, die Sie im dritten Kapitel kennenlernen, werden tatsächlich die Person fokussieren. Umso wichtiger ist es, die hier intendierte Botschaft zu bedenken, dass persönliches Wissensmanagement nicht im luftleeren Raum stattfindet, sondern in vielfältige und komplexe Wissensumwelten eingebunden ist, die sich gegenseitig wie auch die Person beeinflussen. Es ist nicht die Außenwelt per se, die für das persönliche Wissensmanagement wichtig ist, sondern ihrer Funktion als «Gegenüber» für die Person, denn:

Jeder von uns kann nur im Austausch mit anderen Wissensträgern und Wissensobjekten einen Erkenntnisfortschritt machen und sich weiterentwickeln.

Vier Umwelt-Aktivitäts-Felder. Betrachten wir beide Dimensionen zusammen, ergeben sich vier Felder (siehe **Abb. 2.3**), in die sich verschiedenste Phänomene einordnen lassen, die uns in unserem Arbeitsalltag begegnen und Anlass für persönliches Wissensmanagement sein können.

Ein paar *Beispiele* zur Veranschaulichung: Wir *erzählen* einem Kollegen von der letzten Tagung, auf der wir waren, und *hören* ihm im Gegenzug *zu*, wie er die Ergebnisse der Besprechung zusammenfasst, die wir deswegen verpasst haben. Wir suchen einen langjährigen Experten auf und *beobachten* ihn dabei, wie er ein kompliziertes Problem löst. Umgekehrt *zeigen* wir unserem Teampartner, wie man ein brauchbares Flipchart in einem Workshop anfertigt. Hier gilt: Beim Zuhören und Beobachten bewegen wir uns im Feld «sozial-rezeptiv»; beim Erzählen und Zeigen sind wir im Feld «sozial-produktiv». Beide Felder vereint, dass es sich um Situationen des direkten sozialen und damit synchronen Austausches handelt – mit allen Vorteilen (z. B. Feedbackmöglichkeit) und Nachteilen (z. B. Flüchtigkeit). Sehen wir uns weitere Beispiele an: Manche Veranstaltungserlebnisse *schreiben* wir öffentlich zugänglich in ein Weblog und machen uns gleich

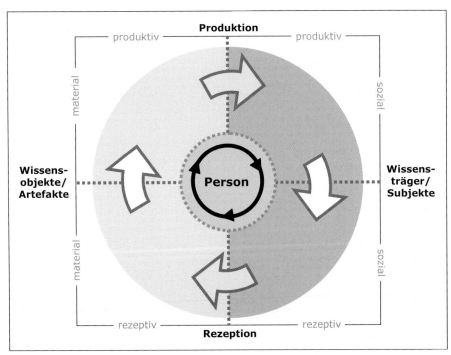

Abbildung 2.3: Umwelt- und Aktivitätsdimension in der Zusammenschau

darauf auf die Suche nach anderen Eindrücken in der Blogosphäre, die wir dann *lesen* und mit unseren vergleichen. Dank immer einfacher zu handhabenden Technologien *nehmen* wir uns selbst bei einem Vortrag *auf.* Ebenso nutzen wir Audio- und Videokonserven von Experten und *exzerpieren* die uns wichtig erscheinenden Inhalte. Hier gilt: Beim Schreiben und Aufnehmen bewegen wir uns im Feld «material-poduktiv»; beim Lesen und Exzerpieren sind wir im Feld «material-rezeptiv». Auch diese beiden Felder vereint etwas, nämlich dass es sich um Situationen des indirekten, weil durch Wissensobjekte vermittelten und damit asynchronen Austausches handelt – mit allen Nachteilen (z. B. nur verzögerte Feedbackmöglichkeit) und Vorteilen (z. B. Reflexionsmöglichkeit).

Und was ist mit der Innenwelt? Fast scheint es nun so, als sei die Person im Zentrum unseres Modells ein blinder Fleck, ist sie doch auch in den vorausgegangenen Abbildungen nicht weiter spezifiziert – mit Ausnahme eines Kreises, der Dynamik und permanent ablaufende Transformationsprozesse symbolisieren soll, die sich in unserem Kopf abspielen. Aber haben wir die Person nicht als den Dreh- und Angelpunkt im persönlichen Wissensmanagement eingeführt? Wo also bleibt nach all der Diskussion um die Außenwelt die Innenwelt im Rahmen des persönlichen Wissensmanagements? Wir werden uns im Folgenden mit dieser «Wissensinnenwelt» beschäftigen, indem wir uns die mentalen Basisprinzipien genauer ansehen, die den dargestellten Prozessen des Austausches einer Person mit ihrer Wissensumwelt zugrunde liegen und die Basis dafür bilden, dass wir überhaupt (etwas) wissen können. Dazu werden wir zum einen noch einmal auf das strukturgenetische Verständnis von Wissen zurückgreifen, denn: Wenn eine Person[10] mit ihrem Erfahrungshintergrund und vielfältigen Wissen der Ausgangspunkt des persönlichen Wissensmanagements ist, müssen wir auch das personale Wissen als Voraussetzung und Ziel bei allen persönlichen Wissensmanagementprozessen im Auge haben. Zum anderen werden wir an der Stelle Erkenntnisse aus der Metakognitions-, der Lernstrategie- und der Problemlöseforschung brauchen, deren Ziele und Grundsätze wir im ersten Kapitel kurz skizziert haben.

2.1.4
Mentale Basisprinzipien beim persönlichen Wissensmanagement

Die Wandlungsfähigkeit unseres Wissens. Wir sind im ersten Kapitel bereits darauf eingegangen, dass unser Wissen (das personale Wissen) teils begrifflich, teils bildhaft, teils enaktiv vorliegt: Während eine Person ihr *begriffliches Wissen* gut dokumentieren und anderen leicht mitteilen kann, erweist es sich bisweilen als sperrig, wenn es in konkreten Situationen genutzt werden soll. Umgekehrt ver-

---

10 Wir beziehen uns im Folgenden nur auf erwachsene Personen; folglich sind unsere Ausführungen nicht ohne Weiteres auf Kinder und Jugendliche übertragbar.

hält es sich mit *enaktivem Wissen*: Diesen Teil des personalen Wissens scheint es überhaupt nur zu geben, wenn eine Person ihn nutzt und damit handelt. Es ist in einem gewissen Sinne körperlich, implizit und geradezu widerspenstig gegenüber allen Versuchen, es einzufangen und festzuhalten. Wenn eine Person das Gefühl hat, etwas intuitiv zu wissen und danach handeln zu können, dürfte *bildhaftes Wissen* im Spiel sein – ein weiterer Aspekt personalen Wissens, der mit ungefähren Vorstellungen von einem Sachverhalt zu tun hat, den man (noch) nicht analytisch durchdrungen, dafür aber mit reichhaltigen Assoziationen verbunden hat. Verschiedene Wissensinhalte sind weder automatisch oder gar für immer enaktiv, bildhaft oder begrifflich, noch bleibt das Wissen in seiner Menge, Vernetzung und Ordnung gleich. Das eigentlich Spannende besteht gerade darin, dass es mentale (von außen nicht unbedingt sichtbare) Transformationsprozesse gibt, durch die eine Person ihr Wissen beständig verändert – in quantitativer wie auch in qualitativer Hinsicht. Enaktives Wissen kann unter bestimmten Umständen in Begriffe gefasst werden, Bilder werden zu Handlungen, begriffliches Wissen lässt sich bisweilen bildhaft darstellen etc. Transformationen dieser Art verändern das Wissen qualitativ und machen es in vielen Fällen auch flexibler. Es kann sich aber auch quantitativ wandeln, z. B. mehr, reichhaltiger oder auch kompakter werden.

Mentale Transformationsprozesse. Die geschilderten Prozesse der Änderung des Repräsentationsmodus von Wissen ist nur *eine* Form mentaler Transformationsprozesse. Letztlich sind *alle* denkbaren mentalen Prozesse in gewisser Weise Transformationsprozesse, denn: Alles, was wir aufnehmen, verarbeiten, denken etc., verändert immer auch unsere Erkenntnisstrukturen – mal mehr, mal weniger, mal in Details, mal in übergeordnetem Rahmen, mal unbemerkt, mal deutlich. Es gibt unzählige solcher Prozesse, und auch die Hirnforschung (z. B. Roth, 2003) kann uns nicht sagen, wie man sich diese genau vorzustellen hat. Und selbst wenn man dies könnte: Aus einer praktischen Perspektive betrachtet, dürfte es müßig sein, alle möglichen mentalen Transformationsprozesse im Umgang mit Wissen aufzudecken. Die meisten Anforderungen, denen wir uns im Arbeitsalltag mit unserem Wissen stellen, sind nämlich derart, dass viele verschiedene Transformationsprozesse gleichzeitig ablaufen. Die einzige Chance besteht also darin, eine überschaubare und nachvollziehbare Anzahl mentaler *Basisprinzipien* herauszuarbeiten. Wir gehen im Einklang mit der psychologischen Forschung auf diesem Gebiet davon aus, dass sich vor allem folgende drei Kategorien mentaler Basisprinzipien gut voneinander trennen lassen: (a) kognitive, (b) metakognitive und (c) emotional-motivationale Basisprinzipien.

Kognitive Basisprinzipien. Die eben geschilderten Prozesse der Transformation verschiedener Repräsentationsmodi personalen Wissens lassen sich schon einmal als *eine* Gruppe mentaler Basisprinzipien bezeichnen. Weil sie unter anderem dazu führen, dass das personale Wissen flexibler wird, können wir vom Prinzip der *Flexibilisierung* sprechen. Ein anderes mentales Basisprinzip bilden mentale Prozesse, die ablaufen, wenn eine Person neues Wissen in bestehende kognitive

Strukturen neben-, ein- oder unterordnet. Diesen Prozess haben wir bereits im ersten Kapitel als Assimilation eingeführt (vgl. Abschnitt 1.1.1). Da hier – von der Person her betrachtet – das bestehende Wissen vor allem erweitert bzw. elaboriert wird, kann man dies als Prinzip der *Elaboration* bezeichnen. Nimmt eine Person neues Wissen oder ein aktuelles Problem zum Anlass, bestehende kognitive Strukturen zu ändern (wozu auch die Dekonstruktion von Strukturen gehört), weil sich das Neue oder Ungewohnte in die alten Strukturen nicht einordnen lässt, haben wir es mit einer Akkomodation zu tun. Die dabei ablaufenden Prozesse lassen sich zum Prinzip der (*Re-)Strukturierung* zusammenfassen. Zu jedem kognitiven Basisprinzip finden sich eine ganze Reihe von Prozessen, die typisch sind für das persönliche Wissensmanagement und für die es unterstützende Methoden gibt. An der Stelle sollen einige Beispiele genügen: So können Sie etwa neues Wissen mit Vorwissen verknüpfen oder es unterordnen; Sie können aber auch Einfälle sammeln und assoziieren (Elaboration); Sie können bestehendes Wissen neu ordnen, Kategorien bilden oder vernetzen (Re-Strukturierung); Sie können (wie bereits erwähnt) Ihr Wissen verbalisieren, visualisieren oder sogar mental simulieren (Flexibilisierung). Doch auch diese Kategorisierung ist leider nur ein analytischer Versuch, sich einen Überblick zu verschaffen – die Wirklichkeit ist wie immer noch komplexer, denn: Die meisten mentalen Transformationsprozesse haben vielfältige Wirkungen, sodass «Nebeneffekte» nicht ausbleiben. Die folgende Tabelle 2.1 fasst die wichtigsten Eigenschaften der in diesem Buch verwendeten drei kognitiven Basisprinzipien noch einmal zusammen.

Tabelle 2.1: Kognitive Basisprinzipien

	Zielrichtung	Prozesse	Nebeneffekte
Prinzip der **Elaboration**	erweitert/vertieft bestehendes Wissen	verknüpfen, assoziieren, subsumieren etc.	Wissen ändert die Struktur
Prinzip der **(Re-)Strukturierung**	organisiert bestehendes Wissen neu	kategorisieren, vernetzen, umordnen etc.	Wissen wird mehr oder «kompakter»
Prinzip der **Flexibilisierung**	verändert den Modus der Wissensrepräsentation	verbalisieren, visualisieren, mental simulieren	Wissen wird «reichhaltiger» und/oder ändert die Struktur

Metakognitive Basisprinzipien. Wenn ich ein Dokument auf meinem Rechner suche, es aber mit meinen üblichen Suchmethoden nicht finden kann, liegt ein Problem vor: Ausgangszustand (mir fehlt ein Dokument), Zielzustand (ich finde das Dokument) und Barrieren auf dem Weg vom Ist zum Soll (defizitäre Suchmethoden) bilden die Eckpunkte. Der persönliche Arbeitsalltag in Organisationen ist voll von Situationen, in denen man die Problemlöseforschung anwenden kann. Wir haben in Kapitel 1 bereits darauf verwiesen, dass man persönliches Wissensmanagement *nicht* beiläufig oder implizit praktizieren kann. Vielmehr setzt es metakognitives Wissen und Können voraus und fußt auf dem reflexiven

Bewusstsein einer Person (vgl. Kap. 1.3.1). Das heißt für den Einzelnen: Persönliches Wissensmanagement verlangt zum einen nach Zielen, also nach Antworten auf Fragen wie: Was will ich, was muss ich, was darf ich tun? Wohin will ich wann und mit welcher Anstrengung? Zum anderen braucht man Wissen über den eigenen Ausgangszustand: Was bringe ich an Vorwissen mit? Auf welche Ressourcen kann ich zurückgreifen? Etc. Ohne eine solche *Planung* führt der Griff in die Methoden- und Werkzeugkiste ins Leere. Des Weiteren muss man den Prozess vom Ist zum Soll im Auge haben: Wie weit bin ich mit bestimmten Methoden bis dato gekommen? Wie zufrieden bin ich mit den Ergebnissen meines persönlichen Wissensmanagements? Hat mein Handeln positive oder negative Nebeneffekte? Fragen dieser Art deuten darauf hin, dass eine gewisse Form von *(Selbst-)Überwachung* nötig ist. Schließlich muss man den Punkt erkennen, an dem ein Ziel erreicht ist, was eine *Bewertung* und damit Bewertungsmaßstäbe voraussetzt. Und falls sich ein Ziel zunächst einmal nicht erreichen lässt, ist es wichtig, das «Ruder herumreißen» und im Bedarfsfall neu zu beginnen und/oder den eingeschlagenen Weg zu ändern, also so etwas wie *(Selbst-)Regulation* zu betreiben. Die folgende Tabelle 2.2 gibt einen Überblick über metakognitive Basisprinzipien und ergänzt diese mit Beispielen aus dem Arbeitsalltag.

Tabelle 2.2: Metakognitive Basisprinzipien

	Was ist gemeint?	Beispiele
Prinzip der **Planung**	Ausgangs- und Zielzustand bestimmen	Ziele setzen; Vorwissen analysieren; Interessen berücksichtigen
Prinzip der **Überwachung**	Prozess vom Ist zum Soll beobachten	Ressourcen (z. B. Zeit) im Blick haben; Ziele und Wege austarieren
Prinzip der **Bewertung**	Ergebnis mit dem Soll vergleichen	Ergebnisqualität beurteilen; sich vergleichen
Prinzip der **(Selbst-)Regulation**	Entscheidung über weiteres Vorgehen fällen	Vorgehen wiederholen oder modifizieren; «Neustart», neue Ziele

Warum metakognitive Basisprinzipien nicht formalisierbar sind. Trotz der Ähnlichkeit von Planungs-, Überwachungs-, Bewertungs- und Regulierungsprozessen etwa zum Projektmanagement in Organisationen darf man nicht vergessen, dass es sich hier um psychische Vorgänge handelt, die sich weder formalisieren noch vorhersagen lassen. Anders als im Kontext eines von anderen geplanten Projekts, müssen Sie beim persönlichen Wissensmanagement *selbst* die Initiative ergreifen, begonnene Prozesse zu Ende führen, Selbstdisziplin an den Tag legen und im Bedarfsfall gegensteuern. Damit ergibt sich eine hohe Abhängigkeit von Gefühlen, Stimmungen, Antrieb und Motiven (s. u.). Dazu kommt, dass Sie *selbst* die Verantwortung für ihr Tun haben – anderen und sich selbst gegenüber: Mögliche Synergieeffekte sind daher ebenso zu berücksichtigen wie potenzielle Kollateralschäden (also positive wie negative Begleiterscheinungen). Kollisionen persönlicher Interessen mit Sachzwängen, Schieflagen zwischen langfristigen Bedürfnissen und akuten Herausforderungen etc. sind zu erkennen und anzugehen, will man nicht in einen starren Mechanismus abgleiten, der einen letztlich nicht zufrieden stellt. All das geht nicht ohne Reflexion und Selbstkritik an geeigneten Stellen. Diese zu erkennen, ist eine besondere Herausforderung (vgl. Kap. 4.2).

Emotional-motivationale Basisprinzipien. Gefühle und Stimmungen (Emotion) sowie der Wille und Interessen (Motivation) beeinflussen kognitive wie auch metakognitive Prozesse[11], denn: Wie wir mit Wissen umgehen, ist eng daran gekoppelt, ob wir uns wohl oder unwohl fühlen, ob wir Angst und Wut oder Freude und Glück verspüren, ob uns ein bestimmtes Wissensgebiet attraktiv erscheint oder abstößt, ob wir gelangweilt oder überfordert, angeregt oder gestresst sind etc. (vgl. auch Kap. 3.4.2). Vor allem Letzteres spielt im Arbeitsalltag eine wichtige Rolle: Stress – oft gekoppelt mit Angst – verengt das Denken, schränkt kreative Prozesse ein, bedingt schlechtere Lernergebnisse und hat entsprechend ungünstige Auswirkungen auf das Lösen von Problemen (Dörner, 2004). Stress und die damit verknüpften negativen emotional-motivationalen Auswirkungen sind auch für Wissensarbeit von so zentraler Bedeutung, dass wir weiter unten eigens darauf eingehen werden. Akute, durch bestimmte Situationen hervorgerufene *Gefühle* sind zu unterscheiden von *Stimmungen*, die eher diffus und situationsübergreifend sind und nicht immer bestimmten Auslöser zugeordnet werden können. Zu unterscheiden ist auch zwischen dem Zustand der Motivation und Interessen: *Motiviert* zu sein bedeutet, dass man in einer konkreten Situation etwas tun möchte, also Motive und auch genügend Antrieb zur Umsetzung dieser Motive hat, und dass die Situation hierzu geeignet ist, also beispielsweise entsprechende Anreize liefert. Unter *Interessen* versteht man dagegen längerfristige Beziehungen einer Person zu bestimmten Inhalten, Gegenständen und Tätigkeiten; diese können durch besondere Umstände (ein Projekt ist z. B. außergewöhnlich interessant) hervorgerufen werden und begrenzte Zeit anhalten, oder es entwickelt sich ein langfristig wirksames Interesse (man will z. B. grundsätzlich eine gestaltende Rolle spielen), das für das Selbstkonzept der Person relevant wird (Krapp, 1998). Motivation und Emotion lassen sich noch weniger als kognitive und metakognitive Phänomene steuern und berechnen. Nicht von ungefähr empfindet man z. B. Menschen mit überschäumender Wut oder anderen extremen Emotionen als «unberechenbar». Auch der persönliche Wille entzieht sich in aller Regel der exakten Planung und Kontrolle – kaum jemand wird hier nicht auf ein persönliches Beispiel kommen. Über dieses Thema könnte man ein eigenes Buch schreiben, weshalb es an dieser Stelle genügen muss, ein Grundverständnis zu schaffen. Gefühle, Stimmungen, Motivation und Interessen sind nur exemplari-

---

11   Erinnert sei an die strukturgenetische Auffassung von Wissen, nach der Erkenntnisstrukturen nicht nur Ausdruck von Kognitionen, sondern eben auch von Motivation und Emotionen sind.

sche, aber wichtige grundlegende Phänomene. Wir nehmen sie daher als Basisprinzipien der «Wissensinnenwelt» der Person mit auf – wohl wissend, dass wir dabei stark an der Oberfläche bleiben. Die folgende Tabelle 2.3 fasst das Gesagte noch einmal zusammen und ergänzt stichpunktartig Möglichkeiten des Umgangs mit emotional-motivationalen Phänomenen.

Tabelle 2.3: Emotional-motivationale Phänomene bzw. Basisprinzipien

	Was ist gemeint?	**Möglichkeiten des Umgangs**
Gefühle	Situationsbezogen positive und negative Gefühle empfinden	Negative Gefühle kontrollieren und/oder positive gezielt nutzen
Stimmungen	Generelle positive oder negative Gefühlslage erleben	Eigene Stimmungsschwankungen berücksichtigen und/oder verändern
Motivation	Etwas wollen, Antrieb haben, sich zum Handeln entscheiden	Sich selbst belohnen und/oder nach externen Anreizen suchen
Interessen	Etwas attraktiv finden und sich länger damit auseinandersetzen	Neugier entwickeln und/oder Interessen pflegen

Mentale Basisprinzipien im Überblick. Die folgende Tabelle 2.4 fasst die Ausführungen zu den mentalen Basisprinzipien, die die «Wissensinnenwelt» einer Person kennzeichnen, noch einmal knapp zusammen. Methoden für das persönliche Wissensmanagement greifen vor allem auf kognitive und metakognitive Basisprinzipien zurück und machen es von daher erforderlich, die emotional-motivationalen Basisprinzipien jeweils mitzudenken und nicht zu vernachlässigen.

Tabelle 2.4: Mentale Basisprinzipien im Überblick

Mentale Basisprinzipien	**Typische Prozesse (Kategorien)**
Metakognitive Basisprinzipien	Planen – Überwachen – Bewerten – Regulieren
Kognitive Basisprinzipien	Elaborieren – Restrukturieren – Flexibilisieren
Emotional-motivationale Basisprinzipien	Fühlen – Stimmungen haben – Motiviert sein/Wollen – Interessen haben

Zusammenfassung

Mit der hier angebotenen Beschreibungssprache zum persönlichen Wissensmanagement stellen wir die Person zum einen in den Mittelpunkt des Interesses,
betten sie zum anderen aber auch in eine Wissensumwelt ein, mit der sie im
beständigen Austausch steht. Dieser «Außenwelt» haben wir ausreichend Platz
eingeräumt und zwei Dimensionen herangezogen, um sie zu charakterisieren:
eine Umweltdimension mit der materialen und der sozialen Wissensumwelt und
eine Aktivitätsdimension mit produktiven und rezeptiven Aktivitäten im Austausch mit der Wissensumwelt. Daraus ergeben sich vier Umwelt-Aktivitäts-Felder, in die sich viele Phänomene aus dem Wissensalltag einordnen lassen. Kenn-
zeichnend für die «Innenwelt» sind die zahlreichen und verflochtenen Prozesse
der Wissenstransformation, die sich nur schwer und letztlich immer unbefriedi-
gend ordnen lassen: Wir haben drei Kategorien mentaler Basisprinzipien vorgeschlagen, nämlich kognitive Basisprinzipien (Elaborieren, Restrukturieren,
Flexibilisieren), metakognitive Basisprinzipien (Planen, Überwachen, Bewerten,
Regulieren) und emotional-motivationale Basisprinzipien (Gefühle, Stimmungen, Motivation, Interessen).

2.2
Ein Anforderungsraster für das persönliche Wissensmanagement

2.2.1
Situationen und ihre Ziele: Operativ oder strategisch?

Persönliches Wissensmanagement – wozu? Natürlich könnte man persönliches Wissensmanagement als Sport oder Hobby betreiben – also weitgehend zweckfrei, aus Lust an der Sache. Aber wahrscheinlich gehen Sie in Ihrer wenigen freien Zeit doch lieber Baden, Wandern, zum Essen oder in den wohl verdienten Urlaub. Persönliches Wissensmanagement werden Sie statt dessen *anforderungsbezogen* betreiben wollen, gewissermaßen als allgemeinen Problemlöseansatz in Situationen, in denen Sie persönlich gefordert sind, den Umgang mit Wissen zu verbessern. Was das im Einzelnen genau heißt und welche Ziele letztlich erreicht werden sollen, ist – unabhängig von den konkreten Inhalten – zunächst einmal davon beeinflusst, ob ein akutes Problem gelöst werden soll *oder* ob es darum geht, langfristig nutzbare Problemlösefähigkeiten aufzubauen. Im ersten Fall steht man vor einem operativen Ziel, das in eine unmittelbare Leistung (Performanz) mündet; im zweiten Fall hat man es mit einem strategischen Ziel zu tun, nämlich mit Kompetenzentwicklung. Persönlichem Wissensmanagement können operative und/oder strategische Ziele bzw. Situationen zugrunde liegen, die akute Performanz und/oder langfristige Kompetenz erfordern. Zu erkennen, was jeweils wichtig und primär ist, erhöht die Chance auf einen gelungenen Methodeneinsatz.

Operative Ziele. Persönliches Wissensmanagement im Sinne eines *operativen Wissensmanagements* meint, dass eine Person in einer gegebenen Situation ein Problem *unmittelbar* lösen will oder muss. Die Situation und ihre Ziele sind in gewisser Weise akut. Das Ergebnis dieser Form persönlichen Wissensmanagements – die Problemlösung – ist eine *sichtbare* Leistung bzw. *Performanz*. Gut veranschaulichen lässt sich diese Anforderungssituation am Beispiel des «Information Overload» (Eppler, 2003): Die Personalchefin einer großen Bank ist mit Informationen hoffnungslos überlastet. Sie kann schon lange nicht mehr jede E-Mail lesen, hat eine wachsende Menge täglicher Berichte zu kommentieren, koordiniert mehrere parallel laufende Projekte und muss dabei genau erkennen, welche eingehenden Informationen wichtig und welche weniger wichtig sind. Ebenso ge- oder schon überfordert ist der Leiter einer Stabsstelle im Gesundheitswesen, der unter Zeitdruck Informationen unterschiedlichster Form und Qualität lesen und verstehen muss, auf Geschichten oder Beschwerden von Patienten und deren Angehörigen rasch reagieren und auf breiter, aber oberflächlicher Informationsbasis weitreichende Entscheidungen treffen soll. Betrachten wir dabei jeweils die *Gegenwart*, stehen beide Akteure in ihrer täglichen Situation vor der Herausforderung, akute Probleme in den Griff zu bekommen und sichtbare Ergebnisse zu liefern. Anders formuliert: In diesen Beispielen ist die Bewältigung des Information Overload das operative Ziel des persönlichen Wissensmanagements.

Strategische Ziele. Persönliches Wissensmanagement im Sinne eines *strategischen Wissensmanagements* meint, dass eine Person die Fähigkeit aufbauen will oder muss, Probleme *künftig* (besser) zu bewältigen – und zwar vor allem Probleme, die eine persönliche Relevanz haben. Die zu erreichenden Ziele sind längerfristig. Das Ergebnis dieser Form persönlichen Wissensmanagements – die Problemlösefähigkeit – ist eine *Kompetenz*, die man über Leistungen *erschließen* kann. Vielleicht hat unsere Personalchefin ihren Job ja schon lange satt und brütet gerade über eine größere berufliche Veränderung. Wenn dem so ist, könnte sie sich ein persönliches Wissensprofil erstellen, um sich ein Bild über ihre Stärken und Schwächen und damit über Chancen in anderen Tätigkeitsfeldern zu machen. Der Stabsleiter im Gesundheitswesen wiederum könnte zu der Erkenntnis kommen, dass viele seiner Probleme von ihm selbst mit verursacht sind, weil es ihm an sozialer Kompetenz mangelt. Das jedenfalls wäre ein idealer Auslöser dafür, an den eigenen Fähigkeiten im Umgang mit anderen Menschen und Konflikten zu arbeiten, einen entsprechenden Kurs zu buchen oder gar eine Ausbildung als Mediator zu beginnen. In beiden Fällen unternehmen unsere Akteure etwas, um für die nahe oder ferne Zukunft besser gerüstet zu sein: Sie entwickeln ihre Kompetenzen, die durch beobachtbare Leistungen im Alltag (hoffentlich) sichtbar werden.

Warum sich Performanz und Kompetenz gegenseitig bedingen. Performanz und Kompetenz sind keine sich ausschließenden Kategorien. Vielmehr markieren sie unterschiedliche Zeitpunkte, zu denen man das eigene Handeln und die persönliche Entwicklung betrachtet. Bei genauerem Hinsehen sind das akute Problemlösen und eine langfristige Kompetenzentwicklung eng miteinander verwoben: (a) Wenn Sie akute Probleme durch persönliches Wissensmanagement lösen, *können* Sie dadurch auch entsprechende Problemlösefähigkeiten aufbauen. Ein Automatismus ist dies allerdings nicht: Lernen und Kompetenzentwicklung setzen voraus, dass man sein Handeln und die dabei gemachten Erfahrungen auch reflektiert und seine «Lehren» daraus zieht. (b) Misserfolge bei akuten Problemlöseversuchen können ein hervorragender Anstoß dafür sein, mehr in die eigenen Kompetenzen zu investieren. Die Fähigkeit zur Selbstkritik ist hierfür eine wichtige Voraussetzung. (c) Umgekehrt zeigt sich – wie schon erwähnt – nur in der tatsächlichen Performanz, ob und welche Kompetenzen eine Person im persönlichen Wissensmanagement hat. Wer seine Kompetenzen nur beschreibt, aber nicht lebt, wird wohl auch nicht als kompetent wahrgenommen werden. Da sich Performanz und Kompetenz also gegenseitig bedingen, sind auch operative und strategische Ziele keine sich ausschließenden, sondern aufeinander bezogene Zielkategorien. Da man aber in einer gegebenen Situation an *einer* Stelle beginnen muss und bestimmte Ziele jeweils vorrangig sind, ist die Unterscheidung zwischen operativem und strategischem Wissensmanagement in jedem Fall empfehlenswert.

2.2.2
Aufgaben und ihre Erfordernisse: effizient oder innovativ?

Die Person vor verschiedenen Aufgaben. Stellen Sie sich vor, Sie sollen die Ergebnisse einer internen Umfrage grafisch darstellen, um Ihren Vorgesetzten von einem wichtigen Anliegen zu überzeugen. Vorab wollen Sie noch einen Konsens zwischen den Kollegen herstellen, damit Ihr Anliegen von möglichst vielen unterstützt wird. Das erste Problem kann man als statisch und relativ strukturiert bezeichnen: Die Zahlen sind da und laufen Ihnen nicht davon; für die Erstellung statistischer Grafiken gibt es brauchbare Werkzeuge. Das zweite Problem dagegen ist dynamisch und unstrukturiert: Sympathien und Meinungen können Ihnen tatsächlich im übertragenen Sinne davonlaufen; zur Konsensbildung existieren vielleicht Faustregeln, aber keine eindeutigen Vorschriften; der Ausgang Ihrer Bemühungen bleibt ungewiss. Stellen Sie sich nun vor, Sie sollen in einem halben Jahr für einige Monate nach China und dort als Führungskraft eine neue Zweigstelle aufbauen oder als Hochschullehrer eine Gastprofessur übernehmen: Da Sie nicht der Erste in einer solchen Situation sind, gibt es bereits eine Art Checkliste, auf was Sie sich in der verbleibenden Zeit am besten in welcher Form vorbereiten können. Sie haben hier zumindest die Chance zu planen. Ganz anders sieht es aus, wenn man Ihnen als Lehrer oder Mitarbeiter die Empfehlung gibt, Ihre Medienkompetenz zu erhöhen, da man sich künftig auf wachsende Anforderungen im Bereich der digitalen Technologien oder auf die neue Netzgeneration einstellen müsse. Diese Art der Zukunft dürfte Ihnen weniger planbar erscheinen. Es gibt also im operativen wie auch im strategischen Bereich auf der einen Seite *kalkulierbare* Aufgaben und auf der anderen Seite Aufgaben, deren Anforderungsprofil sich unvorhergesehen entwickeln kann; wir nennen letztere *emergente* Aufgaben.

Effizienzziele. Im obigen Visualisierungs- wie auch im China-Beispiel steht man vor einigermaßen kalkulierbaren Aufgaben, deren Bewältigung sich mehr oder weniger gut *planen* lässt. Wer Planungschancen bekommt, von dem erwartet man heutzutage, dass er mit den ihm zur Verfügung stehenden Ressourcen ein möglichst gutes Resultat erzielt bzw. effizient handelt. Persönliches Wissensmanagement verlangt also nach *Effizienz*, wenn die Person kalkulierbare Probleme lösen soll oder sich auf kalkulierbare Herausforderungen vorbereiten will. Formal lässt sich das dazu erforderliche Vorgehen als *fokussierend* (im Sinne von: auf ein gut beschreibbares Ziel gerichtet) bezeichnen:

- Effizienzziele und ein fokussierendes Vorgehen im *operativen* Bereich legen es nahe, Probleme vor allem konvergent zu lösen (also den Lösungsraum zu gezielt zu verkleinern). Dabei kann man z. B. auf eigene Erfahrungen und Routinen zurückgreifen, die zunehmend vertieft und verfeinert werden, und/oder man orientiert sich an verfügbaren Standards. Im Visualisierungsbeispiel etwa werden Sie bewährte Verfahren nutzen und im Laufe der Zeit statistische Grafiken immer besser erstellen können.

▨ Effizienzziele und ein fokussierendes Vorgehen im *strategischen* Bereich legen es nahe, insbesondere klar eingrenzbare Fachkompetenzen zu entwickeln. Im China-Beispiel etwa werden Sie Ihr Englisch aufpolieren, einige chinesische Grußformeln lernen und einen Schnellkurs in chinesischen Sitten, Bräuchen und Gewohnheiten absolvieren.

Innovationsziele. Wenn Sie dagegen an die Beispiele zur Konsensfindung und Medienkompetenz zurückdenken, haben Sie es mit Aufgaben zu tun, die sich oft erst aus verschiedenen Faktoren entwickeln, wenn man mit ihnen aktuell konfrontiert ist, die also emergent und entsprechend schwer zu planen oder gar *unplanbar* sind. Wer vor derartigen Aufgaben steht, die in unserer Arbeitswelt zunehmen (Böhle, 2004), von dem erwartet man flexible, originelle, letztlich innovative Lösungen und Antworten. Persönliches Wissensmanagement verlangt also nach *Innovation*, wenn man emergente Probleme bewältigen soll oder sich auf emergente Herausforderungen vorbereiten will. Formal lässt sich das dazu erforderliche Vorgehen als *expansiv* (im Sinne von: auf mehrere, verwandte Ziele gerichtet) bezeichnen.

▨ Innovationsziele und ein expansives Vorgehen im *operativen* Bereich bedeuten, Probleme vor allem divergent zu lösen (also den Lösungsraum gezielt zu vergrößern). Wichtig ist hier unter anderem die Offenheit für neue Lösungen, auch wenn dies die Effizienz zunächst einschränkt. Im Beispiel zur Konsensfindung etwa werden Sie bei Bedarf auch unkonventionell vorgehen und Ihre Kollegen z. B. provozieren, um den Sinn Ihres Vorschlags zu verdeutlichen – auch auf die Gefahr hin, dass es schief geht.

▨ Innovationsziele und ein expansives Vorgehen im *strategischen* Bereich bedeuten, dass vor allem breit einsetzbare Schlüsselkompetenzen entwickelt werden. Im Beispiel zur Medienkompetenz etwa entscheiden Sie sich vielleicht dazu, sich mit Weblogs vertraut zu machen und ein eigenes Weblog zu beginnen, etwa in der Erwartung, dass Ihnen damit die Arbeitsweise der jungen Netzgeneration vertrauter wird – eine Arbeitsweise, die bald viele Lebensbereiche erfassen wird.

Warum Effizienz und Innovation immer auch subjektive Kriterien sind. Ob die Anforderungen, vor denen man steht, kalkulierbar oder emergent sind, dafür gibt es kaum objektive Kriterien. Die obigen Beispiele zeigen, dass man zwar typische Aufgaben finden kann, in denen es einem relativ leicht fällt, Effizienz- und Innovationsziele zu unterscheiden. Letztlich aber hängt die Einschätzung von Anforderungen wie auch von Zielen in hohem Maße von der Person, ihrer Wahrnehmung, ihren Motiven und Stimmungen und natürlich auch von ihren Erfahrungen und Fähigkeiten ab: Was für den einen eine kreative Lösung ist, die ein persönliches Wagnis fordert, ist für den anderen möglicherweise nur Routine. Was dem einen kalkulierbar vorkommt und entsprechende Planungssicherheit vermittelt, stellt sich für den anderen als unübersichtliches Chaos dar. Effizienz- und Innovationsziele lassen sich also formal unterscheiden. Wie sich einzelne Personen dann aber tatsächlich verhalten – also ob sie eher fokussierend oder expansiv vorgehen –, das unterliegt subjektiven Kriterien und wird auch immer fließend ineinander übergehen.

Vier Ziel- bzw. Anforderungsfelder. Betrachten wir nun die im persönlichen Wissensmanagement denkbaren Situationen mit ihren Zielen einerseits und die dazugehörigen Aufgaben mit ihren Erfordernissen andererseits: Zusammen ergeben sich wiederum vier Felder (siehe **Abb. 2.4**). Diese bezeichnen wir als Anforderungsraster, das sich vor allem für eine erste Diagnose und damit als eine Art Diagnosehilfe für das persönliche Wissensmanagement eignet.

Treffen wir in unserem Arbeitsalltag auf ein akutes, aber gut beschreibbares, kalkulierbares Problem, das sich fokussierend lösen lässt, können wir das – in Anlehnung an die Problemlösepsychologie – als *konvergentes Problemlösen* bezeichnen. Haben wir ein Problem jetzt zu lösen, das wir nicht klar eingrenzen und gezielt, sondern nur expansiv angehen können, weil es sich als emergent erweist, liegt *divergentes Problemlösen* vor. Ist die Situation nicht akut, aber so beschaffen, dass wir klar umrissene Kompetenzen aufbauen müssen und die damit verbundenen Herausforderungen gut kalkulieren können, nennen wir das *Fachkompetenzentwicklung*. Lassen sich solche Kompetenzen dagegen weniger fachlich festlegen, weil sie übergreifenden Charakter und damit emergente Eigenschaften haben, passt die Bezeichnung *Schlüsselkompetenzentwicklung*.

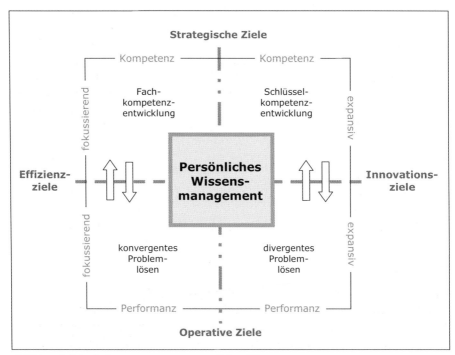

Abbildung 2.4: Anforderungsraster zum persönlichen Wissensmanagement

Konvergentes und divergentes Problemlösen. Konvergentes und divergentes Problemlösen sind Umschreibungen für grundsätzlich verschiedene Arten des problemlösenden Denkens (Seel, 2003): *Konvergentes Problemlösen* gilt als analytisch und ist dadurch gekennzeichnet, dass man bereits über das zur Problemlösung erforderliche Wissen verfügt und dieses auf ein spezielles Problem anwendet. Das ist beispielsweise der Fall, wenn Sie im Internet bestimmte Informationen suchen und dabei bekannte Suchstrategien anwenden. Sie können sich in einer solchen Situation auf ein Ziel konzentrieren und Ihre Aktivitäten entsprechend fokussieren. *Divergentes Problemlösen* gilt als kreativ und ist dadurch gekennzeichnet, dass man noch kein Lösungsprinzip kennt, sondern dieses selbständig entdecken muss. Das ist beispielsweise der Fall, wenn Sie einen Workshop vorbereiten sollen, in dem ein neues Leitbild kreiert wird. In solchen Situationen müssen Sie mitunter erst noch den Problemraum abstecken und Ihre Aktivitäten breiter, also expansiv anlegen. Beim persönlichen Wissensmanagement kommen beide Problemtypen vor. Je nach Art der Barrieren zwischen dem Ist- und dem Soll-Zustand lassen sich im Detail neben dieser breiten Untergliederung in zwei Problemkategorien selbstverständlich noch weitere Untertypen differenzieren, worauf wir an der Stelle aber verzichten.

Fach- und Schlüsselkompetenzentwicklung. *Fachkompetenzen* sind domänen-, inhalts- oder auch firmenspezifisch definiert; man könnte sie auch fachliche oder spezifische Problemlösefähigkeiten nennen. Beispiele sind Kenntnisse und Fähigkeiten grundlegender oder vertiefter Art im Controlling, im Verkauf, in Lehrmethoden, in Gesprächstechniken oder in einer bestimmten Fremdsprache. Das Ziel dieser Form der Kompetenzentwicklung ist relativ eindeutig bestimmt, sodass man sich auch hier gut fokussieren kann. Immer dann, wenn genau diese Spezifizierung auf bestimmte, abgrenzbare Anforderungen nicht vorliegt, begibt man sich in die Richtung von überfachlichen Kompetenzen bzw. Schlüsselkompetenzen. *Schlüsselkompetenzen* sind situations- und inhaltsunabhängig definiert und sollen vor allem helfen, komplexe und immer wieder neue Anforderungen zu bewältigen. Im Rahmen der OECD werden drei Kategorien von Schlüsselkompetenzen für das moderne Leben in einer globalen Welt gefordert, die erstaunlich gut zum persönlichen Wissensmanagement passen (Rychen & Salganik, 2003): die Kompetenz zur interaktiven Anwendung von Medien und anderen Hilfsmitteln, die Kompetenz zur Interaktion in heterogenen Gruppen und die Kompetenz zur autonomen Handlungsfähigkeit. Anforderungen dieser Art sind breit und eher unbestimmt angelegt, sie erfordern eigene Such- und Eingrenzungsprozesse, was ohne zunächst expansive Vorgehensweisen nicht möglich ist.

Warum diese Unterscheidung nach Zielen und Erfordernissen? Es gibt mindestens zwei Gründe, die dafür sprechen, die hier vorgeschlagenen vier Ziel- und Anforderungsfelder zu unterscheiden. Der *erste Grund* liegt im Erleben einer Person, das in allen vier Anforderungsfeldern äußerst unterschiedlich ist: So ist beispielsweise das «Jetzt und Gleich» für viele Menschen eine Stressquelle (vgl.

Kap. 2.1.4). Umgekehrt haben akute Herausforderungen den Vorzug, dass z. B. Erfolge unmittelbar rückgemeldet werden und eine Chance etwa für Flow-Erleben besteht. Anders ist die erlebte Situation bei der längerfristig angelegten Kompetenzentwicklung: Hier sind beispielsweise thematische Interessen oder Sympathien für soziale Kontexte, Versagensängste in einzelnen Situationen oder (mangelndes) Vertrauen in die eigenen Möglichkeiten einflussreiche emotional-motivationale Begleiter. Es gibt Menschen oder Lebensphasen, für die bzw. in denen es wichtig ist, das eigene Wissen und Können zunehmend zu vertiefen und dabei ein Gefühl der Sicherheit aufzubauen. Umgekehrt kann man sich grund-sätzlich oder abhängig von der Lebensphase wünschen, öfter neues Terrain ken-nenzulernen, auch wenn man sich damit neuen Unsicherheiten aussetzt. Neben diesem Aspekt des Erlebens ist ein *zweiter Grund* für die vorgeschlagenen Unter-scheidungen der, dass die Anforderungsfelder ein Hilfsmittel sind, um eine gege-bene Situation zumindest auf einer groben Ebene zu diagnostizieren. Mit Hilfe des Anforderungsrasters lassen sich Ziele des persönlichen Wissensmanagements schärfen und die Chance erhöhen, einzelne Methoden für das persönliche Wis-sensmanagement sinnvoll und passend einzusetzen.

Zusammenfassung

Mit dem Anforderungsraster für das persönliche Wissensmanagement bieten wir eine Art Diagnosehilfe an, die sich für eine erste Klärung der gegebenen Situation eignet, in der persönliches Wissensmanagement praktiziert werden soll. Dieses Raster unterscheidet operative und strategische Wissensmanage-mentziele und trennt damit Anforderungen, die akutes Problemlösen erfordern, von solchen, die eine langfristige Kompetenzentwicklung nahelegen. Es unter-scheidet zudem Effizienz- und Innovationsziele und trennt damit Anforderun-gen, die ein fokussierendes Vorgehen angesichts kalkulierbarer Herausforde-rungen verlangen, von solchen, bei denen ein expansives Vorgehen wegen emergenter Aufgaben gefragt ist. Dabei ist jedoch zu berücksichtigen, dass sich Performanz und Kompetenz gegenseitig bedingen und Entscheidungen in Rich-tung Effizienz- und Innovationsziele subjektiver Natur sind und ineinander übergehen können. Konvergentes und divergentes Problemlösen sowie Fach- und Schlüsselkompetenzentwicklung bilden in jedem Fall vier mögliche Anfor-derungsfelder beim persönlichen Wissensmanagement, die der ersten Orientie-rung dienen können.

Kapitel 3 – Praxis
Methoden für das persönliche Wissensmanagement

In diesem Buch geht es uns darum, dass Sie die Grundidee des persönlichen Wissensmanagements nachvollziehen und Methoden für das persönliche Wissensmanagement anwenden können. Dazu ist eine geeignete Beschreibungssprache wichtig: Sie lenkt die Aufmerksamkeit darauf, was psychologisch passiert, wenn eine Person ihr Wissen managt; diese Sprache dient also dem *Verstehen*. Das Anforderungsraster wendet den Blick auf die Bedingungen, unter denen persönliches Wissensmanagement von Nutzen ist; dieses Raster kann bei einer ersten *Analyse* bzw. Diagnose bestehender Anforderungen helfen. Aus der Beschreibungssprache lassen sich Methoden nicht direkt ableiten, denn: Sie bietet lediglich ein Vokabular, um Phänomene im Arbeitsalltag, in denen persönliches Wissensmanagement praktiziert wird oder praktiziert werden kann/soll, besser zu erkennen, in ihrer Bedeutung einzuordnen und sprachlich zu umreißen – daher die Bezeichnung «Beschreibungssprache». Auch aus dem Anforderungsraster ergeben sich keine eindeutigen Methoden. Vielmehr ist es so, dass man mitunter ein- und dieselbe Methode in verschiedenen Situationen und für verschiedene Ziele nutzen kann. Allerdings legen die Merkmale einer Methode in vielen Fällen zumindest eine bestimmte Richtung nahe. Mit anderen Worten: Unser Theoriekapitel und dessen theoretische Vorschläge sollen dazu dienen, die nun folgenden Methoden für das persönliche Wissensmanagement überlegter, nämlich verstehend und anforderungsorientiert, einzusetzen (siehe **Abb. 3.1** Seite 58).

Methoden knüpfen an allgemeine Prinzipien an und führen einen häufig auch zu konkreten Werkzeugen. Es gibt unzählige Möglichkeiten, Methoden für das persönliche Wissensmanagement zu ordnen – eine ideale Ordnung aber existiert nicht. Wir begnügen uns daher mit einer Einteilung in operatives und strategisches Wissensmanagement, werden jede Methode aber so beschreiben, dass man sie in das jetzt erlangte Vorverständnis eingliedern und überlegt nutzen kann.

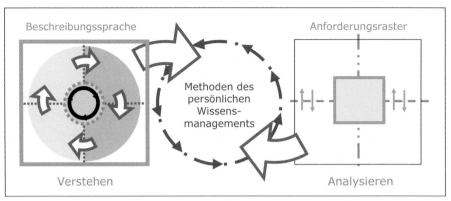

Abbildung 3.1: Beschreibungssprache und Anforderungsraster für einen überlegten Einsatz von Methoden

3.1
Persönliche Wissensmanagementmethoden: Ein Überblick

3.1.1
Der Methodenbegrif

Prinzipien, Methoden und Werkzeuge. Die Praxis des persönlichen Wissensmanagements setzt in hohem Maße an kognitiven und metakognitiven Basisprinzipien an, wobei emotional-motivationale Phänomene als querliegende Dimension eine nicht zu vernachlässigende, ständig begleitende Rolle spielen (siehe Kap. 3.4.2). Wir kennen die dem Umgang mit Wissen zugrunde liegenden mentalen Prozesse nicht im Detail, weshalb wir sie zu Basisprinzipien gebündelt haben. *Prinzipien* fassen Sichtweisen und mögliche Umgangsweisen mit Wissen generell auf einer eher abstrakten Ebene zusammen. *Methoden* braucht man, um derartige Prinzipien weiter zu konkretisieren und in beobachtbare Verhaltensweisen zu transformieren, die unter anderem auch davon abhängig sind, welche Wissensumwelt einen umgibt bzw. mit welchen Zielen man diese aufsucht. Methoden definieren also ein schrittweises, strukturiertes Vorgehen zur Bewältigung von situativen Anforderungen. *Werkzeuge* schließlich sind unmittelbar einsetzbare Hilfsmittel, um eine Methode umzusetzen. Am einfachsten lässt sich dieser Zusammenhang zwischen Prinzipien, Methoden und Werkzeugen an einem *Beispiel* zeigen: Bei den mentalen Basisprinzipien haben wir das kognitive Prinzip der (Re-)Strukturierung von Wissen kennengelernt. Es besteht darin, z.B. einzelne Konzepte zu einem komplexen Thema neu miteinander zu verknüpfen, um es besser zu verstehen. Eine Methode, dies zu tun, ist das Concept Mapping, das einem Schritte vorgibt, wie man ein Thema systematisch grafisch darstellen kann.

Werkzeuge zum Concept Mapping können schlicht Papier und Bleistift oder aber spezielle Software-Anwendungen sein.

Der heuristische Charakter von Methoden. Die Herkunft des Begriffs «Methode» lässt sich, wie so oft, bis ins Griechische verfolgen und bedeutet dort (méthodos) so viel wie: *Weg oder Gang einer Untersuchung, nach Regeln oder Grundsätzen geordnetes Verfahren*. Dies ist eine einfache und durchaus fruchtbare Auffassung von Methode, die gut zu dem passt, was wir Ihnen bieten wollen, nämlich: geordnete Verfahren und Empfehlungen, die heuristischen Charakter haben. Was heißt das? Die von uns vorgeschlagenen Methoden sind *nicht* so zu verstehen, dass sie zu «richtigen» und vorhersehbaren Ergebnissen führen. Wir wollen Sie dazu ermutigen, sich zunächst über die gegebene Situation und die jeweiligen Anforderungen klar zu werden, bevor Sie eine Methode einsetzen. Wir gehen allerdings *nicht* davon aus, dass Sie im Arbeitsalltag ständig allumfassende Diagnosen anstellen. Also werden sich Situationsanalysen darauf beschränken, zu einem raschen und ungefähren Anforderungsprofil zu kommen, auf dessen Grundlage man eine Methode heranzieht. Vor diesem Hintergrund kann und muss man Methoden einen heuristischen Charakter zuschreiben (z. B. Novick & Bassok, 2005). Dabei bieten Heuristiken einerseits den Vorteil, dass wir mit ihrer Hilfe vor allem in komplexen Situationen rasch und flexibel handeln können. Andererseits bergen sie aber auch die Gefahr, dass man Fehler macht und ungenau ist (Kahneman & Frederick, 2005). Dies gilt es zu beachten.

Was Methoden alles sein können. Manche Methoden für das persönliche Wissensmanagement lassen sich in Form von *Regeln* darstellen, deren Befolgen in bestimmten Situationen nützlich ist. Aus diesen Regeln kann man sich für den Alltag z. B. Checklisten machen, die man als Hilfe in konkreten Situationen heranzieht. Andere Methoden liefern Strukturen, wie z. B. *Textstrukturen*, *Vorlagen* oder auch *Fragen*, die man als Hintergrundfolie nutzen und bezogen auf eine persönliche Situation und Aufgabe konkretisieren kann. Zuordnungsverfahren (*Mapping*) und *Tabellen* sind weitere typische Ausprägungen von Methoden, die beim persönlichen Wissensmanagement vorkommen. Noch häufiger aber lassen sich *Diagramme* heranziehen, mit denen Wissen grafisch dargestellt bzw. in eine logische Grafik transformiert wird. All diese (formalen) Typen von Methoden sind jedoch nur Beispiele – allerdings bewährte Beispiele –, denn ein Methodenkapitel kann gar nichts anderes als ein unabgeschlossenes Kapitel sein, das sich selbstverständlich jederzeit – auch hinsichtlich der Methodentypen – erweitern lässt.

Werkzeuge als «verlängerter Arm». Viele Methoden beweisen ihre Nützlichkeit besonders eindrucksvoll durch dazugehörige Werkzeuge (vgl. auch Roehl, 2000). Unter einem Werkzeug versteht man im Allgemeinen ein Mittel, das man dazu nutzt, die eingeschränkten Möglichkeiten des Menschen zu erweitern, etwas herzustellen oder zu bearbeiten. So gesehen ist ein Werkzeug ein Arbeits- und Hilfsmittel, das physikalischer (z. B. Hammer und Amboss) oder informationeller

Natur (z. B. Formeln oder Software) sein kann. Es erfüllt seinen Zweck allerdings nur, wenn es durch einen Menschen gebraucht wird: Etwas *ist* also kein Werkzeug, sondern es *wird* zu einem Werkzeug, indem es als solches genutzt wird. In der Informatik bezeichnet «Tool» ein eigenständiges (kleines) Hilfsprogramm, das dazu dient, andere Software zu erstellen. Auch in der Pädagogik spricht man von Werkzeugen und meint damit Hilfsmittel zum Lernen (Lernwerkzeuge). Im Englischen ist in pädagogisch-psychologischen Kontexten von «mind tools» oder «cognitive tools» die Rede (Jonassen & Reeves, 1996), wenn neue Technologien die Funktion von Werkzeugen beim Lernen übernehmen: Diesen weist man das Potenzial zu, Denk- und Problemlöseprozesse höherer Ordnung zu unterstützen. Allen diesen Definitionen ist gemeinsam, dass sie Werkzeugen einen unterstützenden Charakter zuschreiben, die den Handlungsspielraum des Menschen erweitern können, wenn sie als solche (also zur Erweiterung der natürlichen Möglichkeiten) genutzt werden.

Ein Spagat zwischen Plan und Improvisation. Wenn wir im Folgenden von persönlichen Wissensmanagementmethoden sprechen, dann werden wir darunter zunächst heuristische Verfahren subsumieren, die Sie dazu anregen sollen, mit den täglichen Herausforderungen des (Arbeits-)Alltags in puncto Wissen bewusst und planvoll umzugehen. Wir werden Ihnen auch Hinweise auf Werkzeuge geben, wobei sowohl «Papier-und-Bleistift»-Werkzeuge als auch Software-Werkzeuge darunter sein werden. Situationen und Aufgaben, in bzw. bei denen persönliches Wissensmanagement vonnöten ist, sind in aller Regel komplex und verbieten simple Rezepte im Sinne algorithmisch anzuwendender Wenn-Dann-Regeln – auch dann, wenn es sich um eher strukturierte oder prinzipiell planbare Anforderungen handelt. Wenig sinnvoll aber wäre es, daraus zu folgern, dass es *gar keine* Regeln und strukturierte Vorgehensweisen gibt; das gilt vor allem für die von uns als emergent bezeichneten Situationen und Aufgaben. Methoden im Sinne von geordneten Verfahren versuchen diesen «Spagat» zwischen Plan und Effizienz einerseits sowie Improvisation und Innovation andererseits zu schaffen.

3.1.2
Kategorisierung und Beschreibung

Methodenauswahl. Die in diesem Buch aufgenommenen Methoden sind eine *Auswahl*. Wir haben solche Methoden ausgewählt, die (a) schnell zu erlernen sind, (b) auf wissenschaftlichen Erkenntnissen beruhen, (c) in relativ kurzer Zeit ihre Wirkungen und ihren Nutzen zeigen und (d) von uns selbst persönlich getestet und für gut befunden worden sind. Besonders wichtig ist uns die *Wirksamkeit* einer Methode im Alltag. Auch wenn es schwierig ist, diese exakt zu bestimmen, weil sie immer auch vom Anwender der jeweiligen Methode und von der konkreten Situation abhängt, haben wir eine einfache Quantifizierung versucht, um eine schnelle Orientierung anzubieten: Auf einer Skala von einem Stern (geringe Wirksamkeit) bis fünf Sternen (sehr hohe Wirksamkeit) haben wir jede Methode gemäß unserer eigenen Erfahrung bewertet. Wir haben keine Methode in das Buch aufgenommen, die in unserer Bewertung weniger als drei Sterne erreicht hat. Eine Bewertung mit drei Sternen bedeutet, dass die Methode zwar wirksam ist, aber auch einigen Aufwand im Verhältnis zu ihrer Wirkung erfordert. Neben den genannten Kriterien haben wir bei der Auswahl zudem auf einen ausgewogenen Methodenmix geachtet.

Vielfalt an Kategorisierungsmöglichkeiten. Wie bereits erwähnt, gibt es viele Möglichkeiten, Methoden für das persönliche Wissensmanagement zu ordnen. Man könnte sie z. B. danach kategorisieren, wo sie vorrangig zum Einsatz kommen, also zuhause bei der Einzelarbeit, am Arbeitsplatz während Routinetätigkeiten, in Sitzungen etc. Da kaum eine Wissensmanagementmethode ohne mediale Unterstützung (alter wie neuer Medien) auskommt, wäre auch eine Einteilung nach dem Medientyp, den verwendeten Symbolsystemen oder den dabei angesprochenen Sinnen zumindest denkbar. Eine vor allem akademische Einteilung könnte sich an den mentalen Transformationsprozessen orientieren, die durch den Einsatz einer Methode bei der Person in Gang gesetzt werden. Auch die Art des Wissens, um das es jeweils geht, oder die jeweils bevorzugte Lernform wären mögliche Wege der Ordnung. Wer es allem voran praktisch mag, würde wahrscheinlich eine Einteilung nach typischen Anwendungs- und/oder Problemsituationen im Alltag bevorzugen. Für jede Kategorisierung gibt es Pro- und Contra-Argumente. Und fast alle Ordnungssysteme haben den Nachteil, dass sie keineswegs objektiv sind, denn: Entscheidend ist, wie Individuen etwa Ziele, Situationen, Anforderungen und das erforderliche Wissen und Lernen einschätzen – und genau das ist nicht vorhersehbar und kann zwischen verschiedenen Personen (bei ähnlichen Bedingungen) erheblich variieren.

Unser Ordnungsschema. Wir haben uns dazu entschieden, von einer starren Kategorisierung unserer Methoden abzusehen. Wir werden im Folgenden allein zwischen akutem Problemlösen (persönliches Wissensmanagement mit operativen Zielen) und langfristiger Kompetenzentwicklung (persönliches Wissensmanagement mit strategischen Zielen) unterscheiden, weil dies eine der wenigen weitgehend trennscharfen Unterscheidungen ist. Trotzdem wollen wir Ihnen natürlich eine Einordnung jeder Methode in unsere theoretischen Überlegungen ermöglichen. Dies versuchen wir, durch einen «*Fingerabdruck*» vor jeder Methode zu erreichen. Dieser beantwortet Ihnen im Sinne einer Vorschau folgende Fragen: (a) Dient eine Methode tendenziell mehr dem Austausch mit der materialen oder der sozialen Wissensumwelt in einer mehr produzierenden oder mehr rezipierende Weise? (Einordnung in die vier Umwelt-Aktivitäts-Felder) (b) Welche kognitiven und metakognitiven Basisprinzipien werden mit der Methode vorrangig (aber nicht ausschließlich) tangiert? (Bezug zu mentalen Basisprinzipien) (c) Legt die Methode ein eher fokussierendes oder expansives Vorgehen nahe? (Eignung für bestimmte Typen von Problemen/Herausforderungen) (d) Um welchen

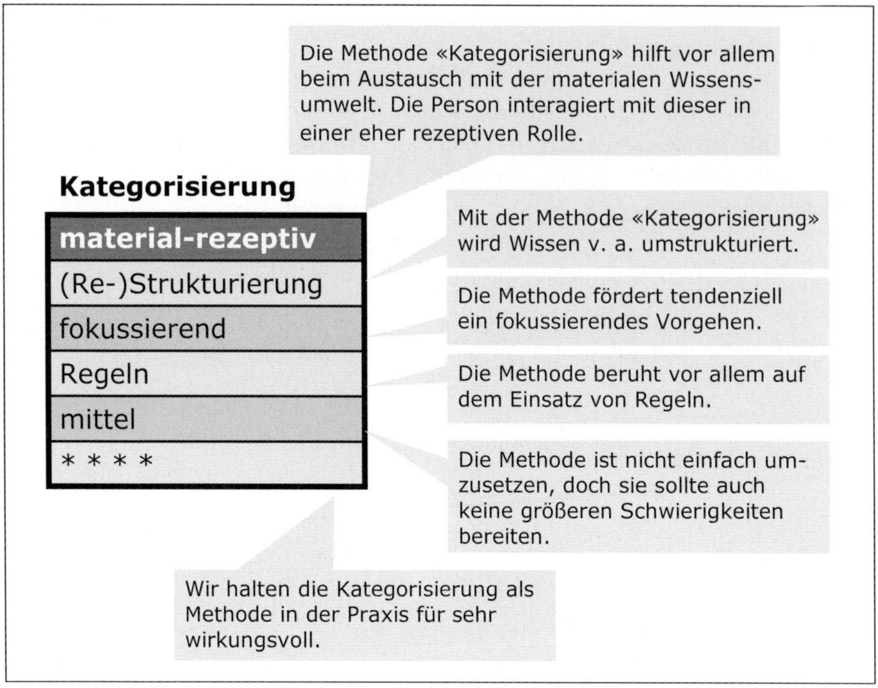

Die Methode «Kategorisierung» hilft vor allem beim Austausch mit der materialen Wissensumwelt. Die Person interagiert mit dieser in einer eher rezeptiven Rolle.

Kategorisierung

material-rezeptiv
(Re-)Strukturierung
fokussierend
Regeln
mittel
* * * *

Mit der Methode «Kategorisierung» wird Wissen v. a. umstrukturiert.

Die Methode fördert tendenziell ein fokussierendes Vorgehen.

Die Methode beruht vor allem auf dem Einsatz von Regeln.

Die Methode ist nicht einfach umzusetzen, doch sie sollte auch keine größeren Schwierigkeiten bereiten.

Wir halten die Kategorisierung als Methode in der Praxis für sehr wirkungsvoll.

Abbildung 3.2: Interpretation eines «Fingerabdrucks»

formalen Typ von Methode handelt es sich? (Regel, Diagramm, Struktur etc.) (e) Wie einfach bzw. schwer ist die Methode umzusetzen? (Handhabbarkeit) (f) Wie bewerten wir (s. o.) deren Wirksamkeit (auf einer Skala von 1 bis 5)? Ein solcher Fingerabdruck ist dann beispielsweise wie folgt zu interpretieren (siehe **Abb. 3.2**).

Der Beschreibungsmodus. Wir stellen die ausgewählten Methoden für das persönliche Wissensmanagement nach einem gleich bleibenden Beschreibungsmodus vor. Dies hat den Vorteil, dass Sie einzelne Methoden auch (allein stehend) für sich (u. a. als Kopiervorlage) nutzen und gut miteinander vergleichen können.

- Wie eben dargestellt, beginnt jede Methode mit einem *Fingerabdruck* zur Orientierung sowie zur raschen und einfachen Einordnung der Methode.
- Anschließend finden Sie Hinweise auf mögliche *Anwendungskontexte* der jeweiligen Methode, um den Praxisbezug sicherzustellen.
- Es folgt eine *allgemeine Beschreibung*, die je nach Methode unterschiedlich lang sein kann. Dazu gehören (a) eine Definition der Methode, (b) einige Informationen zum wissenschaftlichen Hintergrund und (c) eine Erläuterung, wie man im Einzelnen vorgeht. Wir beschränken uns dabei auf das Wesentliche; für vertiefende Informationen wird auf geeignete Literatur verwiesen.

- Ein anschließendes *Beispiel* sorgt dafür, dass das Ganze nicht abstrakt bleibt, sondern auch ausreichend veranschaulicht wird.
- Informationen zu verfügbaren *Werkzeugen* sollen ebenfalls nicht fehlen. Ergänzt wird dieser Part durch aktuelle Informationen in dem zum Buch gehörenden Online-Portal (www.persoenliches-wissensmanagement.com).
- Wir schließen mit Hinweisen auf mögliche *Fallstricke* bei der Anwendung der jeweiligen Methode in verschiedenen Anwendungskontexten – auf dass der persönlichen Nutzung unserer Methoden nichts mehr im Wege steht.

Was Sie in den folgenden Abschnitten erwartet. Nach dieser Einführung in die Auswahl und Einteilung der Methoden für das persönliche Wissensmanagement haben wir für Sie 21 Methoden – aufgeteilt in zwei Unterkapitel (Kap. 3.2. und 3.3) – zusammengestellt. Geordnet haben wir die Methoden nach aufsteigender Komplexität; das heißt: Wir beginnen jeweils mit sehr einfachen Methoden (bezogen auf die Handhabbarkeit) und enden mit solchen, die schon einen gewissen Aufwand an Zeit und Konzentration erfordern. Der letzte Abschnitt des Praxiskapitels (Kap. 3.4) ergänzt die Methoden zum einen mit drei *Szenarien*, die Ihnen exemplarisch zeigen, in welchen typischen Situationen verschiedene persönliche Wissensmanagementmethoden genutzt werden können (Methoden im Kontext). Zum anderen werden wir Ihnen ein paar Hintergrundinformationen und Tipps dazu geben, wie Sie mögliche emotional-motivationale, kognitive und soziale Hindernisse auf dem Weg zur *Anwendung* persönlicher Wissensmanagement-Methoden bewältigen können (Methoden in Aktion).

Noch ein Wort zu technischen Werkzeugen. Der überwiegende Teil der Ausführungen in diesem Buch sollte relativ langfristiger Natur sein, denn wir haben den Anteil an technischen Werkzeugen als Ergänzung zu einzelnen Methoden für das persönliche Wissensmanagement klein gehalten. Der Grund ist der, dass wir es gerade auf dem Softwaremarkt mit einer großen Dynamik zu tun haben, der man in einem gedruckten Medium kaum nachkommen kann. In dem zum Buch gehörenden Online-Portal werden wir versuchen, diese Hinweise jeweils zu ergänzen. Allerdings gibt es auch auf dem Softwaremarkt inzwischen einige «Klassiker» für das persönliche Wissensmanagement, auf die wir an mehreren Stellen hinweisen, so z. B. let's focus, Inspiration oder MindManager.

let's focus drawing attention® (www.lets-focus.com) ist ein einfaches kognitives Werkzeug und Visualisierungsprogramm, das Einzelpersonen oder Gruppen erlaubt, Informationen grafisch zu strukturieren. Dazu bietet das Programm ca. 120 Vorlagen an, welche auf bewährten Formen von Diagrammen, Karten und visuellen Metaphern beruhen. Das Programm wird seit 2003 durch einen der Autoren dieses Buches (Martin Eppler) zusammen mit der Firma reflact weiterentwickelt. Es wurde unter anderem für den Europäischen Softwarepreis IST nominiert und damit als eines der innovativsten Softwareprodukte Europas ausgezeichnet. Viele der in diesem Buch besprochenen Vorlagen stammen direkt aus let's focus. Das Programm kann kostenlos heruntergeladen und für 30 Tage benutzt werden.

Inspiration® (www.inspiration.com) ist eine ursprünglich für die Primarschule konzipierte Concept Mapping-Software, mit welcher rasch und unkompliziert Diagramme entwickelt oder verändert werden können. Neben den bekannten Pfeilen und Kreisen verfügt das Programm auch über einige Symbole und Zeichnungsfunktionen. Die Software beruht auf der Concept Mapping-Methode von Novak und enthält zahlreiche Beispiele und Tipps. Eine für Bildungszwecke kostenfreie Alternative zu diesem Programm ist *Cmap* (http://cmap.ihmc.us).

Mindmanager® (www.mindjet.com) ist eine ausgereifte Lösung für das digitale Mind Mapping. Mind Maps können darin rasch und einfach erstellt und kombiniert werden. Das Programm bietet neben den üblichen Zeichnungs- und Darstellungsfunktionen zahlreiche Filter- und Aggregierungsmöglichkeiten und verfügt über Schnittstellen zu anderen Programmen (z. B. Office). Die Software beruht auf der Mind Mapping-Methode von Tony Buzan. Eine kostenfreie Alternative dazu ist *FreeMind* (http://freemind.softonic.de).

Zusammenfassung

Will man persönliche Wissensmanagementmethoden formal charakterisieren, erstrecken sie sich gewissermaßen von abstrakten Prinzipien bis zu konkreten Werkzeugen. Sie haben heuristischen Charakter und sollen dazu anregen, mit den täglichen Herausforderungen des (Arbeits-)Alltags in puncto Wissen bewusst und planvoll umzugehen. Heuristiken sind in komplexen Situationen, wie sie beim persönlichen Wissensmanagement vorkommen, letztlich die einzig sinnvolle Möglichkeit für den notwendigen «Spagat» zwischen Plan und Improvisation. Statt einer strikten Kategorisierung von Methoden trennen wir diese nur nach ihrer operativen oder strategischen Zielrichtung (akutes Problemlösen und langfristige Kompetenzentwicklung) und ordnen sie mittels eines Fingerabdrucks in unsere theoretischen Vorschläge ein. Eine strukturierte Form der Beschreibung soll deren Nutzung in der Praxis erleichtern: Sie ermöglicht einen Vergleich der Methoden und damit eine gezielte Auswahl.

3.2
Akutes Problemlösen:
Methoden mit operativer Zielsetzung

Im ersten Teil dieses Methodenkapitels konzentrieren wir uns auf Methoden, die unmittelbar in konkreten Situationen umgesetzt werden und sofort bzw. relativ rasch einen Nutzen stiften. Einige dieser Methoden helfen dabei, Wissen anderen zu vermitteln (z. B. durch Geschichten) oder neues Wissen von anderen aufzunehmen (z. B. durch ethnographische Fragen). Diese Methoden beziehen sich auf unser personales Umfeld. Andere Methoden unterstützen uns dabei, unser Wissen zu materialisieren und zu dokumentieren (z. B. durch eine Konzeptkarte) oder aus bestehenden Dokumentationen Wissen zu erschließen (z. B. durch die SQ3R-Lesemethode). Die folgende Tabelle 3.1 gibt Ihnen einen Überblick über die in diesem Kapitel besprochenen operativen Methoden und deren Nutzenpotenziale.

Tabelle 3.1: Methoden mit operativer Zielsetzung

Methodenname	Nutzen der Methode	Methodenform
SQ3R	Effektiver lesen	Schritte, Regeln, Prinzipien
Ethnographisches Interview	Gute Fragen stellen	Frageformen
Perspektivendiagramm	Den eigenen Wissensstand in Bezug auf ein Thema verstehen	Diagramm
Eisenhower-Matrix und TRAFing	Eingehende Informationen rasch selegieren und effizient bearbeiten	Regeln, Informationstypen
Mind Mapping	Schnell notieren oder Ideen strukturieren	Mapping
Information Mapping	Anweisungen effizient und systematisch verfassen	Informationstypen, Regeln
Kategorisierung und Klassifikation	Durch Gruppierung aus Informationen Wissen machen	Regeln
Konzeptkarte	Konzepte besser verstehen	Diagramm
Mikroartikel	Erfahrungen attraktiv dokumentieren	Textstruktur
Feedback	Konstruktiv Rückmeldungen geben und empfangen.	Regeln
Story Template	Wissen in Form einer spannenden Geschichte formulieren	Diagramm
Concept Mapping	Neues Wissen grafisch rekonstruieren	Mapping
Toulminkarte	Argumente und deren Grundannahmen explizit darstellen	Diagramm
Minto-Pyramide	Effektiv Informationen suchen und für Wissensaufbau und Kommunikation strukturieren	Schritte, Regeln, Diagramm
Fokusmetaphern	Inhalte kognitiv und kommunikativ überzeugend aufbereiten	Regeln, Grafik

3.2.1

SQ3R

Wie man die eigene Effektivität beim Lesen steigert

Anwendungskontext

Die SQ3R-Methode des effektiven Lesens kann bei der Lektüre von Artikeln, Berichten, Büchern oder Internetseiten verwendet werden. Sie gibt pragmatische Schritte vor, um aus einem Text rasch und verlässlich wichtige Erkenntnisse ziehen zu können. Es handelt sich bei SQ3R jedoch nicht um eine Schnelllesetechnik (wie etwa photo reading, speed reading oder alpha reading).

Material-rezeptiv
Planung und Strukturierung
Fokussierend
Regeln und Schritte
Einfach
* * *

Allgemeine Beschreibung

Definition der Methode. Die SQ3R-Methode beschreibt eine einfache Schrittfolge, um Texte effektiv bearbeiten und vestehen zu können. Sie besteht aus den fünf Schritten **S**urvey (Überblick), **Q**uestion (Fragestellung), **R**ead (Lesen), **R**ecite (Rekapitulieren) und **R**eview (Rückblick).

Wissenschaftlicher Hintergrund. Bei der SQ3R-Methode handelt es sich um eine der ältesten und akzeptiertesten Lesemethoden überhaupt (Robinson, 1946). Robinson ging bei der Entwicklung der Methode von dem Gedanken aus, dass man am meisten Zeit spart, wenn man einen Artikel nicht vom Anfang bis zum Schluss durchliest und dann erkennt, dass er irrelevant ist, sondern zuerst versucht, seine Struktur und Hauptaussagen zu verstehen. So kann schneller beurteilt werden, ob ein Artikel oder Buch für die eigenen Wissenslücken bzw. Interessen überhaupt relevant ist oder nicht. Denn am meisten Zeit spart man bekanntlich, wenn man einen irrelevanten Text gar nicht erst liest. *Schnelllesetechniken* zielen hingegen darauf ab, die eigene Lesegeschwindigkeit zu erhöhen. Sie versuchen dies, indem empfohlen wird, auf die *Regression* (z. B. einen Satz zweimal lesen, zurückspringen etc.) und die *Subvokalisation* (das leise oder mentale Mitmurmeln des Gelesenen) zu verzichten und immer mehr als nur ein Wort pro Blick optisch zu erfassen. Die gemeinsame Basis für all diese Ansätze sind dabei die kognitive Leseforschung, die Gestaltpsychologie sowie die Forschung im Bereich der Metakognition. Seit der ursprünglichen Entwicklung der SQ3R-Methode wurden verschiedene Variationen und Ergänzungen vorgeschlagen: So etwa mit Marker und Seitenzeichen bzw. Kommentaren aktiv zu lesen oder ein viertes R zu ergänzen, nämlich das Bewerten oder Benoten eines Beitrages (**R**ating). Beim Rating muss man explizit Position beziehen, ob man einen Artikel gut oder schlecht findet und warum man zu dieser Einschätzung gelangt ist. Wird ein Artikel oder Buch in dieser Weise bearbeitet, kann auch zu einem späteren Zeitpunkt

Zeit gespart werden, weil man schneller wieder präsent hat, welches die Kerninhalte des Beitrags sind und wie man diese beurteilt hat.

Erläuterung. Die SQ3R Methhode ist eine Lesetechnik und gleichzeitig eine Technik zum Zusammenfassen von Textinformation. S, Q und dreimal das R sind die Anfangsbuchstaben von insgesamt fünf Schritten:

1. *S*urvey (Überblick): In einem ersten Schritt verschaffen Sie sich einen Überblick über den Text, indem Sie z. B. das Inhaltsverzeichnis, Zusammenfassungen, die Einleitung etc. lesen. Dabei geht es darum, die Struktur oder den logischen Aufbau eines Textes zu verstehen (d. h. was steht wo und warum).
2. *Q*uestion (Fragen): In einem zweiten Schritt formulieren Sie konkrete Fragen an den Text, die dem eigenen Leseinteresse entsprechen. Sie überlegen sich dazu, was Sie bereits zum Thema wissen und was Sie noch gerne dazulernen möchten. Optimalerweise schreiben Sie hierfür ca. drei solcher Fragen über den Titel eines Artikels oder vor das Inhaltsverzeichnis eines Buches.
3. *R*ead (Lesen): In einem dritten Schritt lesen Sie den Text auf die eigenen Fragen hin; bei längeren Texte können Sie auch abschnittsweise vorgehen. Beim Lesen empfiehlt es sich, wichtige Abschnitte durch einen Highlighter zu markieren (dies kann auch bei der Online-Lektüre sinnvoll sein, indem man z. B. den Web-Seiten-Text in ein Textverarbeitungsprogramm kopiert und mit dem elektronischen Marker wichtige Stellen einfärbt oder in fette Schrift umwandelt). Dabei gilt es jedoch zu beachten, nicht mehr als etwa einen Fünftel des Textes zu markieren.
4. *R*ecite (Rekapitulieren): In einem vierten Schritt rufen Sie sich das Gelesene möglichst in eigenen Worten noch einmal ins Gedächtnis und notieren dies auch – etwa in Form einer Mind Map (siehe Kap. 3.2.5) oder einer einfachen Ideenliste.
5. *R*eview (Rückblick): In einem letzten Schritt überprüfen Sie noch einmal die angefertigten Notizen und fassen den Text knapp mit eigenen Formulierungen zusammen. Kontrollieren Sie, ob die eigenen, zu Beginn formulierten Fragen beantwortet wurden oder nicht.

Beispiel

Nehmen wir an, Sie stoßen beim Durchblättern eines Magazins auf einen Fachartikel mit interessantem Titel. Schauen Sie sich zunächst die Kapiteltitel des Beitrags an und überfliegen Sie die Zitate und Kästen sowie den Schluss des Artikels. Welcher Logik folgt der Autor? Wird zuerst ein Problem dargestellt und werden dann Lösungen dazu formuliert und mit Beispielen illustriert? Oder werden gleich die Vor- und Nachteile einer bestimmten Strategie oder Technologie diskutiert? Welches ist mit anderen Worten die Systematik des Beitrages? Notieren Sie über dem Titel, was Sie gerne zu diesem Thema erfahren würden. Lesen Sie nun gezielt diejenigen Stellen im Beitrag, in denen Ihre Fragen wahrscheinlich beantwortet werden. Verwenden Sie dabei den Rand der Zeitschrift, um wichtige Stellen zu markieren, Definitionen oder Beispiele zu kennzeichnen und unklare Stellen anzukreuzen. Nach der Lektüre fassen Sie die wichtigsten Punkte kurz in einer Liste zusammen. Wurden ihre Fragen beantwortet? Lohnt es sich, den Artikel aufzubewahren, weil er qualitativ hochwertig ist und nicht rasch veralten wird? Falls ja, notieren sie Ihre wichtigsten Punkte zum Artikel und die Antworten auf Ihre ursprünglichen Fragen direkt auf dem Beitrag.

Werkzeuge

Bei der eigentlichen Lektüre von Texten, also dem dritten Schritt der Methode, empfielt es sich, aktiv zu lesen. Dazu können verschiedene Werkzeuge verwendet werden, etwa ein Marker oder einfach ein Bleistift. Verwenden Sie zum Beispiel folgendes Markierungssystem mit drei unterschiedlichen *Farben*:

- Gelbe Markierungen für wichtige Passagen, Konzepte und Neuigkeiten
- Grüne Markierungen für Sätze mit hochrelevanten, zentralen Themen oder essentiellen Erklärungen
- Blaue Markierungen zur Kennzeichnung von wichtigen Personen, Institutionen, Namen oder Daten.

Neben Farben zur Kennzeichnung wichtiger Textstellen können Sie auch einfache *Zeichen* verwenden, die rasch an der Seite eines Absatzes gezeichnet werden können, um dessen Inhalt zu kennzeichnen. Nachfolgend haben wir ein paar Lesezeichen für Sie zusammengestellt (jeweils zwei bis drei mögliche Zeichen, die durch einen Schrägstrich getrennt sind). Diese Zeichen werden beim Lesen von Hand auf der linken Seite eines Absatzes angebracht. So kann der Text auch zu einem späteren Zeitpunkt wieder rasch vergegenwärtigt oder von anderen Lesern schneller erfasst werden (**Abb. 3.3**).

Lesezeichen	**Bedeutung/Funktion**: Dieser Paragraph
$\oplus$ / $\ominus$	behandelt Vor- und Nachteile von etwas.
⚡/ ! /→	enthält Überraschendes/ganz Wichtiges.
Σ / Zfs.	fasst das Bisherige zusammen.
ς / $\Rightarrow$	enthält Schlussfolgerungen/Implikationen.
Z / „"	enthält wieder verwendbare Zitate.
Def. / $\triangleq$	enthält eine/mehrere wichtige Definitionen

Abbildung 3.3: Lesezeichen im Rahmen der SQ3R-Methode

Fallstricke

Es gibt Artikel, Berichte oder sogar Bücher, bei denen es schwierig ist, die Struktur und Logik zu verstehen, ohne sie ganz gelesen zu haben. Texte, die zum Beispiel keine Zwischentitel enthalten, gehören zu dieser Gruppe. Dies ist ein potenzieller Fallstrick der Methode, da ihr folgendes Kernprinzip zugrunde liegt: Zuerst den Überblick schaffen, dann die Details verstehen. Falls dieser Überblick nicht möglich ist, wird es schwierig, die Methode wirkungsvoll einzusetzen. Bei elektronischen Texten *können* sogenannte Auto Summarizer Programme (wie etwa diejenigen von Sinope, Pertinence, Copernic oder Inxight) helfen, diesen Überblick zu gewinnen, indem sie Exzerpte mit wichtigen Textpassagen aus einem Beitrag automatisch und innerhalb von Sekunden zusammenstellen können.

3.2.2

Ethnographisches Interview und Fragebaum

Wie man sich Wissen durch Fragen erschließen kann

Anwendungskontext

Sozial-rezeptiv
Elaboration
Expansiv
Frageformen und Diagramm
Einfach
* * *

Was ist wohl die älteste Form, an Wissen zu gelangen? Richtig, die Frage. Gute Fragen stellen zu können und diese zum richtigen Zeitpunkt an die richtige Person in der richtigen Art formulieren zu können, ist eine Grundvoraussetzung für die Erweiterung der eigenen Wissensbasis. Wann immer es darum geht, mehr als nur einfache, oberflächliche Antworten und Informationen zu erhalten, sind ethnographische Fragen sinnvoll. Will man die Annahmen, Erfahrungen, Perspektiven und Erkenntnisse einer Person verstehen, dann sind ethnographische Methoden des Fragens ein nützliches Vorgehen. Sie können in erkundenden Gesprächen, in denen z. B. ein fremdes Fachgebiet besser verstanden werden soll, angewandt werden. Ethnographische Fragen helfen dabei, implizites Wissen explizit zu machen, indem sie es dem Befragten erlauben, frei zu erzählen und die Kontexte von Ereignissen zu rekonstruieren.

Allgemeine Beschreibung

Definition der Methode. Das ethnographische Interview beruht auf einer Reihe von offenen, auf den Kontext abzielenden Fragen. Mit der Methode wird versucht, den Befragten möglichst wenig zu beeinflussen und ohne Vorurteile sein Wissen zu erkunden.

Wissenschaftlicher Hintergrund. Zum Thema Gesprächsführung, Interviewtechnik, Fragemethoden gibt es unzählige wissenschaftliche Werke. Der hier ausgewählte Ansatz des ethnografischen Fragens aber zeichnet sich durch große Sorgfalt und Kreativität aus. Zentral ist der Gedanke, sich einem Gesprächspartner wie einem fremden Stamm oder einer fremden Kultur zu nähern. Das bedeutet, dass man versucht, möglicht vorurteilsfrei und ohne zu starke Vorannahmen in das Gespräch zu gehen, um viel dabei zu lernen und in Erfahrung zu bringen. Spradley (1978) hat in seinem Werk «Das ethnographische Interview» verschiedene derartige ethnographische Fragemethoden dokumentiert. Diese Methoden zielen stark auf den Kontext einer Person und deren Sichtweise ab. Damit trägt diese Art des Fragenstellens der Tatsache Rechnung, dass Wissen immer vom Anwendungskontext und der Perspektive einer Person abhängig ist. Auch das sogenannte *Expertenparadoxon* wird berücksichtigt; es besagt: Je mehr eine Person über ein Thema weiß, desto schwerer fällt es ihr, dieses Wissen kompakt in Worte zu fassen (vgl. auch Kap. 3.4.3). Dies ist vor allem dann der Fall, wenn ein Experte seine Erfahrungen sozusagen aus dem Stehgreif zusammenfassen und kommentieren muss. Das ethnographische Interview setzt deshalb auf das Erzählenlassen und gibt den Befragten bewusst Raum für die Darstellung von konkreten Erlebnissen. Je mehr sich der Befragte sprechen hört, desto mehr Erinnerungen kann er vergegenwärtigen und desto klarer kann er wichtige von weniger wichtigen Erlebnissen unterscheiden. Der Organisationsforscher Karl Weick hat dieses Phänomen einmal wie folgt formuliert: «Wie kann ich wissen, was ich denke, bevor ich höre, was ich sage?»

Erläuterung. Das ethnographische Interview ist eine Methode, welche aus verschiedenen Frageformen und Prinzipien besteht. Am nützlichsten scheinen uns die folgenden vier *Frageformen*, um das Wissen von Spezialisten für sich zu erschließen:

- Die *Rundumfrage:* Diese Frageform fokussiert auf eine komplexe Tätigkeit des Befragten und bittet ihn, diese spontan und detailreich zu beschreiben. Zum Beispiel fragt man einen erfahrenen Projektleiter: «Wie gehen Sie vor, wenn Sie ein neues Projekt planen? Welche Schritte umfasst diese Tätigkeit?»
- Die *Wortverwendungsfrage:* Bei dieser Frageform bittet man den Gesprächspartner, eine konkrete Situation zu schildern, in der ein wichtiger Begriff verwendet wird: «In welcher Situation sprechen Sie z. B. von 'Projektrisiken'»? Der Zweck dieser Frageform besteht darin, durch die Verwendungsweise eines Begriffs auf die Bedeutung schließen zu können, die im gegebenen Kontext voherrschend ist, und so wichtiges Wissen im Sinne von Werten oder Zuschreibungen ableiten zu können.
- Die *Kontrastfrage*: Man fragt nach einer wichtigen Unterscheidung, die der Befragte im Gespräch mehrmals verwendet. Zum Beispiel: «Was unterscheidet denn Ihrer Meinung nach operative von strategischer Information»? Oder: «Was sind denn relevante Informationen und was irrelevante bei Ihrer Arbeit?» Diese Frageform beruht auf der Erkenntnis, dass man viel über das Denken eines Menschen lernen kann, wenn man dessen Leitunterscheidungen kennen lernt.
- Die *Tagesfrage*: Um möglichst authentische und ungefilterte Aussagen über die Tätigkeiten einer Person in Erfahrung zu bringen, fragt man sie, wie ihr heutiger Tag bisher abgelaufen ist oder wie der typische Tagesablauf in ihrer Arbeit aussieht. Dadurch wird eine befragte Person dazu gebracht, über konkrete Tätigkeiten und Kontextfaktoren zu sprechen, anstatt zu generalisieren.

Neben diesen Frageformen enthält die Methode des ethnographischen Interviews auch noch weitere Hinweise und Arbeitshilfen. Besonders hilfreich sind etwa die bekannten sechs *W-Fragen*, welche zur Vorbereitung eines Gespräches dienen können. Bei den sechs W-Fragen handelt es sich um die folgenden wichtigen Vorfragen zu einem Gespräch:

- ▨ *Warum?* Warum führe ich das Interview überhaupt? Definieren Sie das Gesprächsziel.
- ▨ *Wer?* Welche Persönlichkeit interviewe ich? Sie sollten das Profil und Anliegen des Befragten kennen.
- ▨ *Was?* Was genau will ich wissen? Denken Sie daran, einen Gesprächsfokus festzulegen.
- ▨ *Wann?* Zu welchem Zeitpunkt findet das Interview statt? Stellen Sie fest, ob dies der beste Moment ist, um Wissen zu teilen.
- ▨ *Wo?* Wo findet das Interview statt? Beachten Sie den räumlichen Kontext: Kann in dem Umfeld ein vertrauensvoller Wissenstransfer stattfinden?
- ▨ *Wie?* Wie gehe ich vor? Erstellen Sie einen groben Ablaufplan für das Gespräch und überlegen Sie, wann Sie welche Frage stellen könnten.

Für den letzten Punkt, das Wie, kann man einen *Fragebaum* verwenden. Das nachfolgende Beispiel zeigt, wie Sie diesen einsetzen können.

Beispiel

Das folgende Beispiel (**Abb. 3.4** auf Seite 73) zeigt einen einfachen Fragebaum. Dieser kann zur Vorbereitung eines Gespräches entwickelt werden. Er besteht aus drei Ebenen: dem Fokus des Gesprächs, in diesem Fall das Management großer Projekte, den Hauptfragebereichen (Risiken, Methoden, Regeln) sowie den eigentlichen Fragen auf der dritten Ebene. Durch das Abhaken der Fragen in einem Fragebaum kann sichergestellt werden, dass man alle wesentlichen Themen in einem Gespräch diskutiert hat.

Werkzeuge

Werkeuge spielen für die Vorbereitung, Durchführung und Dokumentation von Interviews eine wichtige Rolle. Ein nützliches Instrument für die Gesprächsvorbereitung ist der oben aufgeführte Fragebaum. Während des Gesprächs ist ein vorstrukturierter Notizplan hilfreich, der Platz für Stichworte, Zitate und Beobachtungen lässt. Auch ein mp3-Aufnahmegerät kann unter Umständen hilfreich sein, um später das Gespräch nochmals analysieren zu können. Im Internet finden sie zudem Werkzeuge, mit denen Sie mp3-Aufnahmen in unterschiedlichen Geschwindigkeiten abspielen können, ohne die Höhenlage der Stimme zu verändern.

Fallstricke

Ungeduld und zu wenig Zeit, unsensible oder ungeschickte Fragen und Störungen in der Situationsatmosphäre sind typische Hindernisse für den Erfolg ethnografischen Fragens: Nehmen Sie sich also Zeit, sich auf das Interview vorzubereiten, überlegen Sie sich genau welche (Informations- und Beziehungs-)Ziele Sie errei-

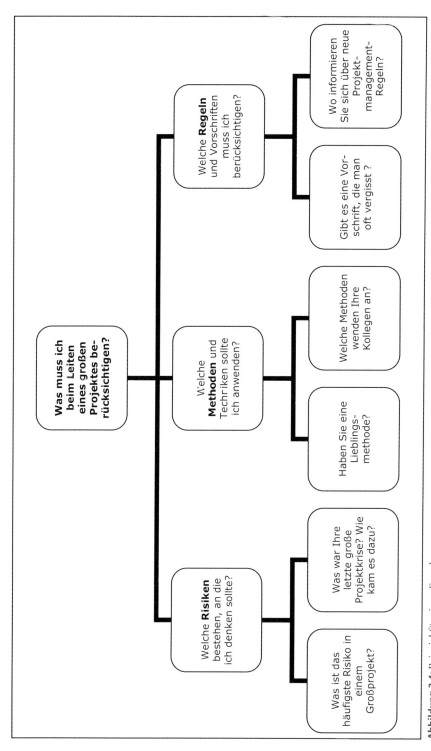

Abbildung 3.4: Beispiel für einen Fragebaum

chen wollen und wie Sie die Interview-Partner am besten ansprechen können. Unmittelbar nach dem Interview sollten Sie die wichtigsten Ergebnisse zusammenstellen. Denken Sie daran, ein Gespräch nicht mit den schwierigsten Fragen zu beginnen. Geben Sie dem Befragten Zeit, sich aufzuwärmen. Achten Sie auch darauf, dass keine Verhörsituation entsteht. Welchseln Sie hierzu zwischen offenen Fragen (Warum? Wie?) und geschlossenen (ja/nein?) Fragen und erzählen Sie zwischendurch auch von eigenen Erlebnissen. Vermeiden Sie in Befragungen Suggestivfragen, in denen Ihre eigene Meinung mitklingt. Ebenso zu vermeiden sind verknüpfte oder kombinierte Fragen, deren Antworten schwer zu interpretieren sind.

3.2.3
Perspektivendiagramm

Wie man sich einem neuen Thema nähern kann

Anwendungskontext

Will man Wissen zu einem neuen Thema (mit Texten oder Medien oder in seinem sozialen Umfeld) aufbauen, empfiehlt es sich, zuerst einmal den aktuellen eigenen Wissensstand zu bewerten. Das erlaubt einem, gezielter Wissenslücken zu beheben oder auf besonders interessante Teilthemen zu fokussieren. Mit der Perspektiven-Vorlage kann das Vorwissen zu einem neuen Thema rasch und klar strukturiert werden. So kann eine klare Ausgangslage für die Vertiefung in ein Thema geschaffen werden.

Voraussetzung für alle Felder
Bewertung
Fokussierend
Diagramm
Einfach
★ ★ ★

Allgemeine Beschreibung

Definition der Methode. Das Perspektivendiagramm ist eine einfache Methode zur Wissensexplizierung, welche vier Perspektiven auf ein Thema wirft, nämlich: Vorkenntnisse, offene Fragen, negative Erwartungen und positive Erwartungen.

Wissenschaftlicher Hintergrund. Die Lern- und Kognitionspsychologie hat herausgefunden, dass wir neues Wissen besonders gut aufnehmen können, wenn wir dieses mit unserem bestehenden Wissen verbinden. In vielen Fällen (etwa beim Lesen) geschieht das automatisch, also ohne dass wir uns darüber extra Gedanken machen. Durch eine bewusste Aktivierung von Vorwissen aber können vor allem Lernprozesse gezielt verstärkt werden. Diese Befunde stimmen auch mit der strukturgenetischen Auffassung von Wissen überein, der zufolge neues Wissen stets Assimilations- oder Akkomodationsprozesse hervorruft und damit immer an den schon bestehenden Erkenntnisstrukturen ansetzt (vgl. Kap. 1.1.1). Aus diesem Grund sollten wir uns für die Wissensaufnahme vorbereiten, indem wir systematisch darüber nachdenken, was wir bereits zu einem bestimmten Thema wissen und dieses Vorwissen für uns selbst explizit machen. Die Lernstrategieforschung hat gezeigt, dass eine systematische Vorwissensaktivierung ein bedeutungsvolles Lernen unterstützen und dabei helfen kann, Fehlkonzepte (vgl. Kap. 3.4.3) zu korrigieren oder zu vermeiden (Krause & Stark, 2006).

Erläuterung. Das Vorgehen der Perspektivenmethode ist denkbar einfach: Man schreibt den Namen eines neuen Wissensgebietes in das Zentrum des Diagramms und trägt dann in den oberen Bereich eigene Fragen zum Thema ein. Auf dem unteren Teil des Diagramms wird Vorwissen zum Thema notiert (z. B. vom Hören-

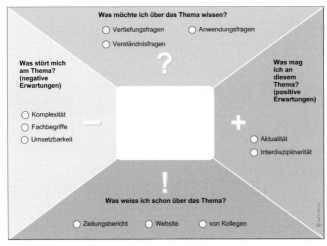

Abbildung 3.5: Perspektivendiagramm: Vorlage

Sagen, aus der Presse, von Kollegen etc.). In den linken und rechten Bereichen des Diagramms werden positive bzw. negative Aspekte des Themas notiert, d. h. was man an positiven und negativen Eigenschaften des Themas erwartet (siehe **Abb. 3.5**).

Beispiel

Das folgende Beispiel (**Abb. 3.6**) zeigt eine einfache Anwendung des Perspektivendiagramms: Will man mehr über das Thema Nanotechnologie in Erfahrung bringen, trägt man kurz die wichtigsten Fragen zum Thema, die positiven und negativen bekannten Aspekte sowie die Bruchstücke des bestehenden Wissens zum Thema in das Diagramm ein.

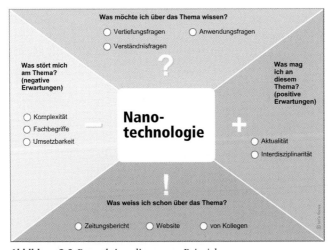

Abbildung 3.6: Perspektivendiagramm: Beispiel

Werkzeuge

Um ein Perspektivendiagramm zu erstellen, braucht man keine aufwändigen Werkzeuge. Es kann auf einem Blatt Papier, in einer Textverarbeitung als Tabelle oder mit einem einfachen Grafikprogramm erstellt werden. Sie finden die Vorlage mit verschiedenen Beispielen im Programm let's-focus.

Fallstricke

Eine Schwierigkeit bei der Anwendung dieser Methode könnte die Rubrik «offene Fragen» sein, denn: Oft weiß man gar nicht, was einen an einem Thema interessiert, bevor man sich nicht näher damit befasst hat. Hier sollte das Diagramm nach einem ersten Eintauchen in das Thema mit weiteren Fragen ergänzt werden. Aus Motivationssicht ist zudem die linke Spalte zu negativen Aspekten potenziell problematisch, denn sie kann einem unter Umständen die Lust zur Auseinandersetzung mit dem Thema nehmen oder diese reduzieren.

3.2.4
Eisenhower-Matrix und TRAFing

Wie man eingehende Informationen schnell sortiert und bearbeitet

Anwendungskontext

Die Eisenhower-Matrix in Kombination mit dem TRA-Fing (auch: TRAF-Methode) kann für die Selektion und Behandlung von Dokumenten und Aufgaben und damit für das eigene Zeitmanagement verwendet werden. Diese Methodenkombination hilft Ihnen besonders dann, wenn Sie unter Zeitdruck eine große Anzahl von eingehenden Informationen sichten müssen.

Material-rezeptiv
Strukturierung
Fokussierend
Diagramm, Regeln
Einfach
★ ★ ★ ★

Allgemeine Beschreibung

Definition der Methode. Die Eisenhower-Matrix strukturiert Aufgaben oder eingehende Informationen nach deren Dringlichkeit und Wichtigkeit. Die vier Felder der Matrix können mit der TRAF-Methode (bzw. TRAFing) kombiniert werden, die besagt, dass eintreffende Informationen entweder sofort gelöscht (trash), weitergeleitet (refer), behandelt (act) oder abgelegt (file) werden sollten.

Wissenschaftlicher Hintergrund. Die Kernidee der Eisenhower-Matrix beruht auf einer Erfahrung, die Eisenhower im Zuge seiner Militärkarriere gemacht hatte: Oft nehmen einem die vermeintlich dringlichen Dinge die Zeit für die wirklich wichtigen weg. Deshalb, so Eisenhowers Credo, sollte man sich immer wieder vor Augen führen, was die eigenen Ziele sind und ob man seine Zeit wirklich für die richtigen Dinge (und nicht nur für die dringenden) einsetzt. Diese Erkenntnis wurde zu einem Grundprinzip des modernen Zeitmanagements. In der Anwendung auf den persönlichen Umgang mit Informationen hat man dieses Prinzip mit einer effizienten Dokumentenselektion kombiniert. Lively (1996) schlägt dazu vor, ein Dokument – wenn möglich – (wörtlich oder im übertragenen Sinne) nur einmal in die Hand zu nehmen und dann zu entscheiden, ob es gelöscht, weitergeleitet, abgelegt oder sofort behandelt werden sollte.

Erläuterung. Das Kernprinzip der Eisenhower-Matrix und des TRAFing besteht darin, dass man nicht mehr alle Informationen gleich behandelt, sondern jede eingehende Information danach beurteilt, ob sie eine sofortige Reaktion erfordert oder nicht und ob sie für die eigenen Ziele überhaupt relevant ist. Nur weil z.B. eine E-Mail von einem Absender als dringend und wichtig markiert wurde, heißt dies noch lange nicht, dass sie für uns sofort und mit oberster Priorität behandelt werden muss. Entsprechend der Funktion einer Information für uns, müssen wir eine adäquate Reaktionsweise dafür vorsehen. Dazu stehen einem folgende Möglichkeiten offen (siehe auch **Abb. 3.7**):

1. Man kann die eigene Informationseffizienz wesentlich steigern, indem man unwichtige und nicht dringende Information (der untere linke Quadrant mit der Aufschrit *Trash!*) automatisch ausfiltern oder löschen lässt. Dies kann zum Beispiel durch E-Mail-Filter für Spam, durch Assistenten oder durch das systematische Abbestellen von irrelevanten Verteilern bewerkstelligt werden.

2. Auf dringende und wichtige Informationen, z.B. Reklamationen von Kunden oder anderen Bezugsgruppen (Eltern, Patienten, Schülern, etc.), reagiert man am besten sofort und persönlich (und bei emotionalen Reaktionen am besten per Telefon und nicht per E-Mail; vgl. auch Kap. 3.4.4). Für derartige Informationen ist der rechte obere Quadrant in der Eisenhower-Matrix vorgesehen, der mit *Act!* beschriftet ist.

3. Für eine Information, die zwar eine rasche Reaktion erfordert, für einen selbst jedoch nicht sehr wichtig ist, kann unter Umständen eine andere Person gefunden werden. Idealerweise werden derartige Informationen, z.B. Anfragen von Pressevertretern, weitergeleitet bzw. delegiert. Diese Art von Information ordnet man dem oberen linken Quadranten in der Eisenhower Matrix zu, der mit *Refer!* bezeichnet ist.

4. Informationen, welche für uns wichtig sind, jedoch keine sofortige Reaktion erfordern, müssen wir so ablegen, dass wir immer wieder an sie erinnert werden und uns rechtzeitig mit ihnen befassen können, bevor sie zu dringenden Fällen werden. Es gilt, derartige Informationen z.B. in einem Wiedervorlage-Mäppchen abzulegen oder – im Falle von digitalen Dokumenten – ein prominentes Verzeichnis auf dem Desktop anzulegen. Alternativ können im elektronischen Kalender Dokumentenverknüpfungen erstellt werden. Dies ist der untere rechte Quadrant der Matrix, der mit *File*! bezeichnet ist.

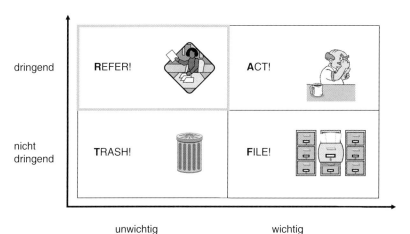

Abbildung 3.7: TRAFing-Matrix

Beispiel

Als konkretes Beispiel kann die Matrix eines IT-Managers dienen. Im Bereich *Trash* liegen für ihn die meisten E-Mails, die er zur Kenntnis in Kopie erhält. Diese werden automatisch in ein separates Verzeichnis in seinem E-Mail Programm sortiert. Dort bleiben die E-Mails zwei Monate, bevor sie automatisch gelöscht werden. Spam und Junk werden ebenfalls durch ein entsprechendes Filterprogramm gelöscht. Im Bereich Trash liegen für diesen Manager zudem Werbebroschüren. Seine Teamassistentin weiß, welche Themen ihn dabei interessieren und wirft den Rest davon weg. Im Bereich *Refer* liegen Anfragen von Journalisten, Studierenden oder Praktikanten. Diese delegiert der IT-Manager an die Teamassistentin, die dafür entweder Standardantworten bereithält oder entsprechende Kontaktpersonen kennt. Im Bereich der provisorischen Ablage (*File*) liegen für den Manager Protokolle aus vergangenen Gremiensitzungen, Computerfachmagazine, die er z. B. im Zug durchgeht, aber auch Marktstudien zu geschäftsrelevanten Technologietrends. Kommt er innerhalb eines Monats nicht dazu, diese zu studieren, lässt er sich durch eine Kollegin über die neuesten Trends informieren. Im *Act!* Bereich schließlich liegen für ihn Reklamationen von internen Kunden, Aufträge aus der Geschäftsleitung an ihn, aber auch Informationen aus zeitkritischen Projekten. Auf diese Informationen reagiert er jeweils sofort und meist per Telefon oder durch ein persönliches Gespräch (siehe **Abb. 3.8**).

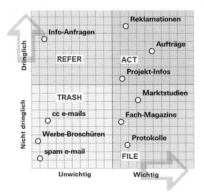

Abbildung 3.8: TRAFing-Matrix: Beispiel

Werkzeuge

Die Eisenhower- und TRAF-Matrix kann auf einem einfachen Blatt Papier erstellt werden. Es gibt dafür auch kurze interaktive E-Learning-Anwendungen, welche Sie Schritt für Schritt durch die Methode führen und Ihnen bei der Dokumentation behilflich sind. Die Darstellung im oben aufgeführten Beispiel wurde mit einem derartigen Programm von www.reflact.com erstellt (es heißt Information Trafing Actlet). Wichtig bei der Verwendung der Methode ist, dass Sie diese nicht aus den Augen verlieren. Es gibt Manager, die sich deshalb eine Miniaturversion der Eisenhower-Matrix neben den Bildschirm kleben, um sich immer wieder auf die wirklich wichtigen Aufgaben zu fokussieren und sich daran zu erinnern, sich nicht nur um das Dringliche zu kümmern, sondern auch wichtige mittelfristige Ziele weiterzuverfolgen. Von daher kann ein mögliches Instrument auch der Desktop-Hintergrund sein. Manche verwenden die Eisenhower-Matrix als Hintergrundbild ihres PC-Desktops und verorten darauf jeweils ihre wichtigsten Dokumente verorten.

Fallstricke

Nicht immer hat man die Möglichkeit, Informationen oder Aufgaben, die eigentlich für die eigenen Ziele unwichtig sind, an andere zu delegieren. In diesem Fall empfiehlt sich ein «quid pro quo»-Ansatz: Vielleicht können Sie ja im Gegenzug zur Delegation an Kollegen auch Aufgaben oder Informationen für andere erledigen. Idealerweise handelt es sich dabei um Aufgaben oder Informationen, die für Sie ohnehin nützlich oder lehrreich sind. Ein weiterer Fallstrick ist, dass es schwierig ist, die Methode konsequent anzuwenden. Im Stress des Tagesgeschäfts fällt es uns oft schwer zu unterscheiden, was nun wirklich dringend und wichtig ist und was getrost warten kann.

3.2.5
Mind Mapping

Wie man Informationen rasch und kreativ sammelt und strukturiert

Anwendungskontext

Die Mind Mapping-Methode kann dazu eingesetzt werden, Ideen rasch zu generieren und zu strukturieren,
Notizen anzufertigen oder generell eigene Gedanken zu
organisieren. In elektronischer Form kann eine Mind
Map auch zur strukturierten Ablage und Organisation
eigener Dokumente, Notizen und Websites etc. verwendet werden (mittels verlinkter Map-Einträge). Zum Teil
werden Mind Maps auch als Präsentations- oder Dis-
kussionsvorlagen benutzt, um in Gruppen Wissen zu teilen.

Material-produktiv
Strukturierung
Fokussierend und expansiv
Diagramm
Einfach
* * *

Allgemeine Beschreibung

Definition der Methode. Eine Mind Map ist eine vom Zentrum ausgehende
Visualisierungsmethode, bei der Informationen hierarchisch mittels Stichworten
auf Ästen strukturiert werden. Durch die Verwendung von Farben, Symbolen
und Verbindungspfeilen soll sowohl konvergentes analytisches wie auch divergentes kreatives Denken gefördert werden.

Wissenschaftlicher Hintergrund. Die Mind Mapping-Methode wurde in den
1970er-Jahren durch Tony Buzan entwickelt und erfreut sich seither relativ großer
Beliebtheit in Schulen wie auch Unternehmen. Zugrunde liegt der Methode die
Annahme, dass das menschliche Gedächtnis assoziative Strukturen bildet, um
Informationen zu verarbeiten und zu speichern (Buzan & Buzan, 2002). Diese
Art des assoziativen Denkens können wir durch die einfache, «radiale» (vom Zentrum ausgehende) Form der Mind Map gut unterstützen. Daraus resultieren ver-
schiedene Vorteile, wie etwa besseres Verständnis eines Themas, einfacheres
Behalten von Inhalten oder auch eine bessere Integration von bestehendem und
neuem Wissen. Trotz der großen Beliebtheit des Mind Mappings gibt es allerdings
in kontrollierten Studien kaum empirische Belege für die Effektivität dieser Form
der Visualisierung für die Ideenproduktion oder für das Lernen (vgl. Renkl &
Nückles, 2005). Doch selbst wenn «nur» motivationale oder metakognitive
Effekte erzielt werden, kann es sich für den Einzelnen lohnen, Mind Mapping zu
praktizieren.

Erläuterung. Im Zentrum einer Mind Map steht der interessierende Schlüssel-
begriff bzw. das Thema; von diesem aus zweigen mehrere dicke Äste ab, die sich
nach außen zunehmend weiter verästeln. Die Begriffe stehen gewöhnlich direkt

auf den Ästen (mit etwas Abstand zur Linie); die Beziehungen werden nicht weiter bezeichnet, können jedoch durch zusätzliche Vebindungslinien eingetragen werden. Mind Mapping ist ein assoziatives Verfahren; man benutzt es, um Begriffe, Ideen etc. zu sammeln und zu ordnen. Konkret kann eine Mind Map in folgenden fünf Schritten erstellt werden:

1. Legen Sie das Thema der Mind Map fest und tragen Sie dieses als Schüsselwort in die Mitte eines Blatt Papiers ein. Umranden Sie diesen zentralen Begriff mit einem dicken Stift.
2. Von diesem Begriff aus zeichnen sie nun beliebig viele Äste nach außen, die wichtige Unterthemen zum Hauptthema enthalten. Schreiben Sie diese Begriffe auf die nach außen gehenden dicken Linien, ohne jedoch die Linien mit der Schrift zu berühren.
3. Weitere Unterpunkte zu diesen Subthemen tragen Sie als dünnere Äste ein, welche von den Hauptästen ausgehen. Achten Sie dabei darauf, wenn möglich die Schriftrichtung und Orientierung gleich zu behalten.
4. Tragen Sie zur deutlicheren Kennzeichnung von verschiedenen wichtigen Einträgen zusätzlich Symbole oder Piktogramme in die Mind Map ein. Verwenden Sie Farben, um verschiedene Regionen der Map zu kennzeichnen oder Piktogramme hervorzuheben.
5. Verbinden Sie durch feine Linien Einträge auf verschiedenen Ästen, die in einer wichtigen Beziehung zueinander stehen. Bezeichnen Sie durch Stichworte die Art der Beziehung zwischen den Einträgen.

Beispiel

Die folgende Grafik (**Abb. 3.9** Seite 84) zeigt die Strukturierung des Gebiets Wissensmanagement durch eine Gruppe von Studierenden nach ca. zwei Monaten Unterricht zur Thematik. Diese Mind Map enthält drei Hauptthemen zum Thema Wissensmanagement (Grundkonzepte, Anwendungsbereiche und Online-Ressourcen) und verfügt insgesamt über fünf Ebenen.

Werkzeuge

Bei der Erstellung von Mind Maps ist es gemäß Tony Buzan von Vorteil, mit Farben zu arbeiten, um Informationsgruppen klar voneinander unterscheiden zu können und kreative Potenziale zu wecken. Auch im Software-Bereich wird man schnell fündig: Es gibt inzwischen eine Fülle von kommerziellen und kostenlosen Mind Mapping Programmen. Marktführer im kommerziellen Bereich ist das Programmm MindManager von Mindjet. Im Bereich der Gratis-Mind Map Programme empfehlen wir Freemind (erhältlich z. B. unter: http://freemind.sourceforge.net/wiki/index.php/Main_Page).

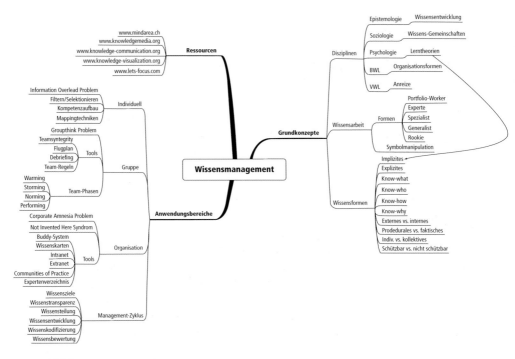

Abbildung 3.9: Eine Mind Map zu Wissensmanagement

Fallstricke

Obwohl Mind Maps dank digitaler Programme und Projektoren heute oft auch in Gruppensituationen und Sitzungen genutzt werden, sind sie doch eine sehr individuelle Darstellungsform. Eine Mind Map, die durch eine Gruppe oder Einzelperson erstellt wurde, ist von anderen oft nur schwer nachvollziehbar. Die stark verdichtende Darstellungsweise mit hierarchischer Anordnung von Schlüsselwörtern macht eine Mind Map zu einem mehrdeutigen und schwer interpretierbaren Dokument. Dies gilt es zu berücksichtigen, wenn man Mind Maps nicht nur für den persönlichen Gebrauch, sondern auch als Kommunikationsmittel nutzt. Eine eigene Mind Map sollte anderen deshalb, wenn immer möglich, mündlich präsentiert und erklärt werden. Ein weiterer Fallstrick von Mind Maps betrifft deren hierarchische Struktur: Oft können komplexe Beziehungen zwischen Informationen nicht einfach als Über- und Unterpunkte abgebildet werden. Deshalb empfiehlt es sich, zusätzlich zu den Ästen auch Verbindungslinien zwischen Einträge einer Mind Map zu zeichnen und diese zu beschriften.

3.2.6
Information Mapping

Wie man seine Texte systematisch gestalten kann

Anwendungskontext

Material-produktiv		
Strukturierung		
Fokussierend		
Regeln		
Mittel		
* * *		

Information Mapping ist eine Methode, die Sie beim Verfassen von systematisch strukturierten Texten (vor allem Anleitungen) unterstützt. Sie bietet Regeln und Gestaltungshinweise, um wissensintensive Anweisungen verständlich und nachvollziehbar aufzubereiten. Die Methode eignet sich für Menschen, die ihr Wissen für sich und andere schriftlich dokumentieren möchten. Information Mapping dient also dazu, Informationen zu strukturieren und dabei gleichzeitig zu modularisieren, sodass einzelne Informationseinheiten für sich stehen können. Ziel der Methode ist es, einzelne Informationen übersichtlich gegliedert, kurz, prägnant und verständlich aufzubereiten, sodass der Leser schnell in eine neue Thematik einsteigen und Informationen rasch aufnehmen kann. Zudem soll das Schreiben von Dokumenten durch die Methode effizienter gemacht werden.

Allgemeine Beschreibung

Definition der Methode. Information Mapping ist ein systematischer Ansatz der Textverfassung und -strukturierung. Die Methode basiert auf einem fünfstufigen Vorgehen, auf zwei neuen Informationseinheiten (Blöcken und Maps), auf sieben Informationstypen und vier Gestaltungsprinzipien.

Wissenschaftlicher Hintergrund. Die Methode des Information Mapping wurde bereits in den 1960er Jahren von Robert Horn, der nun an der Stanford University forscht, entwickelt (Horn, 1989). Horn konzipierte seine Methode auf Basis der Lerntheorie und der Gestaltpsychologie sowie auf Erkenntnissen zur menschlichen Informationsverarbeitung (wie etwa den Grenzen unseres Kurzzeitgedächtnisses). Information Mapping bezeichnet heute auch eine Handelsmarke, deren Rechte bei der Firma Information Mapping, Inc. liegen. Die Methode wurde ursprünglich für Handbücher und technische Dokumentationen erfunden, findet nun jedoch auch in Online-Dokumenten und Managementberichten rege Anwendung. Es gibt vereinzelte wissenschaftliche Studien, die belegen, dass durch die Information Mapping-Methode Inhalte schneller erfasst sowie besser genutzt und behalten werden. Seit der Entwicklung der Methode hat Robert Horn seine Ansätze weiter ausgebaut und daraus eine visuelle Sprache entwickelt (Horn, 1998), die Text und Bild eng integriert und neben den ursprünglichen sieben Informationstypen auch verschiedene Bildtypen (von kleinen Icons bis hin zu wandgroßen sogenannten Murals) unterscheidet. Im wissenschaflichen Diskurs haben seine praxisnahen Methoden jedoch nur zum Teil ein Echo gefunden.

Erläuterung. Die Information Mapping-Methode besteht im Kern aus zwei neuen Informationseinheiten (dem Block und der Map anstatt dem Absatz und der Seite), einem fünfstufigen Vorgehensmodell zur Erstellung von ergonomischen Texten, vier Gestaltungsprinzipien zur Layoutoptimierung sowie sieben Informationstypen, die explizit unterschieden und kommuniziert werden müssen.

Dreh- und Angelpunkt der Methode bilden die *Informationseinheiten* Block (ein Abschnitt mit Seitentitel) und Map, bestehend aus maximal sieben Blöcken (Holzmann, 2000). Ein Block setzt sich aus einem oder mehreren Sätzen, Absätzen, Tabellen oder Grafiken zusammen, befasst sich mit einem abgegrenzten Thema, repräsentiert immer nur *einen* Grundgedanken und ist stets betitelt (meist auf einer Seite). Eine Map besteht aus mehreren zusammenhängenden Blöcken zu einer Thematik; auch eine Map hat einen Titel, der auf den gemeinsamen Inhalt *und* den Zweck der Map verweist.

Gemäss dem *Vorgehensmodell* der Methode sollte man zur Erstellung eines nutzungsfreundlichen Textes in folgenden fünf Schritten vorgehen:

1. Vorab-Analyse: Bestimmung der Zielgruppen und deren Informationsbedarfe. Planung der nötigen Ressourcen und Standards.
2. Informationssammlung: Die vorliegende Information wird zusammengestellt und nach Block- und Informationstypen kategorisiert.
3. Organisationsanalyse: Zuordnung der Informationen zu den Tätigkeiten, die sie effektiv unterstützen sollen (falls es sich um ein Handbuch handelt).
4. Sequenzanalyse: Die Abfolge der verschiedenen Informationen wird geplant. Dabei werden unter Umständen für unterschiedliche Nutzer unterschiedliche Lesepfade eingeplant.
5. Präsentationsformat: Je nach Dokumententyp werden nun unterschiedliche Darstellungsmethoden (Tabelle, Diagramm, Illustration, Aufzählung, etc.) ausgewählt.

Die vier *Gestaltungsprinzipien* der Information Mapping-Methode sind das Chunking-, Relevanz-, Beschriftungs- und Konsistenz-Prinzip. Diese Prinzipien sollen gewährleisten, dass ein Text lesefreundlich erstellt wird. Das Chunkingprinzip besagt, dass Informationen zu kompakten, homogenen Einheiten zusammenzufassen sind (Blöcke und Maps). Dem Relevanzprinzip entsprechend sollte in derartigen Einheiten immer nur ein Thema behandelt werden, welches dem Zweck der Einheit entspricht. Das Beschriftungsprinzip empfiehlt, jeden Block und jede Map mit einem Titel zu versehen, der kurz, konsistent, informativ und selbsterklärend ist. Das Konsistenzprinzip schließlich fordert vom Autor, dass ähnliche Inhalte mit ähnlichen Worten und Darstellungsformaten beschrieben und gekennzeichnet werden, um den Leser nicht unnötig zu verwirren. Daneben plädiert Horn mit seiner Methode auch dafür, dass verschiedene Repräsentationsmodi (z. B. Text und Bild) gleichwertig sind und sich ergänzen können und dass alle notwendigen Einzelheiten den Lesern genau an der Stelle in einem Text zur Verfügung gestellt werden, an der sie diese benötigen.

Die Information Mapping-Methode unterscheidet sieben verschiedene *Informationstypen*. Es handelt sich dabei um Definitionen, Beispiele, Prozeduren, Aufzählungenen, Vor-/Nachteile, Argumente und Unterscheidungen. Beim Verfassen von Dokumenten sollte man darauf achten, diese sieben Informationstypen klar zu unterscheiden und dem Leser jeweils zu signalisieren, mit welchem Typ Information er es gerade zu tun hat. Dies kann beispielsweise dadurch geschehen, dass Absätze, die Definitionen beinhalten, jeweils umrandet werden oder dass Schritte in einer Prozedur nummeriert sind.

Beispiel

Das folgende Beispiel (**Abb. 3.10**) zeigt eine (kurze) Information Map in einem typischen Layoutstil des Information Mapping über Kriterien zur Informationsqualität.

Übersicht	Dieses Dokument fasst die zentralen Qualitätskriterien für die betriebliche Kommunikation mittels Texten zusammen.
Definition	Informationsqualität bezeichnet die bedarfsgerechte Darstellung von Informationen in Dokumenten.
Qualitäts-kriterlen	Folgende fünf Kriterien sollten beim Schreiben von schriftlichen Mitteilungen berücksichtigt werden:

Kriterium	*Fragestellung*
Ergonomie	Hat das Dokument eine klar ersichtliche Struktur? Kann es leicht überflogen werden? Signalisiert es seine Wichtigkeit? Zeigt das Dokument, welche Informationen zentral und welche weniger wichtig sind?
Kompaktheit	Ist das Dokument gestrafft (keine Abschweifungen) und weiß der Leser, wo er weitere Details erhalten kann?
Mediengerechter Inhalt	Sollte der Inhalt besser mündlich oder in einem anderen Medium mitgeteilt werden? (Interpretationsspielraum?)
Integrationsfähigkeit	Ist die Information anschlussfähig? Kann der Leser das Neue mit Bisherigem verbinden und den Kontext verstehen?
Handlungs-/ Entscheidungs-orientierung	Weiß der Leser, was er mit der Information machen soll/kann? Welche Fragen beantwortet das Dokument für wen?

Fazit	Werden diese fünf Kriterien beim Schreiben berücksichtigt, so lassen sich Dokumente wie Memos, E-Mails, Intranet-Seiten oder Berichte durch die späteren Leser besser benutzen, weil diese schneller beurteilen können, ob eine Information für sie relevant ist.

Abbildung 3.10: Information Mapping: Beispiel

Werkzeuge

Zur Erstellung von Information Mapping gerechten Dokumenten gibt es eine Reihe von Software-Werkzeugen. Ein Microsoft Word Plug-in wird z. B. auch von der Information Mapping Inc. verkauft.

Fallstricke

Information Mapping ist mehr als nur eine Darstellungsform – das wird oft bei der Anwendung dieser Methode vergessen. Beim Einsatz der Methode sollten die vier Gestaltungsprinzipien, die Analyse- und Sequenzierungsverfahren sowie die sieben Informationsarten von Robert Horn berücksichtigt werden, da sonst das Potenzial, das in der Methode liegt, nicht voll augeschöpt werden kann. Die Methode sollte jedoch nicht für Textsorten eingesetzt werden, für die sie nicht vorgesehen wurde. So eignet sich Information Mapping z. B. nicht für die Strukturierung einer spannenden Erfahrungsgeschichte oder die authentische Dokumentation eines Gesprächs.

3.2.7
Kategorisierung und Klassifikation

Wie man Ordnung ins Informationschaos bringt

Anwendungskontext

Ob Sie die Harddisk auf Ihrem Computer organisieren,
die Inhalte eines Archivs strukturieren, eine Berichtglie-
derung entwerfen oder ein schwieriges Problem analysieren: Kategorisierung bzw. Klassifikation ist ein universel-
les und zentrales kognitives Hilfsmittel. Sie brauchen es
immer dann, wenn eine Vielzahl von Informationen ver-

Material-rezeptiv
(Re-)Strukturierung
Fokussierend
Regeln, Diagramme
Mittel
★ ★ ★ ★

dichtet, organisiert oder analysiert werden muss. Dabei
eignen sich Kategorien inbesondere, um Informationen zusammenzufassen und zu
gliedern und um einen besseren Überblick zu erlangen. Hierarchische Strukturen
wie Klassifikationen sind nützlich, um Dinge voneinander zu unterscheiden und
Gruppen von ähnlichen Elementen zu bilden und so Unterschiede und Gemeinsamkeiten zu entdecken.

Allgemeine Beschreibung

Definition der Methode. Klassifikation bezeichnet die Unterteilung eines Be-
reichs oder eines Themas in Unterbereiche (Kategorien), basierend auf Gemeinsamkeiten und Unterschieden. Klassifikation ist also eine hierarchische Strukturierung. Dabei sollten die gebildeten Gruppen trennscharf sein und gemeinsam
das Gebiet möglichst gut abdecken.

Wissenschaftlicher Hintergrund. Gruppen aufgrund von Ähnlichkeiten zu bilden, geht mindestens auf Aristoteles zurück (Dherbey, 2005), der bereits bemerkte:
sapientis est ordinare (Es ist ein Zeichen von Weisheit, zu ordnen). Für ihn waren
Kategorien wie Behälter, in die Informationen fein säuberlich getrennt werden
können. Seit jener Zeit hat sich die Kategorisierungs- und Klassifikationstheorie
jedoch stark weiterentwickelt und wir wissen heute, dass klassische Klassifizie-
rungshinweise nicht unbedingt unserem Denken entsprechen. Bei der Klassifizierung von Informationen halten wir uns oft an typische Repräsentaten einer
Gruppe und vergleichen eine neue Information mit solchen Prototypen. Diese
modernere Form der Kategorisierungstheorie geht auf Eleonor Rosch (1978) und
George Lakoff (1987) zurück. Neben diesen psychologischen Studien gibt es eine
Reihe von Werken, die sich mit den formalen Anforderungen an hochwertige Klassifikationen auseinandesetzen (Bailey, 1994; Bowker & Star, 1999). Diese verwenden wir für die nachfolgenden methodischen Hinweise.

Erläuterung. Klassifizierungen lassen sich erstellen, indem man Elemente nach deren Gemeinsamkeiten gruppiert (bottom-up) oder ein Klasssifikationsprinzip vorgibt (top-down) und nach diesem Gruppen bildet. Man kann Informationen z. B. alphabetisch, geographisch, chronologisch, thematisch oder nach deren Umfang klassifizieren. Bei der Kategorisierung müssen einige Regeln berücksichtigt werden, damit die resultierende Struktur logisch (schlüssig), nützlich (dem Verständnis dienend) und auch benutzbar (bewältigbar) ist. Schauen Sie sich beispielsweise folgende Klassifikation des Tierreiches nach Jorge Louis Borges an, die dem Autor zufolge aus einer alten chinesischen Enzyklopädie stammt:

1. dem Kaiser gehörige,
2. einbalsamierte,
3. gezähmte,
4. Milchschweine,
5. Sirenen,
6. Fabeltiere,
7. streunende Hunde,
8. in diese Einteilung aufgenommene,
9. die sich wie toll gebärden,
10. unzählbare,
11. mit feinstem Kamelhaarpinsel gezeichnete,
12. und so weiter,
13. die den Wasserkrug zerbrochen haben,
14. die von weitem wie Fliegen aussehen.

Was fällt Ihnen an dieser sonderbaren Klassifikation des Tierreiches auf? Die gebildeten Gruppen sind z. B. nicht trennscharf (disjunkt) und überlappen oft (z. B. gezähmte Tiere und dem Kaiser gehörige); zudem sind nicht alle auf der gleichen Abstraktionsebene (z. B. die konkrete Gruppe Sirenen und die generelle Gruppe Fabeltiere). Die gebildeten Gruppen beruhen nicht alle auf permanenten Eigenschaften (z. B. die sich wie toll gebärden) und sind auch nicht immer ganz objektiv (die von weitem wie Fliegen aussehen). Zudem ist nicht klar, welches die Grenzen der Klassifikation sind, d. h., ob es bei dieser Gliederung nur um lebende Tiere, Fabeltiere, gezeichnete Tiere oder Tiere ganz generell geht. Das Hauptproblem dieser Klassifikation (die Grundursache für die meisten anderen Probleme) ist jedoch das Vermischen von Klassifikationsprinzipien: Das Tierreich wird in dieser Liste nicht nach einem einheitlichen Kriterium sortiert, wie etwa Verhalten, Domäne, Gattung oder Besitzer etc., sondern nach einer Mischung all dieser Faktoren. Das ist etwa so, wie wenn Sie auf der obersten Ebene ihrer Festplatte die Verzeichnisse Präsentationen, Daten von 2007, Briefe, externe Korrespondenz, alte Dokumente, Favoriten und Projekte hätten.

Eine gute Klassifikation muss demnach gewisse Kriterien erfüllen: Sie muss logisch, nützlich und ergonomisch sein. Bezüglich Logik muss sie einen genau definierten Umfang haben und klare hierarchische Ebenen aufweisen, die jeweils einem Klassifikationsprinzip folgen. Bezüglich Nützlichkeit muss sie helfen, ein

Gebiet besser zu verstehen oder sinnvolle Gruppen zu bilden, die unter sich homogen aber untereinander unterschiedlich sind. Bezüglich Ergonomie darf die Klassifikation nicht zu breit oder zu tief sein. Sieben Elemente pro Ebene sind dabei typischerweise eine Obergrenze. Die Namen der Gruppen sollten selbsterklärend und leicht zu behalten sein. Wann immer Sie eine Menge von Informationen strukturieren müssen, denken Sie an folgende einfache Merkformel:

K lassifikationsprinzip: Welches ist das ergiebigste, informativste Unterscheidungsmerkmal, um Gruppen zu bilden (geographisch, chronologisch, thematisch, nach Wichtigkeit)?

L ogik: Sind die Gruppen überlappungsfrei und vollständig?

A nwendung: Dient die Klassifikation ihrem Zweck? Hilft sie bei der Anwendung?

S ystematik: Ist die Struktur der Klassifikation deutlich? Sind die verschiedenen Ebenen klar?

S parsamkeit: Hilft die Struktur kognitive Ressourcen zu schonen, indem sie nicht mehr als sieben Elemente pro Ebene umfasst?

E inprägsam: Sind die Gruppennamen einfach und aussagekräftig?

Beispiel

Die folgenden beiden Beispiele (**Abb. 3.11**) zeigen die Harddisk-Struktur einer der beiden Autoren (Martin Eppler) sowie eine mögliche Strukturierung eines Fachgebietes (in diesem Fall Wissensmanagement).

Werkzeuge

Um Klassifikationen zu entwickeln, reicht es oft, mit Papier und Bleistift die Ebenen und Gruppen in einer Hierarchie aufzuzeichnen. Alternativ können Sie jedoch auch das Org Chart-Werkzeug von Programmen wie PowerPoint oder Word benutzen.

Fallstricke

Eine gute Kategorisierung nützt, ist konsistent und leicht zu überblicken. Leider gelingt dies nicht immer. Typische Probleme bei der Bildung von Gruppen haben wir in der Klassifikation des Tierreiches nach Borges beispielhaft aufgezeigt. Sie reichen von überlappenden Gruppen bis zur Vermischung von Abstraktionsebenen und Klassifikationsprinzipien. Doch auch eine hochwertige Klassifikation hat gewisse Nachteile: Sie zeigt nur eine mögliche Sicht der Dinge und verdeckt andere. Sie trifft Unterscheidungen, die nicht für alle Situationen nützlich oder sinnvoll sind. Deshalb sollten wir unsere Lieblingskategorisierungen immer wieder einmal über den Haufen werfen und (mittels eines alternativen Attributs) neu gruppieren, um neue Unterschiede und Gemeinsamkeiten zwischen Elementen zu entdecken. Neue Web 2.0-Anwendungen wie das Tagging bieten hier aktuelle Lösungen.

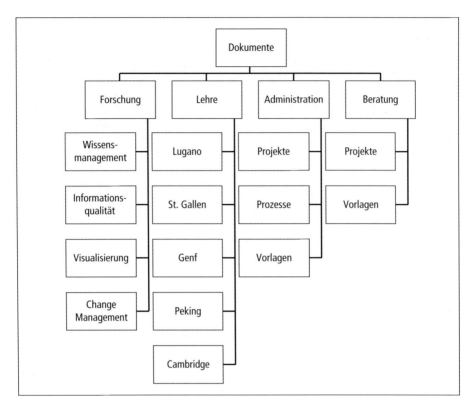

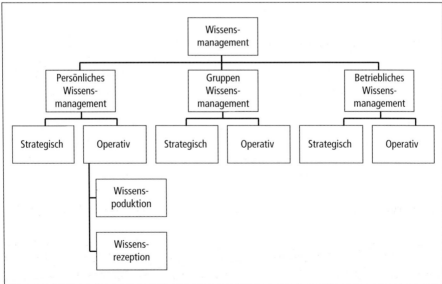

Abbildung 3.11: Klassifikation und Kategorisierung: Zwei Beispiele

3.2.8
Konzeptkarte

Wie man durch Konzeptklärung neues Wissen schafft

Anwendungskontext

Wenn man sich neues Wissen, vor allem theoretisches Wissen, aneignen will, müssen die neu zu erwerbenden Konzepte verstanden werden. Gerade abstrakte Ideen aber sind teilweise schwierig zu erfassen. Die Konzeptkarte bietet eine einfache Vorlage, mittels derer ein neues Konzept in eigenen Worten strukturiert werden kann. Dies kann beim Lesen eines komplizierten Textes, bei der Diskussion einer Theorie oder eines Problemlösungsansatzes oder auch bei der Entwicklung eigener Ideen äußerst nützlich sein.

Material-rezeptiv
Flexibilisierung, (Re-)Strukturierung
Fokussierend
Diagramm
Mittel
* * *

Allgemeine Beschreibung

Definition der Methode. Eine Konzeptkarte ist ein Diagramm, bestehend aus vier Ebenen, das ein komplexes Konzept in seine Komponenten gliedert und somit besser verständlich macht. Die Ebenen einer Konzeptkarte beziehen sich auf den Kontext eines Konzepts, auf seine Definition, seine Elemente, Beispiele des Konzepts sowie Umsetzungsmöglichkeiten bzw. Handlungsimplikationen des Konzepts.

Wissenschaftlicher Hintergrund. Die Methode der Konzeptkarte beruht auf zwei Theorien: einerseits auf der konstruktivistischen Lerntheorie (vgl. auch Kap. 1.1) und deren Umsetzung durch Mappingverfahren (dabei inbesonders auf Novaks Concept Mapping-Methode; siehe Kap. 3.2.12) und andererseits auf der Theorie des Pragmatismus nach William James, John Dewey und Charles Peirce. Pragmatiker bewerten Konzepte unter anderem, indem sie deren konkrete Handlungsimplikationen, also den Einfluss untersuchen, den diese auf unser Handeln haben. Die Methode «Konzeptkarte» wurde ursprünglich als Lehr- und Lernmethode konzipiert (Eppler, 2006).

Erläuterung. Die Methode der Konzeptkarte erfasst ein Konzept in folgenden Komponenten: Begonnen wird mit der Benennung des Konzepts (Konzeptname) sowie einer Klassifizierung bezüglich Typ (wissenschaftlich, praktisch, spekulativ), Gebiet (z. B. nach Industrie, Funktion oder wissenschaftlicher Disziplin) und Modalität bzw. Anspruch (d. h. ist der Zweck des Konzepts beschreibend/deskriptiv, vorschreibend/normativ oder handlungsanleitend/präskriptiv). Danach werden wahlweise die Kernelemente des Konzepts eingetragen, konkrete Beispiele für das Konzept gefunden, eine repräsentative Definition formuliert oder verwandte

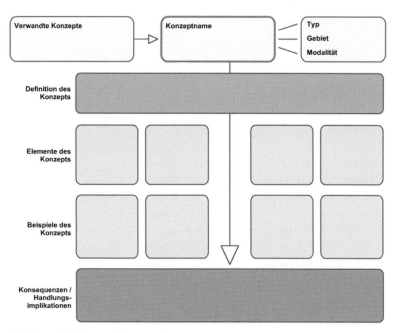

Abbildung 3.12: Konzeptkartenvorlage

Konzepte genannt. Typischerweise findet ein iterativer Angleichungsprozess zwischen den Konzeptelementen oder Bedingungen und der Konzeptdefinition statt. Am Ende werden die Handlungs- oder Denkempfehlungen festgehalten, die aus dem Konzept abgeleitet werden können. Die folgende **Abbildung 3.12** zeigt die *Konzeptkartenvorlage* mit den fünf Ebenen. Je nach Konzept und Anwendungskontext kann die Anzahl der Felder in den Ebenen 3 und 4 variiert werden (z. B. zwei bis sieben Elemente bzw. Beispiele des Konzepts).

Beispiel

In der nachfolgenden Abbildung (**Abb. 3.13**) wird das Konzept des Flow-Erlebnisses durch die Konzeptkarte strukturiert.

Werkzeuge

Konzeptkarten können mit einem einfachen Blatt Papier und Bleistift gezeichnet werden. Alternativ können sie mit elektronischen Mapping-Programmen oder auch Zeichnungs- oder Präsentationsprogrammen erstellt werden. Ein Mapping-Programm, das interaktive Konzeptkarten-Vorlagen in Deutsch und Englisch (sowie zahlreiche Beispiele) enthält, ist let's-focus.

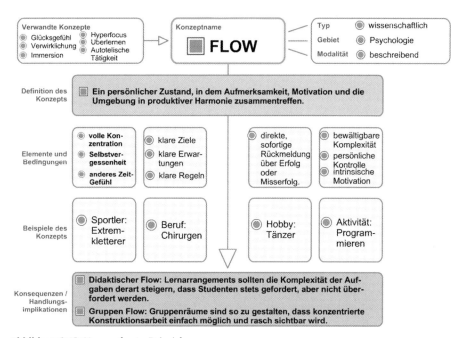

Abbildung 3.13: Konzeptkarte: Beispiel

Fallstricke

Da die Konzeptkarte primär eine überblicksorientierte Methode ist, kann man mit ihr kein vertieftes Verständnis eines Konzeptes erreichen. Sie eignet sich demnach primär für eine *erste* Annäherung an ein Thema und sollte deshalb nicht als Methode verstanden werden, mit der man ein Thema völlig durchdringen kann. Nur weil man weiß, aus welchen Elementen ein Konzept zusammengesetzt ist, wie es definiert wird oder welche konkreten Beispiele es dafür gibt, heißt nicht, dass man das Konzept schon in allen Details verstanden hat.

3.2.9
Mikroartikel

Wie man Erfahrungen erzählbar macht

Anwendungskontext

Mikroartikel kommen zur Anwendung, wenn eine Lern- oder Projekterfahrung kompakt dokumentiert werden soll, sodass eigene Erlebnisse und damit aufgebautes Wissen auch anderen zugänglich gemacht und erneut genutzt werden kann. Mikroartikel können also im Zusammenhang mit Weiterbildungsveranstaltungen und Workshops genauso eingesetzt werden wie in Projekten und bei der täglichen Arbeit, wenn dabei neues Wissen generiert wird.

Material-rezeptiv
Elaboration und Restrukturierung
Fokussierend
Textstruktur
Mittel
* * * *

Allgemeine Beschreibung

Definition der Methode. Der Mikroartikel – auch abgekürzt mit MikroArt – ist ein Hybrid aus einer Karteikarte und einem wissenschaftlichen oder journalistischen Artikel (Willke, 2001). Ziel ist es, nach einer persönlichen Lernerfahrung den Kern des neu erworbenen Wissens auf einer Seite oder wenigen Seiten schriftlich festzuhalten und zwar so, dass der Inhalt sowohl zu einem späteren Zeitpunkt für einen selbst als auch für Dritte gut verständlich ist und neu genutzt werden kann. Zugrunde liegt die Analogie des Artikel-Schreibens, für das es bestimmte Standards gibt. Entsprechend wird für die Erstellung wie auch für die Struktur von Mikroartikeln ein Leitfaden zur Verfügung gestellt.

Wissenschaftlicher Hintergrund. Der Soziologie Helmut Willke hat den Mikroartikel ursprünglich nicht als persönliche Methode, sondern als Bestandteil des organisationalen Wissensmanagements entwickelt. Er betont vor allem den systemischen Wert des Mikroartikels, der dann zur Entfaltung kommt, wenn viele Personen in digitalisierter Form Mikroartikel verfassen, lesen und kommentieren und damit einen umfassenden Erfahrungsaustausch in Gang setzen. In einem ersten Schritt aber handelt es sich um eine individuelle Leistung und deren Besonderheit liegt darin, eine Erfahrung narrativ – also samt der dazugehörigen Geschichte – in aller Kürze zu dokumentieren. Wissen, vor allem Erfahrungswissen, narrativ festzuhalten und weiterzugeben, hat eine lange kulturgeschichtliche Tradition (Totzke, 2005): Unter den Bedingungen kultureller Mündlichkeit waren Menschen dazu gezwungen, Wissen eingängig (am besten in Form von Geschichten) weiterzugeben, damit es nicht vergessen wurde. Im Zeitalter elektronischer Speichermedien spielen diese Gründe für die Gesellschaft kaum mehr eine Rolle. Nach wie vor aber erfüllen Geschichten für das Individuum und kleinere soziale

Einheiten eine wichtige psychologische und soziale Funktion: Erzählen ist zum einen anschlussfähig an das bildhaft-assoziative, noch nicht begriffliche und von daher auch nicht artikulierte Wissen und Denken, und es bringt zum anderen Ordnung in noch vage und ungeordnete Ideen und Vorstellungen; es kann menschlichen Erfahrungen ein Muster geben (Kahlert, 2005). Manche Psychologen wie auch einige Hirnforscher sehen in Erzählungen bzw. Geschichten sogar *das* zentrale Prinzip des Gedächtnisses, des Denkens oder Erlebens. Dazu kommen beziehungs- und gemeinschaftsstiftende Funktionen des Erzählens, denn wo erzählt wird, bedarf es auch Zuhörer (Reinmann & Vohle, 2006).

Erläuterung. Ausgangspunkt der Methode «Mikroartikel» ist eine neue Erkenntnis (man hat in der Weiterbildung etwas gelernt, eine wichtige Erfahrung gemacht etc.). Dies muss zunächst artikuliert, also sprachlich objektiviert und anderen zugänglich gemacht werden. Der Knackpunkt ist nun der, dass der Mikroartikel so geschrieben wird, dass die Inhalte leicht genutzt werden können. Und das geht nur, wenn der Erfahrungskontext mitgeliefert wird. Von daher wird folgender Leitfaden für die *Erstellung eines Mikroartikels* vorgeschlagen:

1. Das Thema und einige Stichworte (zur leichteren Einordnung) nennen.
2. Das Problem oder den Lernanlass bezeichnen und die dazugehörige Geschichte mit Angaben, wann sich was wo und warum ereignet hat, aufschreiben.
3. Einsichten, Folgerungen, Erkenntnisse oder ähnliches stichpunktartig aus der Geschichte ableiten.
4. Anschlussfragen formulieren oder anderweitig das Künftige reflektieren.

Entscheidend für den Aufbau eines Mikroartikels ist es, dass das Ausgangsproblem, der Fall bzw. die (erzählte) Geschichte schnell verstanden wird. Folgende Hinweise sind von daher für die *Struktur eines Mikroartikels* zu beachten:

1. Der Aufbau des Mikroartikels sollte klar und möglichst einfach sein.
2. Es sollte *eine* Struktur beibehalten werden, um eine Routine aufzubauen.
3. Grafische Elemente sind von Vorteil: Eine Darstellung als logische Grafik fördert die Übersichtlichkeit und ein rasches Erfassen der Inhalte.
4. Auch Audio- und Videoformate sind für die Darstellung der Story sowie der daraus folgenden «Lessons Learned» möglich.

Letztlich ist man bei der Gestaltung eines Mikroartikels relativ frei: Er kann in seinem Umfang leicht variiert (verkürzt oder verlängert) und inhaltlich aktuellen Erfordernissen angepasst werden. In der Regel umfasst ein Mikroartikel eine bis drei Seiten. Der Vorteil von Mikroartikeln besteht darin, dass die dort eingebetteten Inhalte gut in Erinnerung bleiben und man sich eher mit ihnen identifiziert, dass deren Sinn und Bedeutung (infolge des Kontextes) leichter deutlich werden und zum Mitdenken anregen (z. B.: Was ist die Moral der Geschichte?). Dazu kommt ein hohes Ausmaß an Plastizität der Methode: Je nach Zweck und Zielgruppe kann ein Mikroartikel mit denselben Botschaften knapp – mitunter sogar karteikartenähnlich in *einer* logischen Grafik (siehe Beispiel unten) – oder auch etwas länger im Sinne eines journalistischen Beitrags verfasst sein.

Beispiel

Die folgende **Abbildung 3.14** zeigt beispielhaft eine von Willke (2001) vorgeschlagene Struktur für einen Mikroartikel, der besonders knapp gehalten ist. Inhaltlich haben wir diese Struktur exemplarisch mit den Lernerfahrungen einer Person aus einem Story Telling-Workshop gefüllt.

Werkzeuge

Um einen Mikoartikel zu verfassen, genügt ein gängiges Textverarbeitungsprogramm. Alternativ können derartige Erfahrungsberichte auch als Blog-Einträge in ein persönliches Weblog, in Lessons Learned-Datenbanken oder – wenn vor allem teambezogene Ziele leitend sind – in ein Wiki-System eingegeben werden.

Fallstricke

Soll ein Mikroartikel anderen wichtige Erfahrungen näher bringen, muss er kompakt, authentisch, spannend, aber auch kontextreich verfasst sein. Dies erfordert eine Balance zwischen Generalisierung und Konkretisierung, die nicht immer leicht zu finden ist. Ein Mikroartikel sollte deshalb vor seiner eventuellen Ver-

Thema	**Narrative Weblog-Einträge**	
Story	• In einem Story Telling-Workshop im April 2007 habe ich die Vorteile von Geschichten – auch vom Schreiben eigener Geschichten – kennengelernt. • Beim Ausprobieren verschiedener Varianten war für mich vor allem der Mikroartikel interessant: Ich war sofort begeistert. • Noch am selben Abend habe ich zwei Weblog-Einträge in Form eines Mikroartikels verfasst und erhoffte mir von meiner kleinen Leser-Community positives Feedback. • Leider haben gleich drei Personen meine Einträge eher kritisierend kommentiert: Sie hatten Probleme, die Inhalte zu verstehen. • Ich hatte die Bedeutung der Kontextinformationen in meiner Begeisterung unterschätzt und allenfalls bruchstückhafte Stories verfasst.	

Einsicht	**Folgerung**	**Anschlussfragen**
Narrative Verfahren liegen mir. Man muss aber die Struktur und Elemente von Geschichten verstanden haben, um sie effektiv einsetzen zu können.	• Ich verfasse meine Weblog-Einträge künftig in Form von Mikroartikeln. • Ich achte auf Kontextinfos und eine nachvollziehbare Struktur der Story.	Wie kann ich die Methode effizienter gestalten, damit sie weniger Zeit erfordert?

Abbildung 3.14: Vorlage für einen Mikroartikel

öffentlichung (im Intranet oder Internet) mindestens von einer weiteren Person gegengelesen werden, sodass diese beurteilen kann, ob der Beitrag auch für andere erkenntnisreich und nützlich ist. Des Weiteren ist zu beachten, dass Mikroartikel vor allem dann ihren besonderen Nutzen entfalten, wenn man sie in die eigene Arbeitsroutine einbaut und folglich nicht nur einen singulären Mikroartikel schreibt, sondern diese Methode regelmäßig praktiziert. Vor allem der Wunsch nach schnellen Erfolgen und Ungeduld können dazu führen, dass man diese Methode zu früh wieder aufgibt.

3.2.10
Feedback

Wie man konstruktive Kritik weitergeben und aufnehmen kann

Anwendungskontext

Wie gibt man «unangenehmes» Wissen weiter, das ein anderer vielleicht gar nicht hören möchte? Wie kann man selbst sein Wissen durch Kritik und Rückmeldungen von anderen erweitern, die sich auf das eigene Verhalten beziehen? Der persönliche Umgang mit Wissen kann durch Geben und Aufnehmen von Feedback wesentlich verbessert werden – wenn man dies richtig tut. Was Projekt-Debriefings (Kurzauswertungen wichtiger Ereignisse) für das Team beim (organisationalen) Wissensmanagement sind, das sind Feedbackgespräche für das persönliche Wissensmanagement, nämlich: wichtige, aber meist nicht einfache Lernchancen.

Sozial-produktiv
Bewerten/Fühlen
Erst fokussierend, dann expansiv
Regeln und Vorlage
Mittel
* * * *

Allgemeine Beschreibung

Definition der Methode. Konstruktives Feedback ist ein (Kommunikations-) Prozess der persönlichen, systematischen, ausgewogenen, offenen und konkreten Rückmeldung über das Verhalten einer anderen Person mit dem Ziel, das gegenseitige Verständnis und die Zusammenarbeit zu verbessern. Mit konstruktivem Feedback werden Beobachtungen über (empfundene) angemessene und unangemessene Verhaltensweisen einer Person konkret und persönlich zurückgemeldet und Vorschläge für Verbesserungen diskutiert.

Wissenschaftlicher Hintergrund. Eigene Gedanken in klare Worte zu fassen, ist nicht immer einfach – besonders dann nicht, wenn es sich um «heikle» Empfindungen handelt. Deshalb kann es hilfreich sein, sich auf bewährte Strukturen für die Feedbackformulierung zu stützen. Generell wird in der Literatur zu Feedback zwischen positivem, negativem und konstruktivem Feedback unterschieden (Kilbourn, 1990). *Positives* Feedback unterstützt und verstärkt sinnvolle Verhaltensweisen. Diese Form des Feedbacks wird leider oft vergessen oder als unwichtig erachtet (im Sinne von «wenn ich als Chef nichts sage, dann wissen meine Mitarbeiter, dass sie ihre Arbeit richtig machen»). Positives Feedback hilft jedoch, bewährtes Wissen explizit und bewusst zu machen. *Negatives* Feedback dagegen kritisiert eine suboptimale Verhaltensweise, ohne jedoch konkrete Verbesserungsvorschläge zu machen. Wird es zu früh geäußert, kann es der Wissensumsetzung schaden und zu einer Art Lähmung führen, weil man Angst hat, weitere Fehler zu begehen. *Konstruktives* Feedback schließlich beinhaltet positive *und* negative Faktoren und zeigt auf, wie sich eine Person in Zukunft konkret verbessern kann.

Beim konstruktiven Feedback konzentriert man sich auf beobachtbare Fakten und greift das Gegenüber nicht persönlich an. Man entwickelt gemeinsam Möglichkeiten, um die aktuelle Situation zu verbessern.

Erläuterung. Mit der folgenden Vorlage (in Form eines Diagramms) schlagen wir eine Methode vor, mit der Sie ein Feedbackgespräch sorgfältig vorbereiten können (siehe **Abb. 3.15**). Das Diagramm ist nicht unbedingt als Gesprächsvorlage in einer Feebacksitzung gedacht, obwohl es als solches auch genutzt werden kann. Primär dient es dazu, sich die wichtigsten Punkte *vor* einem Feedbackgespräch zu vergegenwärtigen und eine sinnvolle Abfolge dieser Punkte zu gewährleisten. Das Diagramm sollte von links oben nach rechts unten gelesen werden. Der erste Schritt in einem Feedbackgespräch sind Aussagen zu positivem Verhalten des Feedbackpartners. Dies führt zu einer angenehmen Gesprächsatmosphäre und hilft dem Gegenüber sich zu öffnen. Bereits hier ist es wichtig, konkrete Beispiele für das vorbildliche Verhalten anzuführen, da es sonst als bloße Höflichkeit missverstanden werden könnte. Danach kommen eher kritische Verhaltensweisen zur Sprache. Achten Sie dabei darauf, diese Aussagen in der «Ich-Form» zu formulieren und sie möglichst auf beobachtbare Fakten zu fokussieren. Kritisieren Sie also nicht Persönlichkeitsaspekte des anderen, sondern schildern Sie, was Sie konkret beobachtet haben. In einem nächsten Schritt artikulieren Sie, wie Sie dieses Verhalten interpretiert haben, wie es bei Ihnen «angekommen» ist. Dabei kann es auch wichtig sein, eigene Gefühle in Worte zu fassen und beispielsweise Wut, Frustra-

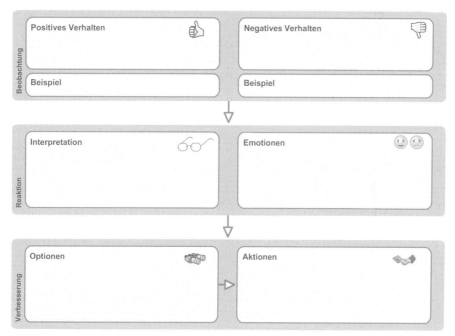

Abbildung 3.15: Feedback: Vorlage

tion oder Enttäuschung Ausdruck zu verleihen. Nach diesen beiden Beobach-
tungs- und Reaktionsphasen kommt der wahrscheinlich wichtigste Schritt einer
Feedbacksitzung, bei dem es um die konkreten zukünftigen Verbesserungen geht.
Geben Sie dabei der anderen Person zunächst die Gelegenheit, eigene Vorschläge
zu machen, wie erkannte Probleme gelöst werden könnten. Entwickeln Sie
gemeinsam Optionen, die das Anliegen des Gegenübers und Ihres berücksichtigen.
Zum Schluss des Gespräches ist es wichtig, sich explizit auf einige wenige Punkte
zu einigen, die in Zukunft anders gemacht werden sollen. Fixieren Sie diese, falls
möglich und angebracht, schriflich, um mehr Verbindlichkeit zu erreichen.

Beispiel

Das folgende Beispiel (**Abb. 3.16**) zeigt, wie ein Feedbackgespräch mit der dargestellten Methode vorbereitet wurde. Ein neuer Mitarbeiter hat es wiederholt
versäumt, seine Wochenberichte einzureichen, und sein Vorgesetzter bittet ihn
deshalb zu einem Gespräch. Zuvor hat er auf dem Feebackdiagramm seine Kern-
punkte notiert.

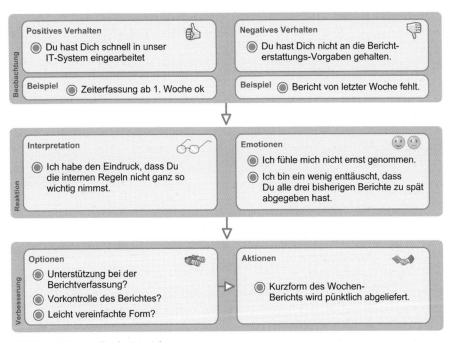

Abbildung 3.16: Feedback: Beispiel

Werkzeuge

Um Feedback zu geben, kann das dargestellte Diagramm als Vorbereitungsinstrument und zur Einstimmung auf das Gespräch verwendet werden. Während eines Feedbackgespräches können Sie zudem an die folgende PEKOV-Kurzformel denken, die einige Erfolgsfaktoren der konstruktiven Kritik zusammenfasst:

P   ositives vor Negativem erwähnen
E   igene Interpretationen und Gefühle betonen
K   onkrete Beispiele geben
O   ptionen für die Zukunft entwickeln
V   erbesserungschritte festhalten

Fallstricke

In der Hitze des Gefechts kann es einem passieren, dass man Kritik nicht sorgfältig oder gar aggressiv formuliert und so die Beziehungsqualität mit einer anderen Person ernsthaft gefährdet. Denken Sie deshalb an die folgenden «Don'ts»:

- Nicht über Charaktereigenschaften des anderen reden, sondern über konkret beobachtbares (und veränderbares) Verhalten.
- Nicht mit dem Negativen beginnen, sondern etwas Positives im Verhalten der anderen Person erwähnen.
- Nicht Rundumschläge austeilen, sondern konkrete Beispiele von Fehlverhalten erwähnen.
- Nicht nur Anschuldigungen formulieren, sondern auch konkrete Vorschläge zur Verbesserung machen.
- Achten Sie darauf, Feedback zum richtigen Zeitpunkt zu geben: Ist die andere Person wirklich bereit, Kritik aufzunehmen oder steht sie bereits unter erheblichem Druck?

Zu den Fallstricken beim Feedback gehört natürlich auch, dass man Feedback am eigenen Verhalten nicht richtig aufnimmt bzw. dass man sich gegenüber Kritik von außen verschließt. Nimmt man selbst Kritik entgegen, ist es äußerst wichtig, dem Gegenüber zu bestätigen, dass man seine Kritik verstanden hat und sie ernst nimmt. Eine Falle, in die wir dabei oft tappen, ist, dass wir uns sofort verteidigen oder sogar «zurückschießen» anstatt richtig und bis zum Schluss zuzuhören. Um sicher zu gehen, dass man Kritik richtig verstanden hat, empfiehlt es sich, die wichtigsten Kritikpunkte nochmals zu paraphrasieren, d. h. in eigenen Worten zu formulieren. Fragen Sie bei unklaren Kritikpunkten sofort nach und bitten Sie das Gegenüber, konkrete Beispiele zu nennen. Falls in einem Feedbackgespräch nur positive oder nur negative Punkte des eigenen Verhaltens erwähnt werden, sollte man als Feedbackempfänger aktiv nach den jeweils anderen Punkten fragen. Generell sollte ein Feedbackgespräch, wenn möglich, positiv beendet werden: sowohl von der «Geberseite» wie auch von der «Nehmerseite».

3.2.11
Story Template

Wie man sein Wissen in Geschichten verpackt

Anwendungskontext

Will man seine Erfahrungen in kompakter *und* span-
nender Art und Weise dokumentieren oder anderen
vermitteln oder die Erfahrungen von anderen in einem
lebendigen Stil zusammenfassen, so bietet es sich an,
Elemente einer guten Geschichte für diese Dokumentation und Vermittlung zu nutzen.

Material-produktiv
Elaboration
Expansiv
Diagramm
Mittel
* * *

Allgemeine Beschreibung

Definition der Methode. Das Story Template ist eine Vorlage, die wesentliche
Elemente einer guten Geschichte zusammenfasst. Diese sind: der Protagonist
oder Held der Geschichte, seine Helfer und Gegner, die Aufgabe oder Mission des
Protagonisten, die Hindernisse, die es zu bewältigen gilt, sowie die erfolglosen
und erfolgreichen Versuche, ein meist hehres Ziel zu erreichen. Zudem beinhaltet
die Vorlage eine Moral im Sinne einer generalisierbaren Erkenntnis.

Wissenschaftlicher Hintergrund. Geschichten faszinieren Menschen seit jeher.
Wir vergessen die vielen Spiegelstrich-Listen aus der letzten Präsentation, doch
die Anekdoten dazwischen bleiben uns in Erinnerung (vgl. auch Kap. 3.3.9:
Mikroartikel). Warum ist das so? Zum einen können wir uns mit den Menschen
in Geschichten identifizieren und deren Erlebnisse nachvollziehen; zum anderen
wecken Geschichten unsere Neugier – beides fasziniert uns. Wird ein Problem im
Detail beschrieben und mit realen Personen verknüpft, möchten wir wissen, wie
die Sache ausgeht und was man daraus lernen kann. Geschichten fokussieren
unsere Aufmerksamkeit und bleiben in Erinnerung; sie sind deshalb ideale Vehikel für den Transfer oder die Verankerung von Wissen. Noch mehr als der Mikroartikel setzt die Methode Story Template an den grundlegenden Eigenschaften
von Geschichten an, die Menschen seit Jahrhunderten fesseln und damit Herz
und Verstand gleichzeitig ansprechen. In den Geistes- und Sozialwissenschaften
gibt es eine eigene Erzählforschung (Narratologie), die sich unter anderem mit
diesen Konstanten einer Geschichte bzw. Erzählung auseinandersetzt (vgl. Goronzy, 2006): Eine wirkungsvolle Geschichte braucht Figuren bzw. Handlungsträger
und muss sich in einer erzählten Welt abspielen, die sich durch ihren Orts-, Zeit-
und Realitätsbezug eindeutig bestimmen lässt. Neben diesen statischen Gegeben-
heiten gibt es zwei Formen dynamischer Verknüpfungen: zum einen den sogenannten Plot, also eine kausale Verknüpfung in Form eines Grundkonflikts, und
zum anderen die Dramaturgie, also eine zeitliche Verknüpfung (Anfang, Haupt-

teil, Höhepunkt, Schluss). Einteilungen von Geschichten machen sich mitunter an der erzählten Welt fest (z. B. Sachgeschichte, historische Fiktion, Science Fiction, Märchen), häufig aber auch am Konflikttyp (z. B. Komödie, Tragödie, «Mystery», Abenteuergeschichte, Liebesgeschichte).

Erläuterung. Wenn Sie also eine gute Geschichte konstruieren wollen, müssen Sie bei den wesentlichen Elementen ansetzen: Legen Sie zuerst die Akteure fest, die in einer Geschichte vorkommen. Besonders wichtig sind der Held bzw. die Heldin sowie entsprechende Helfer oder Gegner. In vielen Geschichten stellt sich dem Helden eine Herausforderung in Form eines Ziels, das nur mit großen Schwierigkeiten erreicht werden kann, was Intelligenz und Mut erfordert und oft nicht beim ersten Mal gelingt. Vielmehr gilt es, Niederlagen zu überwinden und Beständigkeit an den Tag zu legen. Jede gute Geschichte hat zudem ein Überraschungsmoment, also etwas, das unseren Erwartungen widerspricht. Es ist oft dieses Überraschungselement, das eine Geschichte spannend und unterhaltsam macht. Schließlich sollen wir aus einer Geschichte auch etwas lernen. Diese «Moral der Geschichte» hat meist etwas Grundsätzliches, das wir in ähnlichen Kontexten nutzen können. Das Story Template (siehe **Abb. 3.17**) gruppiert die genannten Elemente einer gelungenen Geschichte von unten nach oben. Es verwendet einfache Symbole und Metaphern, z. B. die der Burg, die es zu erobern gilt (zur Metapher vgl. auch Abschnitt 3.15). In bzw. auf diesen Elementen können die eigenen

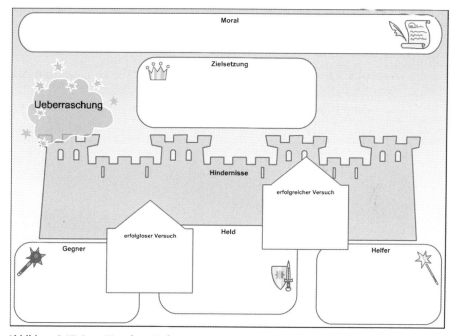

Abbildung 3.17: Story Template: Vorlage

Inhalte einer Geschichte positioniert werden, bevor man an die eigentliche Ausformulierung einer Geschichte geht.

Beispiel

Das unten dargestellte Beispiel (siehe **Abb. 3.18**) zeigt eine Geschichte, mit der eine in der Vergangenheit liegende Situation noch einmal aufbereitet wurde. Die Elemente der Methapher ermöglichen es zu analysieren, wie sich beispielsweise ein Projekt unter Berücksichtigung seiner Ziele bzw. seiner Mission entwickelt hat. Wichtige Fragen sind dabei die folgenden:

- Wer waren die zentralen Figuren?
- Welche Probleme und Hindernisse erschwerten die Verwirklichung der Mission oder machten diese sogar unmöglich?
- Welche überraschenden Ereignisse nahmen Einfluss auf das Projekt?
- Welche Lösungsversuche scheiterten oder waren erfolgreich?
- Welche Lehren kann man aus diesem Projekt ziehen?

Die Geschichte eignet sich gut, um aus der Vergangenheit zu lernen. Darüber hinaus ist es aber auch denkbar, am Anfang eines Projekts eine Erfolgsgeschichte zu skizzieren und die Projektmitglieder auf diesem Wege sowohl positiv einzustimmen als auch für eventuelle Hindernisse zu sensibilisieren.

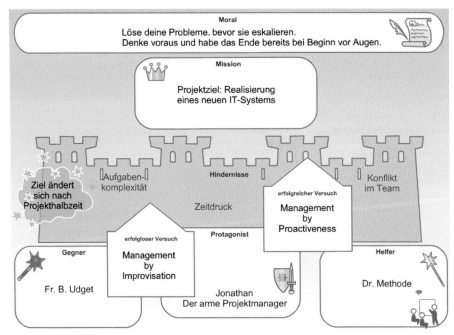

Abbildung 3.18: Story Template: Beispiel

Werkzeuge

Der beste Garant für eine gute Geschichte sind die eigene Phantasie und Erfahrung sowie die Freude, anderen selbst Erlebtes in einer spannenden Form weiter zu vermitteln. Werkzeuge im engeren Sinne können dabei nur bedingt helfen.

Fallstricke

Um aus Erfahrungen gute Geschichten zu entwickeln, ist eine grafische Vorlage hilfreich, aber nicht ausreichend. Eine Vorlage kann einem in Erinnerung rufen, an welche wesentlichen Komponenten man bei einer Geschichte denken sollte. Gute Geschichten zu schreiben oder zu erzählen, bleibt jedoch eine Kunst, die über das rein Methodische weit hinausgeht.

3.2.12
Concept Mapping

Wie man Wissen grafisch konstruieren kann

Anwendungskontext

Die Concept Mapping-Methode eignet sich besonders für Lernkontexte, d. h. um komplexe Themen besser zu verstehen und neue Konzepte in eigenes Wissen zu transformieren. Weniger geeignet ist das Concept Mapping für die Darstellung von Abläufen. Concept Mapping kann auch dazu verwendet werden, eigene Gedanken vor der Ausformulierung eines Textes grafisch zu strukturieren. Concept Maps können somit auch verwendet werden, um den eigenen aktuellen Wissensstand explizit zu machen.

Material-produktiv
Strukturierung
Fokussierend
Diagramm, Regeln, Schritte, Kriterien
Mittel bis Schwierig
* * *

Allgemeine Beschreibung

Definition der Methode. Die Concept Mapping-Methode ist ein schrittweises Vorgehen zur hierarchischen Darstellung von Konzepten und komplexen Sachverhalten mit dem Ziel, diese besser zu verstehen. Die Methode besteht aus einer Schrittabfolge, einfachen Notationsregeln und Gütekriterien.

Wissenschaftlicher Hintergrund. Die Methode des Concept Mapping wurde 1972 von Joseph D. Novak entwickelt – ursprünglich um das sich wandelnde Wissen von Kindergartenkindern zu erfassen. In seinem erstmals 1984 erschienenen Buch «Learning how to Learn» (Novak & Gowin, 1984) stellt er die Methode ausführlich vor. Das Buch wurde seitdem in neun Sprachen übersetzt; seine Methode wird weltweit in Schulen und Universitäten eingesetzt. Obwohl die Methode ursprünglich für den Unterricht entwickelt wurde, verwendet sie Novak seit Mitte der 1990er Jahre auch in Unternehmen z. B. zur Explizierung und Kodifizierung von Expertenwissen (Novak, 1998). Die beiden Grundgedanken einer Concept Map bestehen darin, dass man besser lernt, wenn man erstens selbst aktiv etwas tut und wenn man zweitens neues Wissen mit bereits bekanntem vernküpft. Konzepte sind nach Novak die Grundbausteine unseres Wissens: Sie bezeichnen stabile Muster in unserer Wahrnehmung oder unserem Denken, die konsistent benannt werden können. Von besonderer Bedeutung in einer Concept Map sind Beziehungen zwischen Konzepten: Es gibt statische Beziehungen (z. B.: besteht aus, das heißt, zum Beispiel, ist, ähnelt, ist Teil von etc.) und dynamische Beziehungen (z. B.: führt zu, verändert, bewirkt, benötigt, erhöht, reduziert etc.). Novak selbst bezeichnet diese Grundgedanken seiner Theorie als «humanen Konstruktivismus». Concept Maps sind wissenschaftlich besser untermauert und empirisch umfangreicher untersucht als Mind Maps. Viele Studien belegen, dass

Concept Mapping vor allem für das Lernen förderlich ist (vgl. Renkl & Nückles, 2006).

Erläuterung. Wer Concept Mapping praktizieren möchte, sollte die dazu verfügbaren Regeln, Vorgehensschritte und Gütekriterien berücksichtigen.

Folgende *Regeln* sind beim Erstellen einer Concept Map zu berücksichtigen.

1. Eine Concept Map besteht aus Kästen und Pfeilen, die die Kästen verbinden.
2. Kästen enthalten jeweils ein Konzept, d. h. ein Nomen oder Substantiv.
3. Die gerichteten Verbindungspfeile werden mit Verben oder Präpositionen beschriftet. Durch die Verbindung von Kästen durch Pfeile entstehen Aussagen.
4. Eine Concept Map ist vertikal in verschiedene Spalten strukturiert. Sie beginnt mit dem Thema der Karte und endet meist mit konkreten Beispielen zu einem Konzept am unteren Rand eines Blattes.
5. Folgt man den Pfeilen vom Kopf einer Concept Map bis zu deren Fuß, so sollte man in der Lage sein, Sätze zu bilden bzw. von der Map sinnvolle Aussagen abzulesen.
6. Ein Concept Map sollte Querverweise bzw. Pfeile zwischen den verschiedenen vertikalen Spalten enthalten und uns so ermutigen, Verknüpfungen zwischen Informationen herzustellen.

Eine Concept Map kann in folgenden *Schritten* erstellt werden:

1. Fokusfrage: Formulieren Sie eine Fokusfrage, welche die Concept Map beantworten soll, das heißt: Was weiß ich, wenn ich die Concept Map «gelesen» habe?
2. Konzeptskelett: Identifizieren Sie (ca. zwanzig) Konzepte, die relevant sind, um die Fokusfrage beantworten zu können. Schreiben Sie diese in Listenform auf ein Blatt Papier.
3. Bringen Sie diese Begriffe in eine Reihenfolge. Starten Sie mit dem wichtigsten und abstraktesten Begriff und führen Sie die Liste fort bis zu dem Begriff, der am wenigsten wichtig bzw. am spezifischsten ist (etwa ein Beispiel).
4. Tragen Sie nun den wichtigsten und generellsten Begriff als Startpunkt für ihre Concept Map am Kopf eines neuen Blattes ein. Verbinden Sie diesen Begriff mit weiteren wichtigen Konzepten, indem sie Pfeile nach unten zeichnen und diese beschriften.
5. Achten Sie beim Ergänzen Ihrer Concept Map auf Klarheit und Konsistenz. Sie müssen die Map unter Umständen mehrmals verändern und anpassen, bis die Verbindungen stimmen und vom Abstrakten zum Konkreten gehen.
6. Tragen Sie nun Querverbindungen zwischen den verschiedenen Konzepten ein. Dies kann auch über Hierarchiestufen hinweg geschehen.

Mittels folgender Kontrollfragen bzw. *Gütekriterien* können Sie zum Schluss überprüfen, ob die eigene Concept Map gelungen ist:

1. Beschriftung: Sind die Einträge mit explizit beschrifteten Pfeilen verbunden und ergeben sich aus diesen Verbindungen sinnvolle Sätze?
2. Hierarchie: Ist die Concept Map hierarchisch aufgebaut? Sind abstraktere Konzepte weiter oben in der Map und konkretere Punkte und Beispiele entsprechend weiter unten?
3. Querverbindungen: Werden die verschiedenen hierarchischen Ebenen durch interessante und selbsterklärende Querverbindungen verknüpft?
4. Beispiele: Enthält die Concept Map illustrative und konkrete Beispiele?

Beispiel

Das folgende Beispiel (**Abb. 3.19**) zeigt eine Concept Map zum Thema persönliches Wissensmanagement.

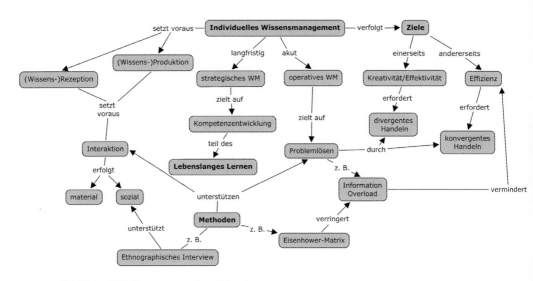

Abbildung 3.19: Concept Mapping: Beispiel

Werkzeuge

Es gibt eine ganze Reihe von Softwarepaketen, welche Concept Mapping unterstützen. Ein kostenfreies Programm ist beispielsweise Cmap. Es kann unter folgendem Link heruntergeladen werden: http://cmap.ihmc.us/. Kommerzielle Programme für Concept Mapping sind Inspiration (www.inspiration.com) und let's focus.

Fallstricke

Bilder können grundsätzlich dazu verführen, etwas nur oberflächlich zu betrachten und der «Illusion des Wissens» zu erliegen. Auch beim Betrachten einer Concept Map kann man das Gefühl haben, alles verstanden zu haben, obschon dies womöglich gar nicht der Fall ist. Eine weitere Schwierigkeit ist, dass der Beginn des Concept Mapping mitunter zäh ist: Vor allem bei komplexen und neuen Themen fällt es schwer, die Fülle an neuen Begriffen und Konzepten sinnvoll nach Abstraktionsebenen zu gliedern, um eine systematische und stimmige Concept Map zu entwerfen.

3.2.13
Toulminkarte

Wie man Wissen durch Argumentation explizit macht

Anwendungskontext

Die Toulminkarte wird verwendet, wenn das Wissen hinter einer Aussage explizit und transparent gemacht werden muss, weil es Meinungsverschiedenheiten oder unvereinbare Aussagen zu einer Situation gibt. Mit der Toulminkarte können Argumente kompakt visualisiert werden, um dadurch die eigenen Argumente oder die von anderen besser verstehen zu können.

Material- und sozial-produktiv
Restrukturierung
Fokussierend und expansiv
Diagramm
Schwierig
* * *

Allgemeine Beschreibung

Definition der Methode. Die Toulminmethode ist ein konzeptionelles Diagramm mit sechs Komponenten und hilft bei der Konstruktion oder Rekonstruktion von Argumentationen. Mit der Methode lassen sich die hinter einer Behauptung stehenden Annahmen aufdecken, Konflikte provozieren und damit klärende Wirkungen erzielen.

Wissenschaftlicher Hintergrund. Steven Toulmin, unter anderem ein Wittgenstein-Schüler, hat sein bekanntes Diagramm ursprünglich in den 1950er Jahren entwickelt. Ihm ging es darum, eine Struktur für richtige Argumentationen zu finden, die authentischer ist als die formale Logik. In «the Uses of Argument» (Toulmin, 1958) hat er gezeigt, dass Argumente in der Praxis oft auf sechs Grundelemente zurückgeführt werden können. Seitdem wurde sein Modell sowohl in der Theorie wie auch in der Praxis vielfach angewandt, z. B. in der Mediation, in der Ausbildung oder in der Strategieentwicklung (Huff, 1990). Sein Buch ist ein Standardwerk der jüngeren Argumentationstheorie. Diese hat Ähnlichkeit mit dem Phänomen, die Kleist als die allmähliche Verfertigung der Idee beim Sprechen (oder Schreiben) bezeichnet hat. In Anlehnung an den Organisationsforscher Karl Weick und in Bezug auf die Toulminmethode könnte man es (noch einfacher) auch so formulieren: Wie kann ich wissen, was ich meine, denke oder weiß, bevor ich nicht sehe, wie ich genau argumentiere?

Erläuterung. Die Toulminmethode soll Sie darin unterstützen, herauszufinden, wie Sie argumentieren. Dazu schlägt sie ein schrittweises Vorgehen vor, mit dem man die eigenen Argumente (und die von anderen) strukturieren kann. Die Toulminkarte besteht aus sechs Komponenten; dabei handelt es sich um: (a) die Behauptung, (b) die Fakten, welche die Behauptung stützen, (c) die Verbindungsstärke zwischen Fakten und Behauptung, (d) die Rechtfertigung, warum die

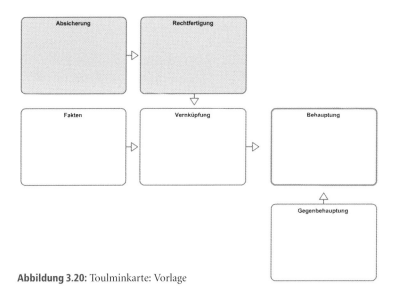

Abbildung 3.20: Toulminkarte: Vorlage

Behauptung stimmt bzw. warum die Fakten auf die Behauptung zu beziehen sind, (e) die Absicherung hinter der Rechtfertigung und (f) die Gegenbehauptung, die mit der Behauptung nicht zu vereinbaren ist (siehe **Abb. 3.20**).

Beispiel

Das folgende Beispiel (**Abb. 3.21**) zeigt die durch eine Toulminkarte strukturierte Argumentation für den Besuch einer aufwändigen Weiterbildung.

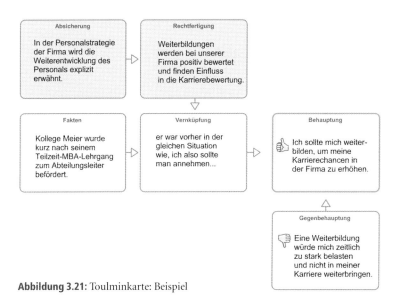

Abbildung 3.21: Toulminkarte: Beispiel

Werkzeuge

Um Toulminkarten rasch und einfach zeichnen zu können, gibt es unterschiedliche Software-Programme, die einem bei der Visualisierung von Argumenten helfen. Eine einfache, deutsche Variante der Toulminkarte wird im Programm let's focus angeboten. Ein kostenfreies Programm zur Erstellung derartiger Karten ist Auracaria. Dieses ist jedoch nur in englischer Sprache verfügbar.

Fallstricke

Da die Toulminmethode von einem Akademiker für andere Akademiker entwickelt wurde, ist sie im täglichen Gebrauch nicht immer unproblematisch und nicht unbedingt rasch einsetzbar. Die Unterscheidung zwischen Fakten und Behauptung sowie zwischen Rechtfertigung und Absicherung lässt sich in der Praxis nicht immer leicht treffen. Dies ist eine Schwierigkeit der recht formalen Toulminmethode. Auch könnte man bei der Verwendung der Methode dazu neigen, weitere Argumente, die gegen die eigene Meinung sprechen, nicht in die Grafik mit aufzunehmen. Deshalb empfiehlt es sich, bei der Entwicklung einer Toulminkarte anders denkende Personen aktiv einzubeziehen, die fertiggestellte Grafik anderen zu zeigen und kritische Rückmeldungen zu integrieren oder zumindest zu berücksichtigen.

3.2.14
Minto Pyramide

Wie man die Informationssuche und -strukturierung systematisiert

Anwendungskontext

Die Pyramiden-Methode kann zum einen eingesetzt werden, um die Recherche zu einem Thema zu planen und zu dokumentieren. Zum anderen kann sie immer dann zum Einsatz kommen, wenn es gilt, komplexe Informationen nachvollziehbar und kompakt zu strukturieren.

Deckt alle Felder ab
Planung und Strukturierung
Fokussierend
Diagramm, Regeln, Schritte, Kriterien
Schwierig
★ ★ ★ ★ ★

Allgemeine Beschreibung

Definition der Methode. Die Minto-Pyramide ist eine Methode zur Informationssuche und -strukturierung und arbeitet mit einer dreistufige Darstellungsform. Bei der Pyramiden-Methode wird hypothesengeleitet nach Informationen gesucht, die eine These entweder bestätigen oder widerlegen. Dabei werden die Informationen hierarchisch nach Subthesen geordnet, welche die Hauptthese stützen.

Wissenschaftlicher Hintergrund. Die Pyramiden-Methode wurde ursprünglich von einer Praktikerin, Barbara Minto, auf Basis der wissenschaftlichen Methode des Hypothesentestens entwickelt (Minto, 2002). Für ihre Arbeit bei der Beratungsfirma McKinsey and Company entwickelte sie die Methode, um bei der Informationssuche gezielt und effektiv vorgehen zu können und Leerläufe in der Recherche zu vermeiden. Barbara Minto hat diese Methode jedoch auch deshalb entwickelt, weil sie sich vor dem Hintergrund vieler unstrukturierter Listen und unklarer Berichte eine praktikable Ordnungs- und Vermittlungstechnik wünschte. Sie orientierte sich dabei an der Arbeitsweise von Wissenschaftlern, die typischerweise induktiv oder deduktiv an eine Fragestellung herangehen. *Induktives* Vorgehen versucht, aus einer Vielzahl von Fakten anhand von Ähnlichkeiten Gruppen zu bilden und daraus höherwertige Aussagen abzuleiten. Dieses Vorgehen wird von Minto als Bottom up-Weg durch die Pyramide bezeichnet, da man auf der untersten Stufe der Pyramide beginnt und danach weniger, jedoch abstraktere Obergruppen bildet. Demgegenüber zeichnet sich das (nach Meinung von Minto effizientere) *deduktive* Vorgehen dadurch aus, dass zuerst eine mögliche Antwort auf die Fragestellung formuliert wird und dann Subthesen davon abgeleitet werden. Diese Subthesen beantworten die Frage, was gegeben sein müsste, damit die Hauptantwort stimmen kann. Wie ein Wissenschafter sollte man danach Informationen sammeln, die diese Subthesen (und mit entsprechender Gewichtung schließlich auch die Hauptthese) entweder stützen oder widerlegen. Beim deduktiven Vorgehen geht man also von der These zu den Fakten und prüft, ob die These der Realität Stand halten kann, während dem man beim induktiven Vorgehen zuerst Fakten sammelt und aus diesen durch Generalisierung Thesen bildet.

Erläuterung. Zunächst ist zu entscheiden, ob die Minto Pyramide als Strukturierungsmethode oder als Recherchemethode eingesetzt werden soll. Um sie als *Strukturierungshilfe* für Informationen einzusetzen, genügt es, das eigene Material in drei Stufen zu gliedern:

1. Was ist meine Hauptaussage?
2. Was sind meine Unteraussagen, die diese Hauptaussage unterstützen?
3. Welches sind die einzelnen Punkte bzw. Fakten zu diesen Unteraussagen?

Dadurch entsteht eine pyramidenförmige Struktur, mit der man Informationen leichter überblicken kann. Um die Qualität und Stimmigkeit dieser Struktur zu überprüfen, empfiehlt es sich, das Resultat auf folgende Punkte zu testen:

a) Vollständigkeit: Ist die Struktur vollständig? D. h.: Sind alle zum obersten Punkt gehörenden Unterpunkte aufgeführt?
b) Abgrenzung: Sind die Untergruppen klar voneinander unterscheidbar? Werden konzeptionelle Überlappungen vermieden? Die Untergruppen sollten sich möglichst nicht überschneiden oder gemeinsame Elemente aufweisen.
c) Homogenität: Sind alle Ideen in jeder Gruppierung von derselben Art? Ist die Gruppe sinnvoll, weil sie ähnliche Elemente enthält?
d) Konsistenz: Sind alle Ideen auf jeder Ebene der Pyramide immer die Zusammenfassung der unter ihnen gruppierten Ideen? Sind alle Punkte auf einer Ebenen auf der gleichen Abstraktionsstufe?

Die Hauptaussage der Pyramide ist zugleich Titel eines Beitrags oder Berichts. Die Unteraussagen bilden die Kapitelüberschriften und die Unterpunkte die Absätze. Analog erfolgt die Verwendung in Präsentationen: Die Hauptaussage wird zum Titel einer Präsentation, die Unteraussagen werden zu Abschnitten und Einzelpunkte zu Folienüberschriften oder Spiegelstrich-Einträgen.

Um die Methode im Kontext der eigenen *Informationssuche* und Wissensentwicklung einzusetzen, empfiehlt es sich, wie folgt vorzugehen: Anstatt zur Klärung einer Fragestellung unsystematisch Indizien und Fakten zu sammeln und diese im Anschluss mühsam zu ordnen, wird in der Minto Pyramiden-Methode (siehe **Abb. 3.22**) zu Beginn eine Hypothese als mögliche, plausible Antwort auf die Frage formuliert. Anschließend fragt man sich, was gegeben (oder eben nicht gegeben) sein muss, damit diese These zutrifft. Diese Punkte bilden die zweite Ebene der Pyramide, die Subthesen. Für jede dieser Subthesen wird dann, auf der dritten Ebene der Pyramide, festgehalten, welche Fakten gesammelt werden müssen, um die Subthesen zu bestätigen oder zu widerlegen. So entsteht ein systematischer Plan zur Sammlung und Strukturierung von Informationen.

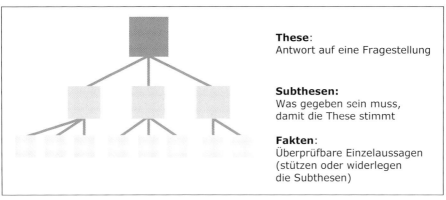

Abbildung 3.22: Minto-Pyramide

Beispiel

Eine Mitarbeiterin im internen Beraterstab einer größeren Handelsfirma wird von ihrem Vorgesetzten gebeten abzuklären, ob die Auftragsabwicklung in einem bestimmten Unternehmensteil erwartungsgemäß funktioniert oder nicht. Um dies zu tun und den resultierenden Bericht zu strukturieren, entscheidet sie sich dafür, eine chronologische Pyramide zu erstellen, d. h. die Problematik aus Sicht der Vergangenheit, Gegenwart und Zukunft zu betrachten. Sie vermutet aufgrund von verschiedenen Vorkommnissen und ersten Vorgesprächen, dass die Auftragsabwicklung tatsächlich zu wenig professionell abläuft. Ihre These lautet deshalb: «Die Auftragsabwicklung im Unternehmensbereich X läuft nicht professionell ab, wir müssen eingreifen.» Damit diese These stimmt, muss Folgendes gegeben sein: Erstens muss es in der Vergangenheit immer wieder Zeichen für eine mangelnde Auftragsabwicklung gegeben haben. Zweitens müssen dieses Probleme momentan weiter bestehen. Drittens ist zu erwarten, dass sie auch in Zukunft bestehen bleiben werden, da keine Maßnahmen geplant sind, um die Auftragsabwicklung zu verbessern.

Die Pyramide unten (siehe **Abb. 3.23**) illustriert die drei Stufen der Pyramide: oben die These, die Subthesen in der Mitte und die zu sammelnden Fakten auf der untersten Ebene. Zur Klärung des Problems könnten im Bereich Vergangenheit zusätzlich «historische» Gründe für die Problematik zusammengetragen werden. Zudem könnten zur gegenwärtigen Situation weiterführende Analysen vorgeschlagen und für die Zukunft entsprechende Maßnahmen ausgearbeitet werden.

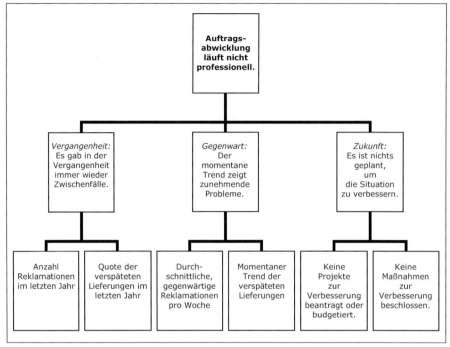

Abbildung 3.23: Minto-Pyramide: Beispiel

Werkzeuge

Die Minto Pyramiden-Methode erfordert zu ihrer Anwendung keine große Infrastruktur. Es kann jedoch sinnvoll sein, bei der Entwicklung der Struktur mit Karten und Nadeln an einer Pinwand zu arbeiten, um so schnell Änderungen oder Ergänzungen vornehmen zu können. Alternativ kann auch beispielsweise mit dem Org Chart Assistenten von Microsoft Office eine hierarchische Pyramidenstruktur aufgezeichnet werden. Der SmartDraw Assistent von Office stellt zudem verschiedene Formen von Organigrammen zur Verfügung, die zur Erstellung von Minto-Pyramiden verwendet werden können. Für gewisse, sich wiederholende Problemstellungen können damit auch Standard-Pyramidenvorlagen erstellt und als Vorlagen-Bibliothek digital gespeichert, verwaltet und mehrmals benutzt werden.

Fallstricke

Das hypothesengeleitete Suchen nach Informationen kann dazu führen, dass man wichtige Informationen gar nicht erst zur Kenntnis nimmt, weil sie für die eigenen Subthesen nicht relevant erscheinen. So wird unter Umständen eine These bestätigt, obwohl es gute Gründe und Informationen gegen sie gäbe. Darum ist es eine gute Übung (und Vorsichtsmaßnahme), auch zu einer möglichen Gegenthese eine Pyramide zu konstruieren und zu überprüfen, ob dabei noch andere Informationsbereiche relevant sind, die in der ursprünglichen Pyramide übersehen wurden. Auch kann es hilfreiche sein, einen Kollegen hinzuziehen und danach zu fragen, wie er für die gegebene Fragestellung eine Pyramide aufbauen würde. Die Minto-Pyramide eignet sich vor allem dann, wenn man sich in einem Gebiet schon recht gut auskennt und in der Lage ist, eine hochwertige These zu formulieren. Ist dies nicht der Fall, sollte die Methode eher bottom up und nur als Strukturierungshilfe zum Einsatz gelangen.

3.2.15
Fokusmetapher

Wie man aus Informationen nachhaltiges Wissen macht

Anwendungskontext

Mit Fokusmetaphern können Sie eigene Ideen und Gedanken, aber auch komplexe Themen eindrücklich strukturieren, weiterentwickeln und kommunizieren. Durch ein passendes grafisches Gleichnis werden Informationen nicht nur ansprechend strukturiert und verortet; durch die mit der Metapher verbundenen Assoziationen entsteht auch neue Bedeutung und man kann sich Inhalte besser merken. Fokusmetaphern können alleine oder in Gruppen erstellt werden, um eine Kernidee und deren Komponenten anschaulich sichtbar zu machen.

Material und sozial-produktiv
Strukturierung und Elaboration
Fokussierend *und* expansiv
Regeln, Grafik
Schwierig
* * * * *

Allgemeine Beschreibung

Definition der Methode. Fokusmetaphern sind allegorische Wissensbilder aus Natur, Sport und Spiel oder aus bekannten Geschichten, auf denen man Informationen sinnvoll verorten kann. Eine Fokusmetapher muss nützliche Assoziationen zu einem Thema erlauben und klare Bereiche oder Zonen für die Verortung und Strukturierung von Informationen aufweisen.

Wissenschaftlicher Hintergrund. Die Kernideen hinter Fokusmetaphern stammen aus der Metapherntheorie, der Didaktik und dem Bereich der Mnemotechniken (Methoden zur Erhöhung der Merk- und Erinnerungsleistung). Die Grundprinzipien aus diesen Disziplinen sind dabei die folgenden (vgl. Eppler, 2003, 2004b): Metaphern basieren auf intelligenten, nicht-offensichtlichen und dennoch anschaulichen Analogien und Wechselwirkungen zwischen zwei Domänen oder Lebenswelten. Die impliziten und expliziten Eigenschaften eines Objekts aus einem Bereich (z. B. der Technik) werden dabei verwendet, um damit ein anderes (z. B. im menschlichen Bereich) zu charakterisieren – wie etwa in diesem Ausdruck: «Sein Hirn ist ein Computer». Durch die Verwendung einer Metapher werden wir *aktiviert* und eingeladen, Gemeinsamkeiten und Unterschiede zwischen den beiden Domänen zu bedenken (im Beispiel oben zwischen der menschlichen und maschinengestüzten Informationsverarbeitung). Metaphern erleichtern uns dabei die Konstruktion von neuem Wissen, weil sie uns erlauben, bestehende Kenntnisse (über die Ausgangsdomäne der Metapher) mit neuen Einsichten zu *verknüpfen*. Deshalb sind Metaphern auch in der Didaktik ein zentrales Thema, besonders um Lernende in ein neues Thema einzuführen und sie dafür zu motivieren. Der Begriff Metapher stammt ursprünglich aus dem Griechischen: «Metapherein» bedeutete soviel wie «etwas von einem Ort zu einem anderen tragen». Bereits Aristoteles hat sich in seiner Rhetoriktheorie mit dieser *Übertragungsleistung* von Metaphern auseinandergesetzt. Für ihn ist die Metapher ein Instrument, um das Lernen und Denken zu unterstützen (Aristoteles, Rhetorik, Buch 3, vgl. Eco, 1984), auch wenn er die Grenzen und Gefahren dieses rhetorischen Tricks betont, denn: Eine Metapher ist nie spezifisch und konkret und kann deshalb auch falsch interpretiert werden. Die besondere Nützlichkeit von *visuellen* Metaphern wurde in verschiedenen Disziplinen betont und genutzt (vgl. Eppler, 2004b). Bildliche Metaphern intensivieren ein Sprachbild zusätzlich, weil sie es abbilden und gegenständlich werden lassen. Bildlich dargestellte Metaphern (wie etwa ein Eisberg oder ein Tempel) bieten die Möglichkeit, Informationen einprägsam in einer einfachen Struktur zu verorten. Deshalb wird dieses Prinzip auch als Mnemotechnik unter dem Namen «Methode der Orte» verwendet. Die Grundidee besteht dabei darin, Informationen durch deren örtliche Positionierung besser in Erinnerung behalten zu können.

Erläuterung. Um ein Gebiet mittels einer passenden grafischen Metapher zu strukturieren, empfehlen wir folgendes Vorgehen in vier Schritten.

1. Identifizieren Sie die Kerneigenschaften eines Themas, das sie strukturieren möchten, um es selbst besser zu verstehen und anderen einprägsam vermitteln zu können. Tun Sie dies, indem Sie an die Hauptbotschaft oder Kernaussagen denken.
2. Überlegen Sie nun, auf welchem Gebiet (das Ihnen oder Ihrer Zielgruppe gut bekannt ist) diese Eigenschaften ebenfalls vorhanden sind.
3. Wählen Sie in diesem Gebiet einen Gegenstand oder eine Tätigkeit, die sich gut abbilden lässt. Bedenken Sie dabei, dass der Gegenstand eine einfache Struktur aufweisen sollte, die in verschiedene Bereiche oder Zonen aufgeteilt werden kann.
4. Tragen Sie nun auf das gewählte Bild relevante Informationen zum Thema ein, indem Sie diese in den entsprechenden Zonen verorten.

Eine grafische Metapher, die dabei als Hintergrund für die Informationsstrukturierung dient, muss mindestens drei Kriterien erfüllen: Sie muss passende *Assoziationen* hervorrufen, die einem eine Erkenntnis über das Thema signalisieren. Sie muss weiterhin eine geeignete *Form* bzw. eine geeignete Anzahl von Zonen aufweisen, sodass Informationen sinnvoll gruppiert werden können. Schließlich sollte die Metapher ausreichend *flexibel* sein und Ergänzungen oder Modifikationen zuzulassen.

Die folgende **Tabelle 3.2** fasst noch einmal die drei wichtigsten Punkte mit einem Beispiel zusammen.

Tabelle 3.2: Merkmale einer Fokusmethaper

Metapher-kriterium	Kontrollfrage	Beispiele
1. Erwünschte Metapher-Assoziation	Wird die Kerneigenschaft der Metapher richtig verwendet, d. h. vermittelt die Hauptassoziation der Metapher etwas Richtiges über das Wissen?	Bei einer Brücke ist eine Hauptassoziation, dass sie etwas verbindet, «überbrückt», einen gemeinsamen Weg schafft, um einen Graben zu überwinden.
2. Geeignete Metapher-Form	Eignet sich die grafische Form der Metapher für die sinnvolle Organisation von Informationen?	Eine Brücke besteht aus drei Hauptkomponenten: der linken Seite, der rechten Seite und der Brücke dazwischen. Diese drei Teile gibt es auch in Verhandlungen, nämlich: die Position der einen Partei, die Position der anderen und den Verhandlungsprozess zwischen den beiden.
3. Ausreichende Metapher-Flexibilität	Bietet die grafische Form der Metapher genügend Spielraum für Modifikationen oder Ergänzungen?	In der Verhandlungsbrücke können einfach neue Schritte eingefügt werden. Die grafische Form gibt jedoch eine Beschränkung auf zwei Parteien vor. Bei einem Tempel oder einem Rad können die Anzahl Säulen oder Speichen beliebig erhöht werden.

Beispiel

Im Folgenden sehen Sie ein Beispiel dafür, wie ein komplexes Thema, in diesem Fall eine Verhandlungsmethode, durch eine stimmige Metapher zusammengefasst wurde (**Abb. 3.24**). Die Metapher betont, dass es wichtig ist, eine Verhandlung auf gemeinsamen Interessen und Werten aufzubauen und dabei nicht an eigenen Positionen festzuhalten. Es können unvereinbare Positionen überwunden werden – vorausgesetzt gewisse Schritte und Richtlinien werden respektiert. Die Fokusmetapher hilft uns also einerseits, das Verhandeln ingesamt als einen Prozess des kooperativen «Brückenbauens» zu verstehen; andererseits zeigt sie uns die konkreten Schritte und Erfolgsfaktoren von guten Verhandlungen auf.

Das zweite Beispiel zeigt eine Fokusmetapher, mit der eigene Gedanken und Pläne strukturiert werden (siehe **Abb. 3.25**). Die Schiffsmetapher und ihre Umgebung eignen sich dazu, die eigene Situation und die nächsten möglichen Schritte zu analysieren. Eigene Werte werden gleichsam als Basis am Boden festgehalten. Ziele und Visionen werden im Lichtstrahl des Leuchtturms positioniert. Eigene Probleme werden als Löcher im Rumpf des Schiffes eingezeichnet. Potenzielle Risiken werden auf dem Eisberg eingetragen. Maßnahmen, welche einen in Richtung Ziele führen, sind auf den Segeln unter den entsprechenden Zielen eingetragen. So entsteht eine lockere Struktur von Einträgen, die kreativ weiterentwickelt werden können und in Erinnerung bleiben. Die Fokusmetapher wird zu einem Vehikel, um sichtbar zu machen, was man denkt und fühlt.

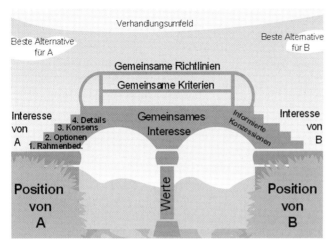

Abbildung 3.24: Fokusmetpaher: Beispiel 1

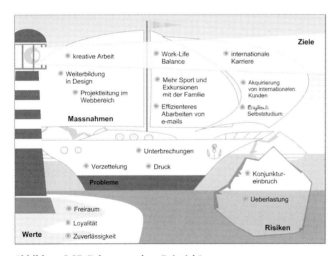

Abbildung 3.25: Fokusmetpaher: Beispiel 2

Werkzeuge

Visuelle Metaphern können grundsätzlich einfach mit Papier und Bleistift erstellt werden. Digital können Sie etwa durch eine Kombination der Google-Bildsuche und PowerPoint grafische Metaphern als Strukturierungshilfe nutzen. Eine etwas elegantere Lösung ist die Verwendung einer Software, wie etwa let's-focus, die eine große Anzahl von ergiebigen visuellen (auch interaktiven) Metaphern zur Verfügung stellt. Ein Vorteil von interaktiven Fokusmetaphern ist, dass die verorteten Informationen durch eingeblendete Kommentare, Dateianhänge oder Hyperlinks ergänzt werden können.

Die folgenden Metaphern können als Inspiration für die Visualisierung von Wissen dienen. Bei den aufgeführten Metaphern handelt es sich um künstliche (z. B. Trichter) und natürliche Objekte (z. B. Eisberg), um Tätigkeiten (z. B. Jonglieren) und um bekannte Geschichten (z. B. Ikarus). Einige typische Eigenschaften bzw. Assoziationen sind jeweils in der rechten Spalte aufgeführt (Tab. 3.3).

Tabelle 3.3: Metaphern-Vorschläge

	Metapher	Eigenschaften/Assoziationen
1.	Eisberg	Der größte Teil ist nicht sichtbar und dieser unsichtbare Teil könnte riskant sein.
2.	Trichter	Ein oder mehrere Inputs werden gefiltert und verdichtet und gelangen so zu einem höherwertigen Endresultat.
3.	Pendel	Eine Balance zwischen Extremen muss gefunden werden.
4.	Haus	Eine fixe Struktur, in die man eintreten kann und die funktional differenziert ist.
5.	Tempel	Etwas, was ein Fundament, verschiedene Pfeiler und ein gemeinsames Dach hat.
6.	Treppe	Etwas Stabiles, das in verschiedenen Stufen zu einem Ziel führt.
7.	Leiter	Etwas Flexibles, das in verschiedenen Stufen zu einem Ziel führt.
8.	Baum	Etwas, das wächst, im Boden verankert ist und Früchte trägt.
9.	Park	Ein (geschütztes) Territorium, das via verschiedene Sehenswürdigkeiten durch einen oder mehrere Wege durchschritten werden kann.
10.	Rad	Etwas Dynamisches, das funktioniert und aus einem zentralen und verschiedenen weiteren Elementen besteht,
11.	Berg	Ein großes Problem, das es durch beständigen Einsatz zu lösen gilt.
12.	Blume	Etwas Positives, Wachsendes, mit zentralem Stiel und verschiedenen Facetten, das durch Investitionen und Sorge Blüten trägt.
13.	Regenschirm	Etwas, das Schutz bietet und aus verschiedenen Elementen besteht.
14.	Waage	Eine Struktur, um Vergleiche anzustellen, Vor- und Nachteile abzuwägen.
15.	Kette	Elemente, die voneinander abhängen, um ein starkes Ganzes zu bilden.
16.	Diamant	Etwas sehr Wertvolles, das aus einer Hauptkomponente und mehreren Unterkomponenten besteht,
17.	Sonnensystem	Elemente, die von einem großen zentralen Element abhängen und sich an diesem orientieren.
18.	Vulkan	Etwas, das im Untergrund brodelt und plötzlich zum Ausbruch kommen kann.
19.	Festung	Etwas Sicheres, in das nur schwer eingedrungen werden kann.
20.	Brücke	Etwas, was Leute zusammenführt, Hindernisse überwindet.
21.	Radarschirm	Ein Überblick über relevante Objekte und ihre Nähe.
22.	Turm	Eine hierarchische Struktur, die Überblick schafft.
23.	Boot	Ein Mittel, um zusammen zu einem Ziel zu kommen.

	Metapher	Eigenschaften/Assoziationen
24.	Kordel	Elemente, die zusammen ein starkes Ganzes formen.
25.	Schloss/Schlüssel	Eine Lösung, die auf ein Problem passt.
26.	Hebel	Durch kluges Ansetzen weniger Aufwand benötigen.
27.	Orchester	Verschiedene Rollen, die unter einer Leitung zusammenarbeiten.
28.	Graben	Eine Lücke, die überwunden werden muss.
29.	Labyrinth	Ein unübersichtlicher Prozess, in dem man sich ohne Orientierungshilfe schnell verlieren kann.
30.	Wasserfall	Eine Bedrohung, auf die man zugeht, ohne sie zu sehen.
31.	Insel	Ein neues Gebiet, das es zu erkunden gilt.
32.	Trojanisches Pferd	Eine List zur Infiltration, zur Übergabe etwas Ungewolltem.
33.	Sisyphus mit Stein	Eine mühevolle und endlose Aufgabe.
34.	Ikarus mit Wachsflügeln	Eine Lösung, die nur kurzfristig funktioniert.
35.	Jonglieren	Mehrere Aufgaben müssen gleichzeitig erledigt werden.
36.	Tanzen	Eine spielerische Kooperation, die abgestimmt sein muss.
37.	Fechten	Ein Kampf mit gleichen Waffen bestehend aus Angriff und Verteidigung.
37.	Seiltanzen	Eine schwierige Aktivität, bei der jederzeit die Gefahr besteht abzustürzen.
38.	Tauchen	Man geht unter die Oberfläche, man geht den Dingen auf den Grund.

Fallstricke

Obwohl die Verwendung von Metaphern ein sehr wirkungsvolles kognitives Werkzeug ist, gilt es dabei doch eine ganze Reihe möglicher Risiken zu beachten. Drei davon seien hier erwähnt, nämlich eine falsche Metapher zu wählen, eine (für die Zielgruppe) unpassende Metapher zu nutzen oder eine abgegriffene Klischee-Metapher einzusetzen: (a) Eine *falsche* Metapher ist ein Vergleich, der hinkt: Man stellt Dinge gegenüber oder in Beziehung, die nichts Wesentliches gemeinsam haben. Hier gilt es, die Ursprungsdomäne und die Zieldomäne sorgfältig zu analysieren und wesentliche Unterschiede zwischen beiden zu bedenken. (b) Eine *unpassende* Metapher ist eine Metapher, die für die Zielgruppe nicht nachvollziehbar ist. Unsere eigenen Assoziationen mit einem Bild müssen nämlich nicht mit den Vorstellungen von anderen übereinstimmen. Gerade in interkulturellen Kontexten kann die Verwendung von visuellen Metaphern deshalb riskant sein. Von daher empfiehlt es sich, bei der kommunikativen Verwendung von Fokusmetaphern zuerst die Zielgruppe besser kennen zu lernen und deren Hintergrundwissen zu verstehen. (c) Gewisse visuelle Metaphern wurden schon so oft benutzt, dass sie weder für uns noch für andere motiverend oder besonders merkwürdig (im eigentlichen Sinne) sind. Derartige (negative) *Klischee*-Metaphern sind beispielsweise die Einbahnstraße oder die Mauer. Suchen sie deshalb nach neuen, originellen, überraschenden Metaphern, um ein Gebiet oder eine Idee zu erhellen. Die Vorschläge unter Werkzeuge sind dabei nur eine kleine Auswahl an denkbaren Metapherkandidaten.

Zusammenfassung

Effektiver lesen; gute Fragen stellen; den eigenen Wissensstand in Bezug auf ein Thema verstehen; eingehende Informationen rasch selegieren und effizient bearbeiten; schnell etwas notieren oder Ideen strukturieren; Anweisungen effizient und systematisch verfassen; durch Gruppierung aus Informationen Wissen machen; Konzepte besser verstehen; Erfahrungen attraktiv dokumentieren; konstruktiv Rückmeldungen geben und empfangen; Wissen in Form einer spannenden Geschichte formulieren; neues Wissen grafisch rekonstruieren; Argumente und deren Grundannahmen explizit darstellen; effektiv Informationen suchen und für Wissensaufbau und Kommunikation strukturieren; Inhalte kognitiv und kommunikativ überzeugend aufbereiten: All das sind wissensbasierte Tätigkeiten, die zwar keineswegs alle Herausforderung im Arbeitsalltag abdecken, die aber doch ein Ausschnitt dessen sind, was heute an Anforderungen für viele von uns alltäglich ist. Für die genannten Tätigkeiten gibt es bewährte und wirksame Methoden, nämlich: die SQ3R-Methode, das ethnografische Interview, das Perspektivendiagramm, die Eisenhower-Matrix und das TRAFing, Mind Mapping, Information Mapping, die Methode der Kategorisierung und Klassifikation, die Konzeptkarte, den Mikroartikel, Feedback, Story Templates, Concept Mapping, die Toulminkarte, die Minto-Pyramide und Fokusmetaphern. Wir haben diese Methoden ausgewählt, weil sie vergleichsweise rasch zu erlernen sind und ihren Nutzen bereits in vielen Kontexten bewiesen haben. Die insgesamt 15 Methoden liefern konkrete Vorschläge für das unmittelbare bzw. akute Problemlösen im Rahmen des persönlichen Wissensmanagements und verfolgen von daher operative Ziele – allem voran eine möglichst rasche Bewältigung aktueller Anforderungen im Arbeitsalltag.

3.3
Langfristige Kompetenzentwicklung: Methoden mit strategischer Zielsetzung

Nach den operativen Methoden, die primär auf Wissensprobleme in der Gegenwart abzielen, stellen wir Ihnen im Folgenden *strategische* Methoden des persönlichen Wissensmanagements vor. Diese Methoden ermöglichen es Ihnen, Ihre Wissensentwicklung und -nutzung auch langfristig zu planen und im Auge zu behalten. Einen Überblick über die strategischen Methoden und deren Hauptnutzen gibt die nachfolgende Tabelle 3.4. Auch diese Methoden des persönlichen Wissensmanagements haben wir nach aufsteigendem Schwierigkeitsgrad angeordnet.

Tabelle 3.4: Methoden mit strategischer Zielsetzung

Methodenname	Nutzen der Methode	Methodenform
Kontaktnetz	Seine Wissensquellen erweitern	Diagramm
Kompetenz-Agenda	Lernen und Arbeiten besser integrieren	Tabelle
Kompetenz-Portfolio	Das eigene Wissensprofil besser erkennen und weiterentwickeln	Diagramm
Lifeline/Lebenslinie	Die eigene Entwicklung besser verstehen	Diagramm
Morphologischer Kasten und Schieber	Neue Möglichkeiten und Optionen entdecken	Tabelle
Synergy Map	Die Koordination und Abstimmung von Zielen verbessern	Diagramm

3.3.1

Kontaktnetz

Wie man seine Wissenskontakte nutzt und ausbaut

Anwendungskontext

Um das eigene Wissen strategisch weiterzuentwickeln und immer auf dem neuesten Stand zu sein, reichen Bücher, Magazine oder Internetseiten nicht aus. Neues Wissen entsteht auch und vor allem durch den Austausch mit anderen. Der Kontakt mit Spezialisten, die sich auf einem bestimmten Gebiet auskennen, ist für die eigene Wissensentwicklung unersetzlich. Das Kontaktnetz hilft Ihnen, Ihr Wissensnetzwerk kritisch zu überprüfen und, falls nötig, auszubauen. Es macht Ihre Kontakte schrittweise explizit und erlaubt es Ihnen so, Ihre Kontakte mit anderen zu teilen.

Sozial-rezeptiv
Interesse, Bewertung, Planung
Expansiv
Diagramm
Einfach
★ ★ ★ ★ ★

Allgemeine Beschreibung

Definition der Methode. Das Kontaktnetz ist eine systematische Zusammenstellung der wichtigsten wissensbezogenen Kontakte einer Person. Es stellt sowohl interne als auch externe Kontakte zu vier zentralen Wissensgebieten einer Person zusammen und zeigt deren Vernetzung untereinander auf.

Wissenschaftlicher Hintergrund. Man muss nicht alles wissen, aber es ist nützlich zu wissen, wer was weiß. Dies ist der Grundgedanke hinter der Kontaktnetz-Methode. Bestätigt wird diese Einsicht auch von einer relativ neuen Richtung innerhalb der Organisationsforschung: die sogenannte «social network analysis». Sie besagt unter anderem, dass Wissen besonders dann wertvoll wird, wenn es in ein gut funktionierendes Netzwerk eingebettet ist. Eine weitere Erkenntnis aus dieser Forschungsrichtung ist, dass es gerade die «weak links», also die nicht institutionalisierten oder die nicht eng verbundenen Kontakte, sind, die für den Wissenserhalt in der Organisation äußerst wichtig sind. Diese sind (wenn auch in etwas anderer Form) ebenso für Individuen von Bedeutung.

Erläuterung. Im Folgenden ist im Rahmen der Kontaktnetz-Methode nicht nur von Wissen, sondern auch von Kompetenzen die Rede. Dabei ist der strukturgenetische Wissensbegriff mit dem Kompetenzbegriff kompatibel (vgl. Kap. 1.1.2) Um Ihr eigenes Kontaktnetz in Sachen Kompetenzen und Wissen aufzuzeichnen, gehen Sie bitte wie folgt vor:

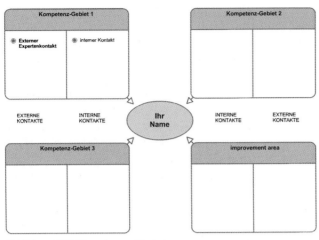

Abbildung 3.26: Kontaktnetz: Vorlage

1. *Ausgangpunkt:* Zeichnen Sie einen Kreis in die Mitte eines Blatts Papier sowie vier quadratische Felder ringsum den Kreis (siehe **Abb. 3.26** Seite 130); in den Kreis tragen Sie Ihren Namen (oder Ihre Initialen) ein.

2. *Kompetenz- und Verbesserungsfelder:* In die oberste Zeile jedes Quadrats tragen Sie jeweils ein Kompetenzgebiet ein, in dem Sie sich bereits sehr gut auskennen und das auch in Zukunft für Ihre Arbeit wichtig sein wird (es sollte sich um ein Fachgebiet, keine Sprach- oder Sozialkompetenz handeln). Im vierten Quadrat tragen Sie ein Themengebiet ein, in dem Sie noch Defizite haben und bei dem Sie sich in Zukunft verbessern möchten (z. B. weil es für Ihren Beruf immer wichtiger wird).

3. *Externe Kontakte:* In die jeweils äußere Spalte jedes Quadrats tragen Sie nun die Namen von Personen ein, die Sie persönlich kennen und von denen Sie wissen, dass sich diese auf dem entsprechenden Gebiet auskennen und nicht in Ihrer Organisation tätig sind. Unterstreichen Sie dabei Personen, die sich auf einem Gebiet sehr gut auskennen, die Spezialistenstatus haben und über das Thema noch mehr wissen als Sie.

4. *Reflexion:* Bevor Sie fortfahren, schauen Sie sich Ihr resultierendes externes Kontaktbild an: Sind Sie in Ihren drei Kernkompetenzen gut nach außen vernetzt oder nicht? Müssen Sie an Ihrem Kontaktnetz arbeiten oder haben Sie bereits ein Netz aus Experten, die Ihr Thema aus einem anderen Blickwinkel kennen und die Sie bei Bedarf um Rat fragen können?

5. *Interne Kontakte:* In der inneren Hälfte jedes Quadrates ergänzen Sie nun die organisationsinternen Personen, die Sie persönlich kennen und die sich im entsprechenden Thema auskennen. Kennt sich eine Person in mehr als einem Ihrer Spezialgebiete aus, können Sie diese Person auch in mehr als einem Quadrat aufführen. Beurteilen Sie dann kurz Ihren momentanen Status bezüglicher interner Kontakte: Haben Sie genug «Sparringspartner», um in Ihren Kern-

gebieten weiter zu kommen? Gibt es intern Personen, von denen Sie für Ihr Zukunftsgebiet (das vierte Quadrat) lernen können?

6. *Verbindungen*: Ziehen Sie nun Verbindungslinien zwischen denjenigen Personen, die sich untereinander persönlich kennen. Das kann sowohl innerhalb eines Quadrats geschehen als auch zwischen zwei Quadraten.

7. *Reflektion*: Beurteilen Sie Ihr Kontaktnetz: Kennen sich Ihre Kontakte gegenseitig, könnte dies ein Indiz dafür sein, dass Ihr Netzwerk zu wenig ausgewogen ist. Dies kann den Nachteil haben, dass nur schwer neue Impulse hereinkommen («Wissensmafia»). Vorteilhaft kann sein, dass Sie Teil eines engmaschigen Netzes sind, in dem Informationen rasch zirkulieren. Überlegen Sie trotzdem, ob es nicht sinnvoll sein könnte, Ihr Kontaktnetz auszuweiten und zusätzlich unabhängigere Spezialisten kennenzulernen.

8. *Kontaktmanagement*: Bei jeder Person können Sie kurz anfügen, welche Art von Kontakt Sie mit dieser aktuell pflegen und welche Art von Informationen ausgetauscht werden. Ebenfalls kann bei jeder Person angemerkt werden, welche Art von Kontakt man in Zukunft pflegen will und welche Art von Informationen ausgetauscht werden sollen. Eine Aufstellung der Kontaktmöglichkeiten (E-Mail, Telefon etc.) erleichtert die Kontaktaufnahme.

9. *Neue Kontakte*: Tragen Sie nun in Klammern die Namen weiterer möglicher Kontaktpersonen ein, die Sie noch nicht persönlich kennen, von denen Sie jedoch namentlich wissen, dass es sie gibt.

Diese Form der Darstellung des Beziehungsnetzes kann und sollte mit anderen Personen ausgetauscht werden, z. B. mit Vorgesetzten, Mitarbeitern, Nachfolgern, Stellvertretern. Dies ist auch eine Möglichkeit, um das eigene Netzwerk durch Kontakte von Kollegen zu erweitern.

Beispiel

Das folgende Beispiel (siehe **Abb. 3.27** Seite 132) zeigt das Kontaktnetz einer Person mit Schwerpunkt in den Bereichen Logistik und Projektmanagement. Die Person kennt sich zudem gut mit Visualisierungsmethoden aus und möchte im Bereich Statistik ihr Wissen stärker ausbauen. Sie kennt jedoch nur zwei externe Personen, die sich intensiv mit Projektmanagement befassen, und davon ist nur eine ein echter Spezialist. Zum Thema Visualisierungsmethoden fehlt der Person der interne Austausch, da sie bisher nur eine Person kennt (Keith Johnson), die sich innerhalb der Organisation auch für dieses Thema interessiert. Einen zusätzlichen, potenziellen externen Kontakt hat die Person für dieses Thema zumindest identifiziert (Lutz Kahn). Im Bereich Statistik sieht es noch nicht gut aus. Dort fehlen interne Kontakte gänzlich (obwohl ein Kollege bereits identifiziert wurde) und außen gibt es lediglich zwei Kontakte zu Personen, die sich mit diesem Thema ein wenig auskennen. Die gegenseitige Vernetzung unter den Kontakten dieser Person ist als mittel bis gering einzustufen, gerade was Kontakte zwischen Internen und Externen anbelangt.

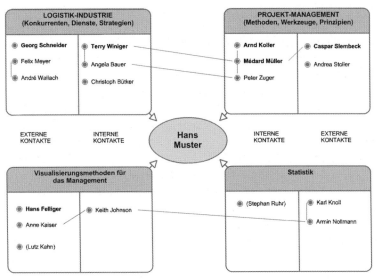

Abbildung 3.27: Kontaktnetz: Beispiel

Werkzeuge

Um sein eigenes Kontaktnetz aufzuzeichnen, braucht man im Prinzip nicht mehr als ein Blatt Papier und einen Stift. Wenn Sie Ihr Kontaktnetz allerdings kontinuierlich für das Management Ihrer Kontakte nutzen wollen, empfiehlt sich eine elektronische Unterstützung. Besonders hilfreich sind einfache elektronische Mapping-Werkzeuge mit Hyperlink- oder Annotierungsfunktionen. Ein derartiges Werkzeug ist z. B. The Brain (www.TheBrain.com): Es erlaubt Ihnen auch, die Verbindungen Ihrer Kontakte grafisch einzutragen. Weitere Werkzeuge sind Mindmanager oder let's-focus, aus dem die oben aufgeführten Vorlagen stammen.

Fallstricke

Obwohl das einmalige Anfertigen eines Kontaktnetzes bereits klärend wirken, einen aufrütteln und Handlungsbedarf signalisieren kann, entfaltet die Methode ihr Potenzial erst dann, wenn man sie mehrmals einsetzt und den Ausbau des eigenen Netzwerks immer wieder überprüft. Denn einfach nur Kontakte in eine Vorlage einzutragen, gewährleistet noch kein Kontaktmanagement. Um Kontakte am Leben und die Austauschkanäle offen zu halten, müssen diese aktiv gepflegt werden. Die Pflege kann verschiedene Formen annehmen: sei es das einfache Weiterleiten von relevanten Informationen, sei es eine gemeinsame Freizeitaktivität, sei es das monatliche Mittagessen. Ein bekannter Management-Bestseller aus den USA heißt deshalb «Never eat alone» und betont die Wichtigkeit der stetigen Kontaktpflege. Falls Sie schon lange in einer Organisation arbeiten und Ihre Fachgebiete relativ spezifisch sind, kann es sein, dass sie wenige externe Kontakte in Ihren Quadraten eingetragen haben. Dies kann unter Umständen sogar erwünscht sein (z. B. aus Vertraulichkeitsgründen). In solchen Fällen sollte man folglich mit sich selbst nicht zu hart ins Gericht gehen. Das Kontaktnetz funktioniert als Gruppeninstrument (z. B. um seine Kontakte auszutauschen) nur dann, wenn bereits eine gute Vertrauensbasis herrscht und die Mitglieder der Gruppe nicht in einem direkten Konkurrenzverhältnis zueinander stehen. Fehlt das Vertrauen oder stehen die Gruppenmitglieder unter Konkurrenzdruck, ist der Anreiz nicht sehr groß, den anderen Gruppenmitgliedern langjährig aufgebaute Kontakte zur Verfügung zu stellen. Schließlich ist auf den möglichen Missbrauch eines Kontaktnetzes zu verweisen: Ihre Kontakte stellen einen wertvollen Teil Ihres intellektuellen Kapitals dar und sollten entsprechend gegen Missbrauch geschützt werden. Stellen sie sich z. B. vor, dass Ihre externen Kontakte plötzlich viele Anrufe von unbekannten Personen erhalten und Sie als Referenzperson angeben. Das könnte negativen Einfluss auf Ihre Beziehung mit den entsprechenden Personen haben. Daher gilt: Sie sollten das Kontaktnetz primär als persönliches Instrument nutzen und es nur selektiv anderen zur Verfügung stellen.

3.3.2
Kompetenz-Agenda

Wie man seine Wissensentwicklung planen kann

Anwendungskontext

Die Kompetenz-Agenda wird über ein Jahr hinweg für die eigene Kompetenzentwicklung verwendet. Sie hilft einem dabei, das eigene Wissen und Lernen proaktiv und persönlich zu managen und Lernmöglichkeiten bei der Arbeit systematisch und reflektiert zu nutzen.

Material und sozial-rezeptiv
Planung
Fokussierend
Tabelle
Einfach
* * *

Allgemeine Beschreibung

Definition der Methode. Die Kompetenz-Agenda ist ein schriftlicher, in Form einer Tabelle ausformulierter, kompakter Lernplan, der konkret aufzeigt, wie man bestimmte Kompetenzen bei der Arbeit aufbauen oder weiterentwickeln kann und will. Die Methode setzt Kompetenzen in Beziehung zu (meist) arbeitsbezogenen Tätigkeiten, die diese Kompetenz fördern.

Wissenschaftlicher Hintergrund. Neue Aufgaben und neue Rahmenbedingungen machen die Arbeit heute mehr und mehr zu einer Bildungs- und Lernumgebung. Das heißt: Wenn Arbeitstätigkeiten komplexer werden, Selbstorganisation zulassen und Entwicklungschancen bieten, kann in der Arbeitstätigkeit auch eher informell gelernt werden (siehe auch Kap. 4.1.1). Wachsende Kooperationserfordernisse bieten ebenfalls Lernchancen – nämlich soziale Lernchancen. Erkannt hat man auch, dass sich berufliche Handlungskompetenz besser fördern lässt, wenn Lerninhalte und -prozesse von Arbeitsabläufen geleitet werden (Dehnbostel, 2005), was ebenfalls vorrangig auf informelles Wissen und Lernen hinausläuft. Selbstverständlich können auch Hobbys oder das Leben in der Familie mit Kindern einen spezifischen Wissens- und Kompetenzzuwachs fördern (z. B. Organisations- und Konfliktlösefähigkeiten). Diese Erkenntnisse gewinnen noch an Gewicht, wenn man daran denkt, dass wir die meiste Zeit in informellen Lernkontexten (Arbeitsplatz, Freizeit, Familie) verbringen und keineswegs in Kontexten, die der formalen (Weiter-)Bildung dienen. Die Kompetenz-Agenda versucht, diesen Gedanken aufzunehmen und regt zum Nachdenken an, mit welchen arbeitsbezogenen und privaten Tätigkeiten wir welche Kompetenzen entwickeln können (vgl. auch Kap. 2.2.2 zum Verhältnis von Wissen und Kompetenz).

Erläuterung. Die Kompetenz-Agenda bringt auf dem Punkt, was man oft nur predigt, nämlich: Lernen und Wissensentwicklung in unseren Alltag zu integrieren. Dazu bietet sie eine einfache Struktur an, in der Kompetenzen Aktivitäten gegenübergestellt und in Lernaktivitäten überführt werden (können). Die Agenda hält einen dazu an, Kompetenzziele mit konkreten Aktivitäten sowie mit Arbeits- oder Freizeitskontexten zu vernküpfen. Notwendig ist zudem, ein Zielniveau innerhalb eines Jahres zu definieren. Das heißt: Man schätzt ein, welche Kompetenzstufe man innerhalb von 12 Monaten im entsprechenden Kompetenzbereich erreichen möchte. Die Kompetenz-Agenda hat folgende Form:

Tabelle 3.5: Komptenez-Agenda: Vorlage

Jahr/Name

Kompetenz-Bereich Aktivität	Kompetenz 1	Kompetenz 2	Kompetenz 3
Zielniveau:		Hier wird die innerhalb eines Jahres erreichbare Kompetenzebene abgeschätzt.	
Aktivität 1: (z. B. Arbeit in einem Projekt)	Konkrete Beispiele für ein Projekt, bei dem die Kompetenz 1 entwickelt werden kann.		
Aktivität 2: (z. B. ehrenamtliche Arbeit)			

Beispiel

Im Folgenden finden Sie eine exemplarische Darstellung einer Kompetenz-Agenda. Sie zeigt das Beispiel einer internationalen Projektassistentin, die plant, neue Kompetenzen im Projektmanagement, beim Präsentieren und in der Sprache Chinesisch aufzubauen. Sie möchte diese Kompetenzen im täglichen Arbeiten weiterentwickeln können und hat dazu für dieses Jahr (2007) eine Kompetenz-Agenda formuliert, die ihr helfen soll, sich als Projektleiterin zu qualifizieren (**Tab. 3.6** Seite 136).

Werkzeuge

Um die Kompetenz-Agenda zu entwickeln, nachzuverfolgen und zu aktualisieren, kann ein einfaches Blatt Papier verwendet werden. Selbstverständlich sind auch elektronische Varianten möglich.

Fallstricke

Mit dem bloßen Aufschreiben von Aktivitäten werden natürlich noch keine Kompetenzen erworben oder eingeübt. Die Kompetenz-Agenda ist nur Ausgangs-

Tabelle 3.6: Komptenez-Agenda: Beispiel

Kompetenz-Agenda 2007: Frau Muster

Fokus der Kompetenzen-erweiterung: Aktivitätenbe-reich	Projekt-Management Know-how	Rudimentäres Chinesisch	Präsentations-Know-how
Zielniveau:	Spezialistenwissen	Grundlagen	Routine/Sicherheit
Alltägliche Aktivitäten:	▨ Teilprojektleiterin in den Projekten X und Y ▨ Internetrecherchen zu neuen Werkzeugen	Coaching der Chinesi-schen Austausch-Angestellten	Mindestens eine kleine Präsentation im Team, eine größere pro Quartal (z. B. im IT-Fachaus-schuss)
Neue Aufgaben:	Verantwortung für Projekt-Reporting und Projekt-Debriefings	Übernahme der Koordination mit Shanghai im Outsourcing-Prozess	Kleines Ausbildungs-modul für Lehrlinge zu Präsentationen
Freizeit:		Eine China-Reise, Chinesisch-Abendkurs	Mitglied im Toast-master Club

punkt des Kompetenzerwerbs. Damit es auch zum eigentlichen Kompetenzerwerb kommt, kann es sinnvoll sein, die Kompetenz-Agenda immer sichtbar aufzubewahren, z. B. an einer Pinwand in der Nähe des Schreibtisches oder als kleines Kärtchen auf einem Ablagetisch. Bei einer elekronischen Kompetenz-Agenda besteht die Gefahr, dass man diese nicht regelmäßig ansieht und die eigenen Lernvorsätze schnell vergisst. Ein weiterer Fallstrick betrifft die mangelnde Fokussierung: Wir können normalerweise nicht innerhalb eines Jahres in zehn veschiedenen Wissensbereichen unsere Kompetenz dramatisch steigern. Deshalb lohnt es sich bei der Formulierung der Kompetenz-Agenda, sich auf drei bis vier Kompetenzgebiete zu beschränken.

3.3.3
Kompetenz-Portfolio

Wie man sein Wissen besser bewerten kann

Anwendungskontext

Kompetenz-Portfolios unterstützen Sie bei der möglichst unvoreingenommenen Bewertung Ihrer eigenen Fähigkeiten. Sie zeigen Ihnen auf, wo es sich lohnt, langfristig in Ihr Wissen zu investieren und auf welchen Gebieten eine weitere Wissensentwicklung wenig nützlich sein wird. Kompetenz-Portfolios können beispielsweise in Situationen beruflicher Neurorientierung oder vor wichtigen Weiterbildungsentscheidungen verwendet werden.

Material-produktiv
Planung
Fokussierend
Diagramm
Einfach
★ ★ ★ ★

Allgemeine Beschreibung

Definition der Methode. Ein Kompetenz-Portfolio ist eine systematische, kriteriengeleitete Visualisierung der eigenen Fähigkeiten. Kriterien zur Bewertung der eigenen Kompetenzen sind dabei die Anwendungsbreite des eigenen Wissens, seine Halbwertzeit oder alternativ der eigene Wissensvorsprung gegenüber anderen und der momentane Grad an Wissensumsetzung.

Wissenschaftlicher Hintergrund. Die hier vorgestellten Kompetenz-Portfolios wurden ursprünglich von Kai Romhardt und Martin Eppler an der Universität Genf im Rahmen eines Forschungsprojektes zur kompetenzorientierten Unternehmensführung entwickelt (vgl. Probst et al., 2000). Die Grundidee besteht darin, Wissensarbeitern eine einfache Struktur zur Verfügung zu stellen, mit der sie über ihr eigenes Wissen systematisch nachdenken können. Dadurch sollen sie in die Lage versetzt werden, die eigene «Marktfähigkeit» (employability) zu steigern und gezielt in nachhaltiges und flexibles Wissen zu investieren. Die Idee der Wissensbewertung auf individueller Ebene wurde jedoch schon während der 1970er und 1980er Jahre im Kontext der Humankapitaltheorie entwickelt.

Erläuterung. Obwohl es prinzipiell beliebig viele Möglichkeiten gibt, sein Wissen zu bewerten und zu strukturieren, konzentrieren sich die nachfolgenden beiden Kompetenz-Portfolios auf besonders relevante Kriterien (vgl. auch Kap. 2.2.2 zum Verhältnis von Wissen und Kompetenz). Diese geben Handlungshinweise für die Zukunft, indem sie dazu anhalten, über die Beschaffenheit und den Anwendungskontext der eigenen Kompetenzen nachzudenken. Beide Kompetenz-Portfolios kombinieren jeweils zwei Eigenschaften von Wissen, sodass vier mögliche Quadranten bzw. Gruppen von Kompetenzen entstehen. Der Ziel-

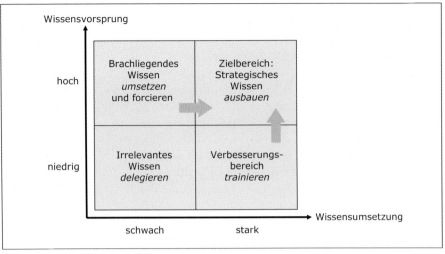

Abbildung 3.28: Hebel-Portfolio

bereich, d. h. das strategische Wissen mit dem größten Mehrwert, ist dabei jeweils im rechten oberen Quadranten zu lokalisieren.

Beim ersten Kompetenz-Portfolio, wir nennen es *Hebel-* oder *Leverage-*Portfolio (siehe **Abb. 3.28**), handelt es sich um eine Bestandsaufnahme von Kompetenzvorteilen. Dabei wird analysiert, inwiefern man eigene Wissensvorteile bereits aktiv nutzt und umsetzt. Die Matrix besteht aus zwei Kriterien: Wissensvorsprung und Wissensumsetzung. Wissensvorsprung bedeutet, dass wir eine Kompetenz in weit höherem Maße besitzen als der Durchschnitt unserer Kollegen (z. B. längere Erfahrung oder größere Spezialisierung auf einem Gebiet). Wissensumsetzung bezeichnet den momentanen Grad an effektiver Umsetzung dieser Kompetenz im beruflichen Alltag (z. B. in entsprechenden Projekten). Sie können die stärkste «Hebelwirkung» mit Wissen erzielen, wenn Sie Kompetenzen, in denen Sie einen relativ großen Vorsprung haben, intensiv für Ihre Arbeit nutzen. Solches «Hebelwissen» trägt man in den oberen rechten Bereich der Matrix ein. Diese Art von Kompetenzen gilt es auszubauen, um Ihre Stärken beruflich zum Tragen zu bringen. Falls Sie noch in einem weiteren Gebiet einen hohen Wissensvorsprung haben, diese Kompetenz jedoch (bislang) nicht für Ihre Arbeit nutzen, ist das brachliegendes Wissen. Man sollte unter Umständen versuchen, dieses Wissen vermehrt in die eigene Arbeit einzubringen (Kompetenzen im Quadranten links oben). Bei Wissen, das Sie häufig nutzen (also starke Wissensumsetzung), sollten Sie versuchen, daraus Wissensvorsprünge abzuleiten. Man sollte diese Kompetenzen bewusst trainieren, um darin Vorteile gegenüber anderen zu erlangen. Kompetenzen, die Sie selten brauchen und in denen Sie keinen Vorsprung haben, können Sie mitunter auch anderen überlassen (der Quadrant links unten).

Das zweite Kompetenz-Portfolio, wir nennen es *Nachhaltigkeits-* oder *Sust-ainability*-Portfolio, kann die Investitionen in die eigenen Kompetenzen leiten (**Abb. 3.29**). Es besteht aus den beiden Kriterien Halbwertszeit (oder Veränderungs-geschwindigkeit) des Wissens und Anwendungsbreite (oder Relevanz) einer Kom-petenz. Ist die Halbwertszeit einer Kompetenz hoch, so bedeutet dies, dass sie nicht schnell veraltet und der Kern der Kompetenz zeitlich relativ stabil ist. Führungs-erfahrung oder Beherrschen einer Sprache haben z. B. eine relativ hohe Halbwerts-zeit. Wissen über aktuelle Computerprogramme hat demgegenüber eher eine geringe Halbwertszeit und muss entsprechend oft revidiert bzw. aktualisiert wer-den. Einige unserer Kompetenzen können wir in einer Vielzahl von Kontexten verwenden, z. B. Präsentations-Know-how oder Verhandlungsgeschick, andere wiederum sind nur auf einen engen Anwendungskontext fokussiert, z. B. COBOL-Programmierung. Aus der Kombination beider Kriterien entstehen wiederum vier Felder, die unterschiedliche Kompetenztypen und persönliche Wissensstrategien repräsentieren. Für viele von uns (gerade Generalisten) wäre es wünschenswert, langfristige Kompetenzen aufzubauen, welche nicht so schnell veralten und in vie-len Situationen relevant sind. Diese Art von Kompetenz kann im oberen rechten Quadranten verortet werden. Kompetenzen, die ebenfalls langfristig relevant und relativ unverändert bleiben, aber einen engeren Anwendungsbereich aufweisen, trägt man in den oberen linken Quadranten ein. Für derartige Kompetenzen kön-nen Sie sich optimalerweise lukrative Nischen suchen, in denen jene hochrelevant sind. Bei Kompetenzen, die man in vielen verschiedenen Bereichen umsetzt, die jedoch auch eher schnell veralten, empfiehlt es sich, diese rasch zu nutzen und ste-tig zu aktualisieren. In Kompetenzen, die schnell veralten und nur in einem oder wenigen spezifischen Kontexten nützlich sind, sollte im Allgemeinen nicht allzu

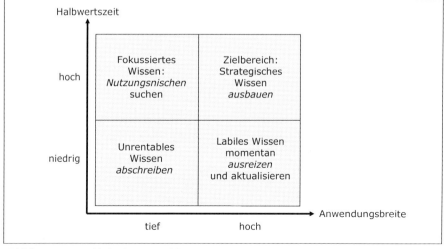

Abbildung 3.29: Nachhaltigkeits-Portfolio

viel Zeit investiert werden. Diese letzte Gruppe wird unten links verortet. Sehr oft beschäftigen wir uns im Tagesgeschäft mit Dingen, die uns genau diese Art von Kompetenz verschaffen. Deshalb gilt es darauf zu achten, auch Kompetenzen mit längerfristiger, weitreichender Relevanz zu kultivieren. Dadurch bleiben Sie arbeitsmarktfähig und entwickeln strategisches Wissenskapital.

Beispiel

Das folgende Beispiel (**Abb. 3.30/3.31**) zeigt die Kompetenz-Portfolios einer Abteilungsleiterin einer Versicherungsfirma. Ihre Portfolios verdeutlichen, dass diese Person ihre Defizite im Bereich Versicherungswirtschaft beheben und versuchen sollte, ihr Wissen über Online-Tools sowie ihre Kompetenzen im Umgang mit Versicherungsnormen rasch umzusetzen. Ebenso ist ihr zu empfehlen, ihre Kompetenzen auf dem Gebiet des Service Marketings und des Projektmanagements stetig auszuweiten. Excel-Programme zur Auswertung ihrer Marketingkampagnen oder auch Detailwissen über das interne IT-System könnte sie jedoch getrost einem Mitarbeiter überlassen.

Werkzeuge

Kompetenz-Portfolios können einfach mit einem Stift auf einem Blatt Papier aufgezeichnet werden. Werden hierbei verschiedene Farben verwendet, können diese zusätzlich zur Kennzeichnung von Wissenskategorien benutzt werden: Blaue Kreise kennzeichnen z. B. Sprachkenntnisse, grüne Kreise werden für Branchenwissen verwendet und rote Kreise für Methodenwissen. So wird in den Kom-

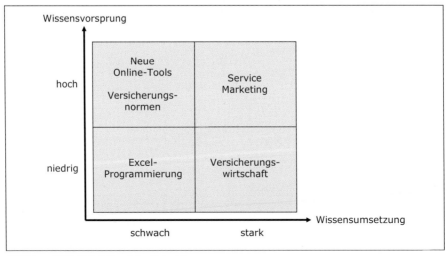

Abbildung 3.30: Hebel-Portfolio: Beispiel

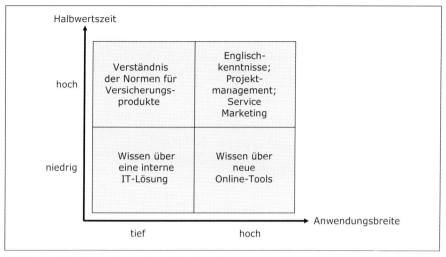

Abbildung 3.31: Nachhaltigkeits-Portfolio: Beispiel

petenz-Portfolios ersichtlich, welche Art von Wissen für die eigene Wettbewerbs-fähigkeit und Nachhaltigkeit besonders wichtig ist.

Fallstricke

Manchmal fällt uns eine unvoreingenommene Bewertung der eigenen Kompeten-zen schwer. Wir sind entweder zu selbstkritisch und bewerten das eigene Wissen und dessen Potenzial zu pessimistisch; oder aber wir überschätzen unsere Mög-lichkeiten und schießen über das Ziel hinaus. Deshalb kann es sinnvoll sein, die eigenen Kompetenz-Portfolios einer Vertrauensperson zu zeigen und Rückmel-dungen zur eigenen Einschätzung einzuholen.

3.3.4

Lifeline

Wie man seine Wissensentwicklung langfristig betrachten kann

Anwendungskontext

Diese Reflexionsmethode über die eigene Wissensvergangenheit, -gegenwart und -zukunft kann immer dann zum Einsatz kommen, wenn berufliche Weichenstellungen anstehen oder man einen wichtigen Karriereschritt plant. Die Methode erlaubt es, sich in wenigen Minuten einen Überblick über die eigene Wissensentwicklung zu verschaffen.

Material-produktiv
Planung und Bewertung
Fokussierend *und* expansiv
Diagramm
Mittel
★ ★ ★

Allgemeine Beschreibung

Definition der Methode. Die Methode Lebenslinie oder Lifeline ist eine kompetenzorientierte Übersicht über die eigene Vergangenheit, Gegenwart und Zukunft.

Wissenschaftlicher Hintergrund. Befragungen (Eppler, 1999) haben ergeben, dass es vielbeschäftigen Managern und Wissensarbeitern manchmal schwer fällt, ihre eigene Entwicklung systematisch Revue passieren zu lassen und pro-aktiv zu planen. Aufgrund von Stress im Tagesgeschäft fehlt ihnen oft die Muße, ihre «Wissenslaufbahn» in Ruhe zu überblicken, Interessen klar zu definieren und daraus Entwicklungsziele für die Zukunft abzuleiten. Vor diesem Hintergrund wurde (zusammen mit Studierenden der Universität Lugano) eine einfache Darstellung erarbeitet, mit der ein Wissensarbeiter seine Vergangenheit, Gegenwart und Zukunft anhand weniger Punkte explizit machen kann, also welche Erfahrungen und Kompetenzen ihn auszeichnen und welche Wünsche weiterverfolgt werden können (Eppler, 1999). Durch das explizite und strukturierte Aufschreiben dieser Punkte verschafft man sich Klarheit und auch Verbindlichkeit für die eigene Persönlichkeitsentwicklung jenseits des Tagesgeschäfts. Aktuelle Diskussionen zum Thema (E-)Portfolios gehen in eine ähnliche Richtung (s. u.).

Erläuterung. Die folgende Abbildung (**Abb. 3.32**) zeigt die Hauptelemente der Methode in Form von drei Spalten: Vergangenheit, Gegenwart und Zukunft. Im Bereich Vergangenheit bietet die Vorlage Platz, um Grundausbildungen, berufliche Erfahrungen und Zusatzausbildungen einzutragen. In den Bereich Gegenwart gehören der momentane Arbeitskontext, aber auch kürzlich abgeschlossene Aufgaben oder Projekte. Im untersten Teil werden anstehende Arbeiten stichwortartig aufgeführt. Im dritten Abschnitt zur Zukunft können Sie persönliche Ziele und Ambitionen sowie damit verbundene Zweifel und Ängste notieren. Zuletzt halten

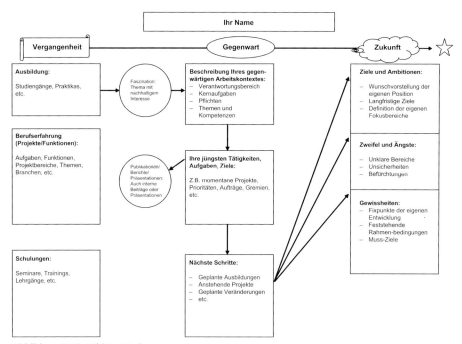

Abbildung 3.32: Lifeline: Vorlage

Sie fest, welche Gewissheiten Sie bezüglich Ihrer Zukunft haben. In der Abbildung werden diese Komponenten mit möglichen Inhalten erläutert.

Es kann sehr hilfreich sein, einer Person das ausgefüllte Diagramm zu präsentieren. Dadurch erhalten Sie nicht nur Rückmeldung auf Ihre Interpretation von Erfahrungen, Tätigkeiten und Erwartungen, sondern werden ebenso dazu gezwungen, diese auszuformulieren.

Beispiel

Die folgende **Abbildung 3.33** (S. 144) zeigt beispielhaft die Lifeline einer Person mit Projekt- und Führungserfahrung aus einem Schweizer Unternehmen.

Werkzeuge

Um das Diagramm auszufüllen, benötigen Sie ein leeres Blatt Papier und einen Stift. Alternativ können Sie mit einem Textverarbeitungs-, Präsentations- oder Zeichenprogramm arbeiten. Die aktuelle Diskussion in Europa zum Thema E-Portfolios zeigt weitere Perspektiven für Werkzeuge zur Betrachtung der eigenen Kompetenzentwicklung auf. Die Kernidee von E-Portfolios ist es, vergangene und gegenwärtige Maßnahmen zur eigenen Kompetenzentwicklung elektronisch

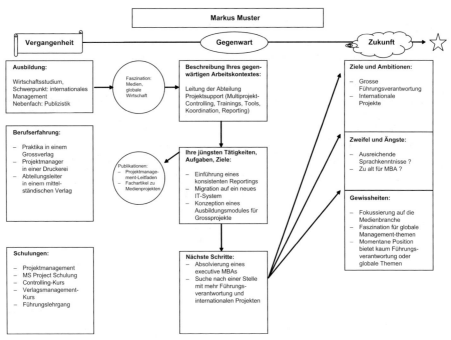

Abbildung 3.33: Lifeline: Beispiel

festzuhalten und nachzuführen, um so den Überblick über die Investitionen in das eigene Wissen zu behalten.

Fallstricke

Die Erinnerung malt bekanntlich mit goldenem Pinsel. Achten Sie also darauf, nicht unzulässig zu beschönigen oder zu übertreiben, wenn Sie den Diagrammteil zur Vergangenheit ausfüllen. Die Methode sollte Ihnen die Chance geben, Ihre Entwicklungsperspektiven mit einer gewissen Distanz und ohne Voreingenommenheiten zu beurteilen, und sie sollte Ihnen kontinuierliche Themen aufzeigen. Dazu müssen Sie sich allerdings an belegbare Sachverhalte halten, wenn Sie vergangene Erfahrungen dokumentieren.

3.3.5
Morphologischer Kasten und Schieber

Wie man sich neue Möglichkeiten erschließen kann

Material-produktiv
Planung und Elaboration
Expansiv
Tabelle, Diagramm
Mittel
* * * *

Anwendungskontext

Wenn es darum geht, systematisch seine eigenen Möglichkeiten zu erforschen sowie Handlungsoptionen explizit zu machen oder zu erweitern, dann ist der morphologische Kasten bzw. seine interaktive Form des Schiebers eine nützliche Unterstützung. Durch die relativ einfache Form kann der morphologische Kasten dazu verwendet werden, auch komplexe Kombinationen, Szenarien oder Lösungsvarianten abzubilden.

Allgemeine Beschreibung

Definition der Methode. Der morphologische Kasten (auch morphologische Matrix oder «Zwicky Box» genannt) ist eine tabellen- oder rechenschieberförmige Struktur, in der alternative Möglichkeiten abgebildet und danach kombiniert werden können.

Wissenschaftlicher Hintergrund. Die Idee des morphologischen Kastens wurde bereits in den 1940er Jahren vom Schweizer Physiker, Forscher und Erfinder Fritz Zwicky als Kreativitätsmethode entwickelt. Die Methode wurde ursprünglich im Kontext der Produktentwicklung verwendet, wo sie zur Neukombination von Produkteigenschaften für die Produktinnovation zum Einsatz kam. Seitdem hat sie sich als eine wirkungsvolle Kreativitätsmethode etabliert. Wesentliches Merkmal von derartigen Methoden ist es, dass sie das divergente Denken unterstützen und es uns erlauben, in möglichst kurzer Zeit möglichst viele Optionen, Ideen oder Varianten zu entwickeln, die danach genauer untersucht und bewertet werden (Brauchlin & Heene, 1995).

Erläuterung. Beim morphologischen Kasten bzw. bei der morphologischen Matrix werden die Variablen oder Komponenten einer Lösung oder Strategie vertikal aufgeführt und jeweils mögliche Ausprägungen bzw. Optionen für die Variable horizontal notiert. Danach werden verschiedene Kombinationen von Optionen in die Tabelle als mögliche Lösungen eingetragen (siehe **Abb. 3.34** Seite 146).

Eine andere Darstellungsform für diese Matrix ist der sogenannte Schieber, mit dem Alternativen spielerisch ausprobiert werden können (siehe **Abb. 3.35** Seite 146).

	Option 1	Option 2	Option 3	Option 4
Variable 1				
Variable 2				
Variable 3				
Variable 4				*Lösung A*

Abbildung 3.34: Morphologische Matrix

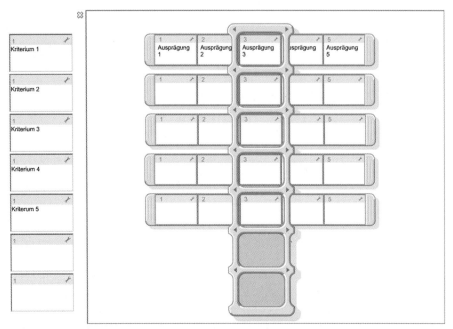

Abbildung 3.35: Morphologischer Kasten in Form eines Schiebers

Beispiel

Das folgende Beispiel (siehe **Abb. 3.36**) zeigt, wie der morphologische Kasten in Form eines Schiebers für die eigene Berufswahl verwendet wird. Dazu definiert man zuerst die gewünschten Kriterien für die Berufswahl. In diesem Beispiel sind das: die auszuübende Funktion, die Branche oder Industrie, die angestrebte Hierarchiestufe, der optimalen Tätigkeitsfokus, das Ausübungsland, das Lohnniveau und das Stellenpensum. Danach werden die jeweiligen Optionen pro Kriterium eingegeben, beispielsweise die Funktionen oder Branchen, in denen man tätig sein könnte. Im letzten Schritt werden jeweils diejenigen Optionen in das mittlere Feld gerückt, die einem am meisten zusagen. Dabei sollten die verschiedenen Felder allerdings auf ihre Vereinbarkeit (z. B. bei Stufe und Salär/Gehalt) überprüft werden.

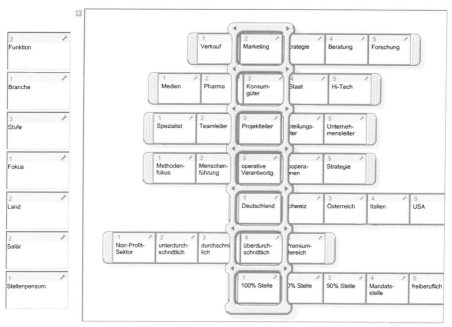

Abbildung 3.36: Morphologischer Kasten in Form eines Schiebers: Beispiel

Werkzeuge

Um einen morphologischen Kasten zu konstruieren, braucht man an sich nur ein Blatt Papier und einen Stift. Damit können die Optionen und ihre Kombination einfach in der dargestellten Form festgehalten werden. Alternativ kann auch ein Tabellenkalkulations- oder Textverarbeitungsprogramm verwendet werden. Der Schieber ist zur Zeit nur in der Software let's-focus erhältlich.

Fallstricke

Achten Sie darauf, bei der Wahl der Optionen und deren Kombinationen nicht zu nahe am Status Quo zu bleiben und nur naheliegende Möglichkeiten abzubilden. Schaffen Sie bewusst Alternativen, die neuartig, unwahrscheinlich oder überraschend sind. Falls Sie den Kasten oder den Schieber zur Entwicklung von Szenarien benutzen, sollten Sie auch an mögliche Worst Case-Szenarien denken, also daran, was die Schlechteste aller denkbaren Kombinationen wäre.

3.3.6
Synergy Map

Wie man das Wissen über die eigenen Ziele klärt

Anwendungskontext

Material-produktiv
Planung, Motivation, Flexibilisierung
Fokussierend, zum Teil auch expansiv
Diagramm
Schwierig
★ ★ ★ ★ ★

Ziele spielen in unserem Denken und Handeln eine zentrale Rolle. Sie ermöglichen es uns, Prioritäten zu setzen und uns auf das Wesentliche zu konzentrieren. Unter dem Druck des Tagesgeschäfts gelingt es jedoch nicht immer, verschiedene Ziele intelligent miteinander zu verknüpfen und quasi zwei Fliegen mit einer Klappe zu schlagen. Durch eine schrittweise Visualisierung unserer Ziele können wir es uns erleichtern, Ziele zu kombinieren und so Zielsynergien zu entdecken. Wenn wir unsere Ziele Schwarz auf Weiß vor uns sehen, verstehen wir mehr über das, was wir wirklich wollen, und das, was wir effektiv tun. Die Synergy Map-Methode dient somit der Analyse und Verbesserung des eigenen Ziel-Portfolios. Sie kann sowohl von Einzelpersonen als auch in Gruppen oder Organisationen verwendet werden.

Allgemeine Beschreibung

Definition der Methode. Die Synergy Map ist eine auf einem Diagramm basierende Methode zur systematischen Dokumentation und Analyse der eigenen kurz, mittel- und langfristigen persönlichen Ziele. Mit der Synergy Map können Ziele, deren Sequenz und Aufwand sowie deren Abhängigkeiten dargestellt und neue Vebindungen (Zielsynergien oder -konflikte) entdeckt werden.

Wissenschaftlicher Hintergrund. Die Bedeutsamkeit expliziter Ziele wird in verschiedenen Werken mit theoretischem und praktischem Hintergrund besprochen. Der renommierte Kognitionsforscher Dietrich Dörner beschreibt z. B. in seinem Buch «Logik des Misslingens» Ziele als *das* zentrale kognitive Werkzeug, um unser Denken und Handeln zu klären und zu planen. Der Management-Guru Steven Covey zeigt in seinem Bestseller, dass das Suchen und Finden von Synergien ein wesentliches Merkmal erfolgreicher Menschen ist. Die Synergy Map baut auf diesen Gedanken auf und wurde 1998 durch Martin Eppler entwickelt. Sie wurde mit über 400 Seminarteilnehmern und in verschiedenen Unternehmen auf unterschiedlichen Stufen (Individuum, Gruppe, Abteilung, Unternehmen) eingesetzt.

Erläuterung. Gehen sie bei der Synergy Map-Methode wie folgt vor:

1. *Zielliste*: Schreiben Sie spontan Ihre sieben bis zehn derzeit wichtigsten (v. a. arbeitsbezogenen) Ziele stichwortartig auf ein Blatt Papier auf.

2. *Prioritäten*: Priorisieren Sie in einem zweiten Schritt jedes Ziel durch das Anfügen der entsprechenden Zahl (1 = wichtigstes Ziel etc.). Bewerten Sie dabei das Ziel, dessen Nichterreichen die negativsten Konsequenzen für Sie hätte, als Nr. 1, das zweit gravierendste (in Bezug auf die Konsequenzen im Falle eines Scheiterns) als Nr. 2 etc.

3. *Chronologie und Aufwand*: Übertragen Sie in einem dritten Schritt jedes Ziel auf einen Zeitkreis (wie in den Abbildungen entsprechend der Laufzeit jedes Ziels) auf einem separaten Blatt Papier. Kurzfristige Ziele tragen Sie in den obersten rechten Quadranten ein (d. h. Ziele, die in den nächsten drei Monaten zur Vollendung gelangen sollen), mittelfristige Ziele (vier bis 12 Monate Laufzeit) in den unteren rechten Sektor und langfristige Ziele, die mehr als ein Jahr bis zu ihrer Erreichung benötigen, in den unteren linken Sektor. Ziele, die Sie kontinuierlich erreichen möchten, tragen Sie im letzten Kreissegment ein (z. B. work-life balance, wenig Überstunden, gutes Betriebsklima, Sport treiben). Je mehr Aufwand ein Ziel zu seiner Erreichung benötigt, desto größer zeichnen Sie den Kreis für das entsprechende Ziel auf dem Kreissektor. Jedes Ziel wird also durch einen kleinen leeren Kreis auf dem großen Kreis platziert. Neben den kleinen Kreis schreiben Sie die Prioritätennummer des Ziels sowie ein Stichwort zu seiner Identifikation. Wenn Sie möchten, können Sie den momentanen Grad der Zielerreichung (z. B. zur Hälfte bereits erledigt) durch das teilweise Ausfüllen des jeweiligen Zielkreises darstellen.

4. *Ziel-Portfolio-Analyse*: Analysieren Sie dann das resultierende Bild bzw. Ihr eigenes Ziel-Portfolio: Ist es ausgeglichen oder sind Sie zu kurzfristig (oder langfristig) orientiert? Falls Sie auf Ihrer Synergy Map viele kurzfristige oder permanente Ziele im rechten und linken oberen Bereich eingetragen haben, aber nur wenige langfristige Ziele im linken unteren, dann überlegen Sie sich, welche Meilensteine Sie nächstes Jahr weiterbringen würden und ergänzen Sie Ihre Synergy Map entsprechend durch den Eintrag von ein bis zwei langfristigen Zielen: Was wären Ziele, die Sie (in Ihrer Karriere, in Ihren Kompetenzen, in Ihrem Profil) einen großen Schritt weiterbringen würden? Falls Sie viele langfristige Ziele im linken unteren Teil eingetragen haben, jedoch nur wenige kurz- oder mittelfristige Ziele, dann überlegen Sie sich, wie Sie diese visionären Ziele in kurzfristigere Teilziele herunterbrechen könnten: Gibt es konkrete Zwischenschritte, die Sie diesen großen Zielen näherbringen? Denken Sie dabei an die folgende Merkformel für gute Ziele, die immer «s.m.a.r.t» sein sollten, nämlich: **s**pezifisch, **m**essbar, **a**mbitiös, **r**ealistisch und **t**erminiert. Beachten Sie bei der Analyse Ihres Ziel-Portfolios auch mögliche Ressourcenengpässe, d. h. Ballungen von sehr aufwändigen Zielen, die gleichzeitig fällig werden: Können Sie einige dieser Ziele vielleicht vorziehen oder weiter nach hinten verlegen?

5. *Zielsynergien*: Suchen Sie nun nach Möglichkeiten, wie Sie Ihre Ziele miteinander verbinden können, d. h. wie ein Ziel dem anderen helfen kann oder wie Sie durch eine zusätzliche Aktivität gleichzeitig zwei Ihrer Ziele vorwärts bringen können. Zeichnen Sie dazu Pfeile (z. B. von niedrig priorisierten Zielen zu hoch priorisierten Zielen) zwischen jeweils zwei Zielen. Schreiben Sie auf jeden Pfeil eine konkrete Maßnahme, wie Sie das eine Ziel für das andere nutzbar machen können: Gibt es eine Möglichkeit, wie Ihnen das eine Ziel, wenn Sie es ein wenig anders angehen, für ein weiteres, späteres Ziel helfen kann? Der Pfeilkopf zeigt dabei jeweils vom Ziel, das Sie für ein anderes nutzen, zu dem unterstützten Ziel.

6. *Zielkonflikte*: In einem weiteren Schritt identifizieren Sie mögliche Zielkonflikte, d. h. wie ein Ziel das Erreichen eines anderen behindert. Verwenden Sie dazu Pfeile mit einem Doppelkopf (↔). Mögliche Zielkonflikte wären z. B. die Reduktion Ihrer Mitarbeiter als ein Ziel bei gleichzeitiger Erhöhung ihrer Leistungen als weiteres Ziel oder ein Ziel, das Ihre Anwesenheit an einem Ort erfordert, sowie ein anderes Ziel, bei dem Sie ständig an einem anderen Ort präsent sein müssen. Sie können auch gravierende Zeitprobleme als Zielkonflikte eintragen, d. h. wenn Ihnen ein Ziel besonders viel Zeit für das Erreichen eines anderen Ziels wegnimmt.

7. *Äussere Einflüsse*: Tragen Sie nun externe Faktoren ein, welche die Zielerreichung erleichtern oder erschweren können, und notieren Sie diese außerhalb des Kreises mit einem Pfeil auf das entsprechende Ziel. Dabei kann es sich um generelle Trends aus Ihrem Umfeld handeln, aber auch um Menschen, die Ihnen bei der Erreichung eines bestimmten Ziels helfen.

8. *Oberziel/Vision*: Welches Oberziel lässt sich für diese Ziele formulieren? Tragen Sie Ihre persönliche Vision in die Mitte der Synergy Map ein. Dieses Oberziel kann ein zentraler Wert in Ihrem Leben sein, etwa die Balance zwischen Arbeit und Freizeit. Es kann sich um Ihr Karriereziel handeln oder um eine Vision, welche Art von Arbeit Sie in Zukunft verrichten möchten oder welche Art von Person Sie gerne sein würden.

9. *Kontrolle*: Überprüfen Sie nun, ob die Ziele auf Ihrem Kreis mit dem formulierten Oberziel in der Mitte übereinstimmen: Helfen Ihnen die äußeren Ziele wirklich, um das große Ziel in der Mitte zu realisieren? Färben Sie die Ziele, die keinen Beitrag zu Ihrem Oberziel leisten, rot ein und überlegen Sie sich, ob Sie diese niedriger priorisieren oder gar an andere delegieren können.

Nutzen Sie diese Zielscheibe (siehe **Abb. 3.37**), um Ihre persönlichen Ziele (oder Gruppenziele) auf Vereinbarkeit zu überprüfen, um sich Ihrer wirklichen Prioritäten bewusst zu werden bzw. diese periodisch zu überprüfen und um Ihre Ziele (und deren Konflikte) mit anderen, etwa Ihrem Vorgesetzten oder Partner, zu besprechen.

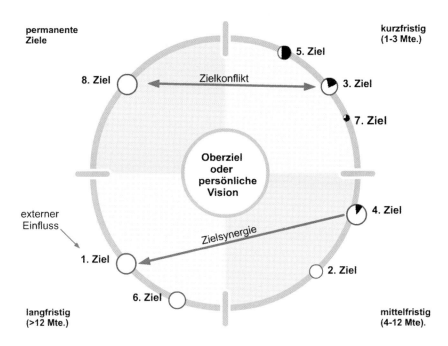

Abbildung 3.37: Synergy Map

Beispiel

In der folgendne Abbildung (**Abb. 3.38** Seite 152) sehen Sie die persönliche Synergy Map einer der beiden Autoren (Martin Eppler), während er dieses Buch verfasst hat.

Werkzeuge

Synergy Maps können mit einem einfachen Blatt Papier und einer Reihe von Farbstiften (mindestens zwei Farben für Zielsynergien und Zielkonflikte) gezeichnet werden. Alternativ können sie mit elektronischen Mapping-Programmen oder auch Zeichen- oder Präsentations-Programmen erstellt werden. Ein Mapping-Programm, das interaktive Synergy Map-Vorlagen in Deutsch und Englisch (sowie Beispiele) enthält, ist let's-focus. Es gibt auch ein kleines E-Learning-Programm zur Synergy Map-Methode, das von der Firma reflact entwickelt wurde. In diesem Programm erhält man direkt eine Analyse der eigenen Synergy Map.

Fallstricke

Ziele aufzuschreiben, darf nicht damit gleichgesetzt werden, Zielen zu erreichen. Das Notieren und Verknüpfen unserer Ziele führt noch nicht unbedingt zu deren

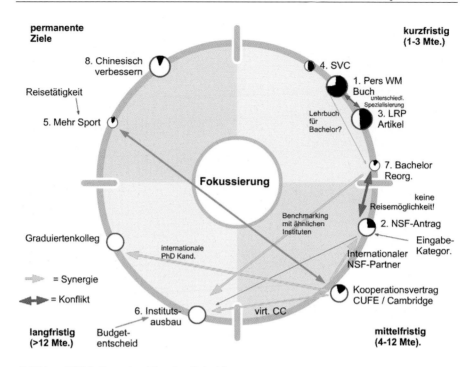

Abbildung 3.38: Information Mapping: Beispiel

Erreichen. Es ist daher wichtig, die Synergy Map periodisch zu überprüfen und zu kontrollieren, ob man das, was man sich vorgenommen hat, effektiv in die Tat umgesetzt hat. Ein weiterer Fallstrick besteht darin, nicht immer klar unterscheiden zu können, welche Ziele wirklich selbstbestimmt und von einem selbst gewollt sind, und welche man sozusagen von anderen aufgedrückt bekommen hat. Von daher ist die Synergy Map eine Gelegenheit, seine Ziele daraufhin zu überprüfen, ob sie tatsächlich von einem selbst kommen und/oder ob man sie tatsächlich verfolgen möchte.

Zusammenfassung

Seine Wissensquellen erweitern; Lernen und Arbeiten besser integrieren; das eigene Wissensprofil besser erkennen und weiterentwickeln; die eigene Entwicklung besser verstehen; neue Möglichkeiten und Optionen entdecken; die Koordination und Abstimmung von Zielen verbessern: Dies sind wissensbasierte Tätigkeiten, die sich deutlich von denjenigen unterscheiden, die wir im Rahmen des akuten Problemlösens vorgestellt haben. Diese Tätigkeiten dienen vielmehr dem auf die Zukunft gerichteten Aufbau von Wissen und Kompetenzen bzw. genauer: Sie schaffen die notwendigen Voraussetzungen dafür, das eigene Wissen sowie Fähigkeiten im Umgang mit Wissen so zu entwickeln, dass man auch für künftige Herausforderung im Arbeitsalltag (und darüber hinaus) gewappnet ist. Für die genannten Tätigkeiten gibt es ebenfalls effektive Methoden, nämlich: das Kontaktnetz; die Kompetenz-Agenda; das Kompetenz-Portfolio; die Lifeline-Methode; den morphologischen Kasten und Schieber; die Synergy Map. Diese sechs Methoden liefern konkrete Vorschläge für die langfristige Kompetenzentwicklung im Rahmen des persönlichen Wissensmanagements und verfolgen von daher strategische Ziele.

3.4

Methoden im Kontext – Methoden in Aktion

3.4.1

Drei typische Szenarien
für persönliches Wissensmanagement

Wann was wozu? Nach den vielen Methoden für das persönliche Wissensmanagement schwirrt Ihnen nun vielleicht ein wenig der Kopf. Und leider können wir Ihnen kein präzise funktionierendes Regelwerk für die Frage liefern, welche Methoden zu welchem Zeitpunkt zu welchem ganz konkreten Zweck *unbedingt* zum Einsatz kommen sollten. Zu viele individuelle und situative Faktoren spielen eine Rolle – allein Ihre persönliche Erfahrung wird Ihnen langfristig «sagen» können, auf welchem Wege Sie die Herausforderungen des persönlichen Wissensmanagements bewältigen können. Eine Hilfe aber wollen wir Ihnen exemplarisch zunächst mit ein paar typischen Szenarien geben, in denen deutlich wird, dass und wie mehrere Methoden kombiniert werden können, um häufig auftretende Anforderungen erfolgreich in den Griff zu bekommen. Angesichts der Heterogenität der Zielgruppe, die wir mit diesem Buch ansprechen wollen, werden wir hierzu verschiedene Rollen und Berufsfelder heranziehen.

■ Szenario A: Ein neues Wissensgebiet muss rasch erschlossen werden

Der Akteur. Tim Rainer ist ein engagierter Ausbilder im Bereich der Workshop- und Moderationsmethoden. Seit einiger Zeit unterrichtet er Projektleiter, Manager, Trainer und Ausbilder in der Kunst der Workshop- und Seminarleitung – und dies mit beachtlichem Erfolg. Seine Kunden schätzen seine Fach- und Methodenkompetenz sowie seine einfühlsame und doch dynamische Art. Nun steht Tim vor einer großen und relativ drängenden Herausforderung: Sein bester Stammkunde, ein großer Versicherungskonzern, möchte bei ihm ein Seminar zum Thema «virtuelle Moderation und Online-Workshops» buchen. Dabei sollen vor allem auch die Potenziale und Risiken dieser neuen Form der Seminarführung und Gruppensitzung erläutert und besprochen werden. Zudem soll Tim Rainer den Teilnehmenden (rund 20 Personen aus der Personalabteilung) einen Überblick über bestehende Online-Methoden und -Werkzeuge geben und deren Vor- und Nachteile erläutern. Der Workshop soll bereits in einem Monat das erste Mal durchgeführt werden. Falls dieser gut bei den Teilnehmenden ankommt, soll er im Konzern auch außerhalb der Personalabteilung angeboten werden.

Das Problem. Obwohl sich Tim bereits seit einiger Zeit mit neuen, virtuellen Formen der Moderation auseinandergesetzt hat, ist er doch bei weitem kein Spezialist für dieses wichtige Zukunftsthema. Er möchte sich die aktuelle Chance allerdings nicht entgehen lassen – zum einen, weil es sich um einen äußerst lukrativen Auftrag handelt, zum anderen, weil er diese Herausforderung auch als Lernchance für sich selbst sieht, um endlich vertieft in die Materie der Online-Moderation einzusteigen. Doch wie soll er sich in so kurzer Zeit seriös in das Thema vertiefen? Wie kann er dies ohne Zeitverschwendung oder unnötiges Verweilen bei unwichtigen Details tun? Wo soll er beginnen?

Persönliches Wissensmanagement zur Erschließung neuen Wissens. Anstatt planlos ein neues Moderationsbuch zu kaufen oder im Internet nach relevanten Seiten zu suchen, plant er zunächst sein Vorgehen. Nach der Lektüre unseres Modells in Kapitel 2 und den in Kapiteln 3.2 und 3.3 vorgestellten Methoden entscheidet sich Tim, sein Vorgehen in zwei Phasen zu strukturieren: Zuerst muss er am Wissen anderer teilhaben, also Wissen rezipieren. Dabei wird er zuerst seine soziale Wissensumwelt nutzen und dann erst die materiale Wissensumwelt durchforsten, um so zu vermeiden, dass er veraltete oder qualitativ schlechte Quellen nutzt und damit wertvolle Zeit vergeudet. Dann muss er für den Workshop sein Wissen anderen zur Verfügung stellen, also seine Erkenntnisse attraktiv und anschlussfähig materialisieren. Sein erster Schritt ist also die *Wissensrezeption*, der zweite derjenige der *Wissensproduktion*. Gerade von diesem zweiten Schritt erhofft sich Tim auch einen Lerneffekt für sich selbst: Denn erst wenn man etwas in eigenen Worten und Bildern neu formulieren und zusammenstellen muss, erkennt man, was man gut und was man weniger gut begriffen hat.

Methodeneinsatz Phase I. Für die erste Phase der Wissensrezeption beginnt Tim, wie erwähnt, mit seiner sozialen Wissensumwelt. Er konsultiert sein *Kontaktnetz* und findet dabei zwei Kolleginnen, die sich seit einiger Zeit mit virtueller Moderation auseinandersetzen. Er beschließt, diese für ein Telefoninterview zum Thema virtuelle Workshops anzufragen. Zuvor vergegenwärtigt er sich jedoch mit Hilfe des *Perspektivendiagramms* seinen aktuellen Wissensstand, seine bisherigen (wenn auch äußerst geringen) Erfahrungen und seine Hauptfragen. Um sich auf das Telefongespräch vorzubereiten, erstellt er einen *Fragebaum* und ordnet diesem verschiedene *ethnographische Fragen* zu. Der Fragenbaum orientiert sich dabei an den Vorgaben aus dem Versicherungskonzern. Beispiele von ethnographischen Fragen sind etwa: Wie läuft ein typischer Online-Workshop ab? Was war das Schlimmste, das Ihnen in einem Online-Workshop passiert ist? Was meinen Moderatoren, wenn sie von «virtual distraction» sprechen? In den beiden Telefongesprächen (glücklicherweise haben beide Kolleginnen zugesagt) fragt Tim auch nach hochwertigen Informationsquellen in Buchform oder im Internet. Dabei wird er auf die Yahoo Newsgroup zum Thema «online facilitation» verwiesen, die er gleich nach Abschluss des Interviews konsultiert.

Methodeneinsatz Phase II. Aus den Anekdoten der beiden Telefoninterviews und der Online-Diskussionsgruppe stellt er dann einen kurzen *Mikroartikel* zusammen, der wichtige Fallstricke und Risiken, aber auch Vorteile und Potenziale von Online-Workshops zusammenfasst. Dieser Mikroartikel soll später seinen Seminarteilnehmern als Überblick dienen. Bei diesem ersten Akt der eigenen Wissensproduktion fällt Tim auf, dass er nach wie vor noch nichts über Methoden und Werkzeuge weiß. Um sein Wissen auch auf diesem Gebiet auszuweiten und es für die Seminarteilnehmenden aufzubereiten, beschließt er, eine *Klassifikation* der bestehenden Tools zu entwickeln. Er strukturiert die vorhandenen Softwarewerkzeuge, die er auf den entsprechenden Online-Portalen findet, nach deren Funktion: Plattform-Tools, die gemeinsame Workshops erst ermöglichen, Dienste-Tools, die Workshopfunktionen wie Abstimmen und Online-Präsentationen erlauben, sowie Support-Tools, die spezielle Zusatzfunktionen wie etwa das Aufnehmen einer Sitzung möglich machen. Da Tim merkt, dass er durch diese Kategorisierung viel über Online-Moderation gelernt hat, klassifiziert er nun auch die möglichen Formen von Online-Workshops nach deren Medienanteil, also: Workshops, die vollständig vor Ort ablaufen, solche die hauptsächlich vor Ort stattfinden und nur ein bis zwei Teilnehmer virtuell dazu schalten, «Blended Workshops», die zuerst vor Ort und dann virtuell stattfinden, und «Desktop Workshops», die nur über den Bildschirm ablaufen. Um diese verschiedenen Formen zum Leben zu erwecken, kombiniert er sie anschließend in einer lebendigen Anwendungsgeschichte mittels eines *Story Template*. Schließlich weiß Tim Rainer, dass er im verbleibenden Monat auch selbst konkrete Erfahrungen mit virtuellen Workshops machen muss, um glaubwürdig darüber reden zu können. Er entwirft eine *Kompetenz-Agenda*, mit der er sich gezielt Möglichkeiten erschließt, in seinen momentan laufenden Projekten virtuelle Kurzworkshops einzubauen und zu nutzen.

Wie die Geschichte ausgeht. Das Seminar im Versicherungskonzern wird ein voller Erfolg. Kaum ein Teilnehmer ahnt, dass Tim Rainer vor einem Monat noch fast auf dem selben Wissensstand war, wie sie selbst. Mit ein wenig Systematik im persönlichen Wissensmanagement und ein paar raffinierten Methoden hat er den «Wissensturbo», wie er es nennt, eingelegt und sich für das Thema fit gemacht. Das letztlich zugrunde liegende Vorgehen «Lernen durch Lehren» hat ihm Spaß gemacht, ihn motiviert und ihm auch die nötige Disziplin gegeben.

■ Szenario B: In der Informationsflut den Überblick bewahren

Die Akteurin. Susanne Tress ist eine erfolgreiche Projektmanagerin in einem mittelgroßen Medienverlag. Ihr neuestes Projekt ist die Neulancierung des Online-Auftritts eines Fachmagazins des Verlags. Zudem ist sie gleichzeitig in drei weitere Projekte involviert, in denen es um den Relaunch einer Frauenzeitschrift, um die Kostensenkung in einem Redaktionsteam und um die Kooperation mit einem osteuropäischen Verlag geht.

Das Problem. Obwohl Susanne die Arbeit unheimlich Spaß macht und sie die Vielfältigkeit und Abwechslung in ihren Projekten enorm schätzt, kämpft sie in letzter Zeit immer mehr mit der Flut an E-Mails und Informationen, die sie bewältigen muss. Sie leidet unter Stress und muss oft auch übers Wochenende Lesematerial mit nach Hause nehmen. Ständig hat sie das Gefühl, dass ihr etwas Wichtiges entgehen könnte; es fällt ihr zunehmend schwer, Prioritäten zu setzen. Vielleicht hat dies auch damit zu tun, dass sie bei ihrer Arbeit ständig unterbrochen wird – sei es durch Anrufe, eingehende E-Mails oder Kollegen, die eben mal spontan vorbeischauen. Susanne hat den Eindruck, dass sie sich in zum Teil unwichtigen Details verliert und manchmal den Wald vor lauter Bäumen nicht mehr sieht. Dann fällt es ihr schwer, die eigentlichen Projektziele im Auge zu behalten und sich auf die damit verbundenen Kernaktivitäten zu fokussieren. Sie hat das Gefühl, nicht mehr genügend Denkfreiraum zu haben, um kreativ neue Ideen zu entwickeln: Immer gibt es noch eine Marktstudie zu lesen, weitere E-Mails zu beantworten und eine zusätzliche Sitzung, die ihre Teilnahme erfordert. Eines Donnerstagabends – sie kommt gerade aus einer zweistündigen Sitzung zurück und findet drei neue Studien auf ihrem Pult sowie 26 unbeantwortete E-Mails – platzt ihr der Kragen: So kann es nicht weitergehen. Die Informationen beherrschen sie und nicht umgekehrt. Susanne Tress möchte ihre Informationssouveränität zurückerobern und die Informationsflut in Zukunft systematisch bewältigen.

Persönliches Wissensmanagement zur Informationsbewältigung. Susanne ist sich bewusst, dass sie mit vier parallelen Projekten, rund 30 direkten Teamkollegen und einem äußerst dynamischen Marktumfeld in einem sehr informationsintensiven Kontext tätig ist. Sie beschließt, in zwei Phasen vorzugehen: Zunächst will sie auf die momentane Situation reagieren und ihre *akuten Probleme* im Umgang mit Information lösen. In einem zweiten Schritt möchte sie auch längerfristig die Weichen für einen souveräneren Umgang mit der Informationsflut stellen.

Methodeneinsatz Phase I. Als sofortige Maßnahmen zur Verbesserung ihres Umgangs mit der Informationsflut tut Susanne folgende Schritte: (1) Sie zeichnet eine *Eisenhower-Matrix* und trägt darin alle Informationen ein, die sie täglich oder wöchentlich erreichen, und überprüft, ob sie diese wirklich nach dem *TRAF-Prinzip* bearbeitet. Bei vielen vermeintlich dringenden Anfragen und Informationen ist dies nicht der Fall und sie nimmt sich vor, in Zukunft öfter nein zu sagen, Aufgaben zu delegieren und nicht wichtige sowie nicht dringende Informationen stärker zu filtern (z. B. durch ihre Assistentin oder E-Mail-Filter). Sie nimmt sich von Verteilern, die für ihre momentanen Projekte keine Bedeutung haben oder sie schon seit einiger Zeit nicht mehr interessieren. Sie beschließt, gewisse Aktivitäten nicht mehr zu tun, die eigentlich keinen Beitrag zu ihren Projektzielen liefern, wie z. B. alle Titel ihres Verlages regelmäßig anzuschauen. (2) Susanne nimmt sich vor, ihre E-Mails nur noch drei Mal am Tag zu lesen und den Rest der Zeit das E-Mail Programm geschlossen zu lassen, um konzentrierter arbeiten zu können. (3) Zusätzlich will sie mindestens einen halben Tag pro Woche zu Hause arbeiten, um so in Ruhe und mit voller Konzentration anspruchsvolle Arbeiten erledigen zu können. (4) Um ihre Effektivität beim Lesen der vielen Studien und Berichte zu erhöhen, hält sich Susanne ab sofort an die *SQ3R-Methode* und versucht, jeweils zuerst die Struktur eines Textes zu verstehen und ihre Fragen an den Text zu klären, bevor sie in Details eintaucht. So liest sie fortan zielgerichteter und schneller. Bei besonders wichtigen oder komplexen Marktstudien fertigt Susanne sogar *Concept Maps* an, welche diese grafisch zusammenfassen. Sie merkt rasch, dass sie ein Talent für konzeptionelle Visualisierung hat und verwendet deshalb einfache Concept Maps – mit großem Erfolg – auch in Sitzungen und Präsentationen als effiziente und kompakte Kommunikationsform. (5) Um ihre Aktivitäten stärker auf ihre momentanen Ziele auszurichten, erstellt Susanne zu Arbeitsbeginn eine kleine Mind Map, auf der sie ihre Hauptziele für den Tag auf einzelnen Ästen sowie Unterziele und konkrete Schritte auf Unter-Ästen platziert. Nach jeder erledigten Aufgabe macht sie einen großen Haken neben dem Erreichten. Nicht erreichte Ziele werden am nächsten Tag auf eine neue Mind Map übertragen. (6) Susanne nutzt bisher brachliegende Zeit besser, indem sie Informationen, die nicht dringend aber wichtig sind, auf einen separaten Stapel legt. Von diesem nimmt sie jeweils Artikel, wenn sie z. B. auf eine Flugreise gehen muss oder einen Arzttermin hat. (7) Sie bittet außerdem ihre Kollegen eindringlich, bessere E-Mails zu verfassen (mit klarem Titel, einfacher Struktur und sofort sichtbaren Handlungskonsequenzen) und sie nicht mehr bei jeder Kleinigkeit auf den Verteiler zu nehmen. (8) Bei Routine-Sitzungen setzt Susanne nun gnadenlos auf Agenda-Disziplin. Sie hält ihre Teamkollegen dazu an, keine Sitzung ohne klare und vorher verschickte Agenda einzuberufen. Ist sie selbst Sitzungsleiterin, so zeichnet sie mittels Visualisierung die Sitzungsziele und den Sitzungsverlauf auf und beschränkt sich bei der Dokumentation auf ein Beschlussprotokoll.

Methodeneinsatz Phase II. Susanne Tress ist sich bewusst, dass ihre Sofortmaßnahmen das Problem der Informationsbewältigung nicht nachhaltig lösen. Sie kann sich zwar kurzfristig Luft verschaffen und Denkfreiräume zurückerobern, doch sie weiß auch, dass das Problem damit nicht verschwindet. Dazu braucht sie längerfristige, strategische Maßnahmen. So beschließt Susanne, für sich eine *Synergy Map* zu entwickeln, um so ihre verschiedenen Aktivitäten intelligenter untereinander zu verknüpfen. Dabei stellt sie fest, dass sie das Kostensenkungsprojekt gut mit dem Osteuropaprojekt kombinieren und sich dadurch rasch entlasten könnte. Sie merkt, dass sie durch Delegation von Aufgaben im Online-Projekt jemand anderem helfen könnte, der versucht, in diesem Bereich stärker Fuß zu fassen. Durch das Ausfüllen eines *Lifeline*-Diagramms hat Susanne nämlich für sich selbst herausgefunden, dass Online-Fachinformation für sie kein attraktives zukünftiges Betätigungsfeld ist.

Wie die Geschichte ausgeht. Das Gefühl, unter ständigem Stress zu stehen, ist verflogen. Durch ihr aktives Gestalten der Informationsflut fühlt sich Susanne wieder als Herrin der Informationsströme und sieht den nächsten Wochen gelassener entgegen; auch weil sie erkennt, was ihr wirklich wichtig ist und wo sie ihre

Kräfte bündeln möchte. Sie weiß, dass man nicht immer über alles informiert sein muss, dass nicht alles vermeintlich Dringende auch wirklich dringend ist und dass man sich immer wieder selbst fragen muss, ob das, was man gerade tut, wirklich zum Erreichen der eigenen Ziele beiträgt oder nicht. Zudem hat sie durch ihre Aktivitäten ihr Umfeld für einen besseren Umgang mit Information sensibilisiert und so den unnötigen Teil der Informationsflut für ihr gesamtes Team reduziert.

■ Szenario C: Eine Orientierungskrise will bewältigt werden

Der Akteur. Jens Unior hat Pharmazie studiert und ist seit einem Jahr in einem großen Pharmaunternehmen tätig. Gleich nach dem Studium hatte er großes Glück und ohne längere Warte- und Suchphase die Chance erhalten, ordentlich bezahlt zu werden und auf einem interessanten Gebiet, nämlich dem Testen von Krebsmedikamenten, beruflich Fuß zu fassen. Eine Stelle in der kleinen Apotheke seiner Eltern kam für ihn nicht in Frage: Die Enge der Kleinstadt und die Gefahr, sein Umfeld könne ihm vorwerfen, sich bequem ins gemachte Nest zu setzen, waren die wichtigsten Gründe. Wenige Monate nach seinem Start lernte Jens Unior über eine klinische Studie mit krebskranken Kindern ein gemeinnütziges Institut kennen, das aus einer Selbsthilfegruppe von Familien mit chronisch kranken Kindern entstanden war. Das dort etablierte Konzept, solchen Familien über ein so-genanntes Case Management effektive Hilfe bei zahlreichen medizinischen und versicherungstechnischen, ganz praktischen, sozialen und emotionalen Fragen anzubieten, überzeugte Jens von Anfang an. Spontan erklärte er sich bereit, eine kleine Abendveranstaltung für Eltern abzuhalten, die Schwierigkeiten haben, ihre Kinder zur regelmäßigen Einnahme von Medikamenten anzuhalten. Es blieb nicht bei diesem einen Abend; inzwischen ist er regelmäßiger Referent am Institut.

Das Problem. Jens hatte mit Überzeugung seine erste Stelle angenommen; von Anfang an kam er mit seinen Kollegen gut aus und er hatte zunächst das Gefühl, seine Stärken in diesem Unternehmen sinnvoll nutzen zu können. Seine Neben-tätigkeit am Institut für Familien mit chronisch kranken Kindern und die Erfah-rungen, die er dort mit Kindern macht, sowie seine Erlebnisse als Referent und Ansprechperson für Leid tragende Eltern bringen Jens heftig ins Grübeln. Die elterliche Apotheke hatte er vehement abgelehnt und seine *eigene* Entscheidung für das Pharmaunternehmen getroffen. Aber ob es wirklich die beste Entschei-dung war? Er fühlt, dass ihm der Umgang mit Menschen liegt und Spaß macht. Hätte die Apotheke in der Kleinstadt nicht mehr Chancen für direkte Beratung und Kontakt geboten? Oder hatte er gar das Falsche studiert? Wäre er vielleicht als Case Manager seinen eigentlichen Interessen und Kompetenzen näher? Könnte ein Aufbaustudium für soziale oder pädagogische Berufe eine Möglichkeit sein?

Persönliches Wissensmanagement zur Klärung von Zielen und Wegen. Jens sucht das Gespräch mit seinem besten Freund, der ihn gut kennt und nach seinem Psychologiestudium schon mehrere Organisationen kennengelernt hat. Dieser drückt ihm unser Buch in die Hand und meint, Jens solle sich erst einmal selbst über seine Ziele, Wünsche, Fähigkeiten und Begabungen klar werden, bevor er andere zu Rate zieht. Jens ist zunächst verärgert, da er dies als Zurückweisung empfindet, vertieft sich aber doch bald in die Lektüre und merkt rasch, dass es in seiner jetzigen Phase um *strategische* Fragen geht und darum, seine *Kompetenzentwicklung* langfristig zu planen. Inzwischen kann er seinem Freund Recht geben, dass er wohl gut daran tut, zunächst mit sich selbst zu klären, wohin es gehen soll, zumal es sich bei seinen Problemen und Herausforderungen um *emergente Anforderungen* handelt, die sich wohl weder rasch noch direkt werden angehen lassen. Und doch hofft er natürlich, auch seinen jetzigen Zustand via *divergentem Problemlösen* zu verbessern, denn die innere Suche und Ungewissheit beginnt, sein Wohlbefinden zu beeinträchtigen.

Methodeneinsatz Phase I. Das Wissen über die eigenen Ziele will Jens als erstes klären und zieht hierzu die *Synergy Map* heran: Beim Anfertigen der Zielliste merkt er, dass es ihm schwer fällt, auf mehr als drei arbeitsbezogene Ziele zu kommen – ein Hinweis für ihn, seine Ziele mehr zu konkretisieren, was ihm rasch gelingt. Länger dauert die Entscheidung, bei welchem Ziel sich für ihn die negativsten Folgen einstellen würden, wenn er dieses nicht erreicht. Auch fällt es ihm schwer abzuschätzen, welchen Zeitrahmen die verschiedenen Ziele benötigen (sollten). Schließlich aber sitzt er vor seinem Ziel-Portfolio und stellt fest, dass er relativ einseitig viele permanente und langfristige Ziele hat, dass eher wenig Zielkonflikte vorliegen, externe Faktoren für die Zielerreichung aber offenbar eine erhebliche Rolle spielen. Und schließlich findet Jens·auch seine persönliche Vision, nämlich einen Beruf mit vielen sozialen Kontakten. Um nun seine Handlungsoptionen systematisch explizit zu machen, sammelt er auf Papier zunächst die ihm in den Sinn kommenden Optionen in Bezug auf Ausbildung, Branche, Funktion und Fokus seiner künftigen Tätigkeit und entwickelt mit dem *morphologischen Kasten* mehrere mögliche Szenarien. Bei dieser Zukunftsreflexion tun sich für Jens allerdings neue offene Fragen auf, was seine bisherige Ausbildung und Erfahrung sowie seine jetzigen Arbeits- und Lebenspraxis betrifft. Kurzerhand entschließt er sich, eine Übersicht über die eigene Vergangenheit und Gegenwart anzufertigen und diese *Lifeline* elektronisch als E-Portfolio so anzulegen, dass er die Reflexionsmethode langfristig nutzen kann.

Methodeneinsatz Phase II. Jens Unior ist mit diesen Methoden einen großen Schritt weiter gekommen: Er weiß nun, dass er seine jetzige Situation ändern muss, will er eine ihn zufriedenstellende Tätigkeit ausüben und er ist zu dem Schluss gekommen, dass es für neue Weichenstellungen keineswegs zu spät ist, dass er Optionen *hat*, dass er aber auch gut daran tut, seine vergangenen und aktuellen Erfahrungen nicht über Bord zu werfen. Nun aber hält es Jens für den rechten Zeitpunkt, vertraute Personen mit einzubeziehen und die Erfahrungen seiner Eltern, in deren Fußstapfen er fast getreten ist, mit einzubeziehen. Anders als bei normalen Familiengesprächen aber bereitet er dieses sorgfältig mit *ethno-*

grafischen Fragen vor, konstruiert sich zwei Fragenbäume, eines zum Thema Aus- und Weiterbildung und einen zur Berufspraxis von Apothekern. Er nimmt sich vor, vor allem Kontrastfragen zu stellen, um das Wissen und die Erfahrung seiner Eltern maximal zu nutzen. Die Eltern zeigen sich zunächst erstaunt über eine solche neue Gesprächsqualität, erweisen sich aber als kooperativ und liefern Jens in der Tat eine Fülle neuer Erkenntnisse.

Wie die Geschichte ausgeht. Jens Unior beschließt, das im langen Studium erworbene Wissen nicht ad acta zu legen, sondern als Grundlage für eine berufsbegleitende universitäre Ausbildung in Beratungswissenschaft zu nutzen. Er reduziert seine Stelle um die Hälfte und engagiert sich einmal in der Woche als freier Mitarbeiter beim gemeinnützigen Institut für Familien mit chronisch kranken Kindern. Mit Beginn der Zusatzqualifizierung legt er sich eine *Kompetenz-Agenda* an, zu der ihm sein bester Freund geraten hat – auf dass er den Überblick über seine weitere Wissensentwicklung nicht verliert. Indem sich Jens Unior ausreichend Zeit für eine systematische und reflektierte Zielfindung gelassen und sich auch Unterstützung von Personen seines Vertrauens geholt hat, kann er nun überzeugt zu seiner Entscheidung stehen, fühlt sich gewappnet, aber offen genug für die Zukunft und hat dabei eine ganze Menge über sich selbst gelernt.

Die Szenarien sind hier bewusst ein wenig optimistisch formuliert, um den Nutzen der persönlichen Wissensmanagementmethoden im Kontext deutlich zu machen. In der «rauen Wirklichkeit» gibt es natürlich auch eine Reihe von Hindernissen – allem voran emotional-motivationale Blockaden, die wir im Folgenden etwas genauer beleuchten wollen.

3.4.2
Emotional-motivationale Blockaden und was man gegen sie tun kann

Persönliches Wissensmanagement – keine bloße Kopfentscheidung. Wir haben Ihnen in diesem Buch bewährte Methoden für das persönliche Wissensmanagement vorgestellt. All diese Methoden haben nachweislich eine Wirkung und lassen sich gut in die pädagogisch-psychologische Forschung – genauer: in die Erkenntnisse der (Meta-)Kognitionsforschung, der Lernstrategieforschung und der Problemlöseforschung – einordnen. Damit geht gewissermaßen zwangsläufig eine kognitive Tendenz einher, und so ist es nicht von ungefähr, dass die meisten der von uns ausgewählten Methoden mentale Basisprinzipien aus den Bereichen Kognition und Metakognition unterstützen. Diese Bereiche lassen sich auch am ehesten mit dem Bild der «Steuerung» bzw. Selbststeuerung in Verbindung bringen. Dass dieser Steuerungsgedanke Grenzen hat, darauf werden wir im letzten Kapitel noch eingehen (siehe Kap. 4.2.1). An dieser Stelle aber geht es darum, den Eindruck zu vermeiden, persönliches Wissensmanagement sei eine reine «Kopfentscheidung», eine «bloß» rationale Angelegenheit, denn: Wie im Theoriekapitel beschrieben (vgl. Kap. 2.1.4), sind auch emotional-motivationale Basisprinzipien zu beachten. Leider werden uns diese oft erst dann bewusst, wenn sie sich «gegen» unsere Absichten und Pläne stellen und sich als emotional-motivationale Blockaden zu erkennen geben. Es gibt eine ganze Reihe solcher Blockaden, die der Nutzung persönlicher Wissensmanagementmethoden im Wege stehen können, und sie haben sehr unterschiedliche Ursachen.

Mögliche Gründe für emotional-motivationale Blockaden. Jeder von uns kennt Beispiele dafür, dass man etwas weiß, aber eine anstehende Entscheidung trotzdem nicht trifft, dass man eine Aufgabe vor sich hat, sie aber einfach nicht in Angriff nimmt, sondern in eine endlose Schleife des Verschiebens gerät, dass man begonnene Dinge nur zur Hälfte, aber nicht zu Ende führt, dass man trotz anfänglichem Elan einen «Durchhänger» hat und selbst wichtige Dinge schleifen lässt … die Liste ließe sich fortsetzen. Schwierigkeiten dieser Art bezeichnen wir als Unlust, Antriebslosigkeit, Motivationsloch oder einen Zustand des «gelähmt Seins». Woher kommt das? Nun gibt es durchaus *externe Gründe* etwa in Form von schlechten Rahmenbedingungen: ungünstige Licht- und Sitzverhältnisse, Lärm, schlechter Zugang zu notwendigen Ressourcen oder keine vernünftigen Räume für einen sozialen Wissensaustausch sind Bedingungen, unter denen nur hoch disziplinierte Menschen zielgerichtet Mikroartikel schreiben, erfolgreich komplexe Themengebiete kategorisieren oder motiviert ein Perspektivendiagramm erstellen können. Wer feststellt, dass emotional-motivationale Blockaden vor allem von externen Gründen dieser Art herrühren oder zumindest mit bedingt werden, kann versuchen, für bessere Rahmenbedingungen im eigenen Arbeitsumfeld zu sorgen. Leider aber gibt es auch zahlreiche *interne Gründe* für mangelnde Motivation oder ungünstig wirkende Gefühle, die schwerer und weniger direkt zu bewältigen sind: So kann es sein, dass man sich zu wenig für das, womit man beschäftigt ist, interessiert; oder es mangelt einem generell an Entscheidungsfreude und Risikobereitschaft; oder aber es quält einen lähmende Angst – wofür es wiederum zahllose Ursachen geben kann.

Alles nur eine Frage des Willens? Nicht selten hört man in solchen Situationen den (paradoxen) Ratschlag, dass man doch einfach nur «wollen muss». Dieses Wollen bzw. der Wille ist ein interessantes Konstrukt mit einer langen Geschichte – viel länger als die des Motivationsbegriffs. In der Philosophie interessiert(e) man sich vor allem für die *Willensfreiheit*, also für die Frage, ob und inwieweit man sich für sein eigenes Tun überhaupt selbst entscheiden bzw. freiwillig handeln kann. In der modernen Hirnforschung gibt es Vertreter, die den freien Willen als eine Illusion bezeichnen (z. B. Roth & Grün, 2006) – zugegeben eine umstrittene These. Träfe Sie zu (und wir gehen nicht davon aus), bräuchten wir uns keine weiteren Gedanken mehr dazu zu machen, wie man den Willen beeinflussen kann. Früher gab es sogar eine eigene Willenspsychologie, die sich – einfach formuliert – mit dem Anfangen, dem Durchhalten und dem Überwinden von Hindernissen beschäftigte. In der modernen Motivationspsychologie gelten Willensprozesse als Teilbereich der Motivation und bezeichnen alles, was von der Person bewusst beeinflusst werden kann. Einen noch spezifischeren Akzent setzt die Forschung zu Leistungsmotivation: Aus diesem Forschungszweig wissen wir, dass Leistung zum einen stark vom Interesse und zum anderen vom Willen einer Person zur Leistung abhängig ist. Dieser Wille zur Leistung wiederum wird dadurch beeinflusst, welche Leistung die Person selbst *glaubt*, erbringen zu können, worauf sie Erfolge und Misserfolge zurückführt (Attributionen) und welches Anspruchsniveau sie verfolgt – also eine durchaus komplexe Angelegenheit.

Anspruchsniveau und Attributionsmuster. Mag sich auch der Wille einer direkten Steuerung oft entziehen, so sind doch gerade die eben genannten Attributionen und das Anspruchsniveau durchaus zu beeinflussen. Beginnen wir mit dem *Anspruchsniveau*: Hier ist zu sagen, dass es hilfreich ist, sich zum einen realistische (also prinzipiell erreichbare und damit nicht zu hohe) Ziele sowie solche Ziele zu setzen, die sich an konkreten Aufgaben orientieren. Ein chronisch zu niedriges Anspruchsniveau aber ist nicht zu empfehlen. Prinzipiell veränderbar sind auch die Tendenzen bei der Zuschreibung von Merkmalen und Ursachen persönlich bedeutsamer Ereignisse – den *Attributionen* (Schnotz, 2006): Studien haben gezeigt, dass es für das Selbstwertgefühl tendenziell günstiger ist, Erfolge Faktoren zuzuschreiben, die *in* der Person liegen – nämlich Fähigkeit und Anstrengung –, und Misserfolge (vor allem bei schwierigen Aufgaben) allenfalls auf mangelnde Anstrengung oder auch einmal Pech oder andere externe Faktoren zurückzuführen. Personen, die sich so verhalten, nennt man *erfolgszuversichtlich*. Ungünstig für das Selbstwertgefühl dagegen ist es, wenn man Erfolge grundsätzlich darauf zurückführt, dass die Aufgabe zu leicht war oder dass man einfach nur Glück gehabt hat, Misserfolge aber mit einer zu hohen Aufgabenschwierigkeit oder (bei leichten Aufgaben) mit mangelnden eigenen Fähigkeiten erklärt. Tendiert man zu solch einem Verhalten, ist man *misserfolgsängstlich*. Es liegt auf der Hand, dass chronische Angst vor Misserfolgen und mangelnde Selbsterfüllung bei Erfolgen ein großes Risiko für emotional-motivationalen Blockaden bergen – auch beim persönlichen Wissensmanagement. Die Frage ist, was man dagegen tun kann.

Tipps gegen die Angst vor Misserfolg. Bin ich überhaupt misserfolgsängstlich? Die folgende **Tabelle 3.7** (Seite 164) (Zimbardo & Gerrig, 2004) zeigt exemplarisch, welche emotionalen Reaktionen auf Erfolg und Misserfolg möglich sind. Vielleicht erkennen Sie anhand der Gefühlsbeschreibungen wieder, was *Ihre* typischen Reaktionen auf Erfolg und Misserfolg sind. Aus diesen lässt sich – zusammen mit den obigen Erkenntnissen zu erfolgzuversichtlichen und misserfolgsängstlichen Menschen – ansatzweise rekonstruieren, worauf Sie Ihre Leistungen üblicherweise zurückführen bzw. Sie können Vermutungen über Ihre Attributionstendenzen überprüfen.

Wenn Sie häufiger zu Misserfolgsangst neigen, sollten Sie sich folgende Empfehlungen zu Herzen nehmen: (a) Achten Sie auf Ihr Anspruchsniveau, das heißt: Setzen Sie sich realistische Ziele und wählen Sie eher mittelschwere Aufgaben, da

Tabelle 3.7: Attribution und Emotion

Attribution	Emotionale Reaktion auf:	
	Erfolg	Misserfolg
Fähigkeit	Zuversicht; Stolz	Resignation; Depression
Anstrengung	Erleichterung; Zufriedenheit	Schuld; Scham; Furcht
Handlung anderer	Anerkennung; Dankbarkeit	Ärger; Wut
Glück	Überraschung; Schuld	Überraschung; Erstaunen

hier ein Zuwachs eigener Kompetenz besonders gut zu beobachten ist. (b) Prüfen Sie Ursachen für Erfolg und Misserfolg sorgfältig und ziehen Sie keine voreiligen Schlüsse, warum etwas gelungen ist und anderes nicht. Dabei kann es sinnvoll sein, eine andere Person mit einzubeziehen, die Ihnen dabei hilft. (c) Verändern Sie vorherrschende ungünstige Attributionsmuster – bei Bedarf wiederum mit sozialer Unterstützung (wofür es auch Trainings gibt; vgl. Schiefele & Streblow, 2006). Achten Sie auf der einen Seite auf selbstwertdienliche Zuschreibungen, verfallen Sie auf der anderen Seite allerdings nicht in Selbstbetrug.

Immer intrinsisch motiviert? Geht es um den Willen, um Antrieb und Durchhaltevermögen, darf die Unterscheidung zwischen intrinsischer und extrinsischer Motivation nicht fehlen. Intrinsisch motivierte Handlungen werden durchgeführt, weil sie für sich genommen positiv, also z. B. spannend, interessant oder herausfordernd erlebt werden. Dabei kann entweder die Handlung selbst oder der Gegenstand der Handlung intrinsisch belohnend sein. Dagegen befindet sich das Ziel bei extrinsisch motivierten Handlungen in der Außenwelt; sie haben instrumentelle Funktion, das heißt: Sie werden durchgeführt, um positive Konsequenzen zu erreichen (z. B. Anerkennung) oder um negative Folgen (z. B. Entzug von Privilegien) zu vermeiden. Dass Motivation *immer* und *vor allem* von allein bzw. von der Tätigkeit oder dem Gegenstand her kommt, dürfte eine Illusion sein – auch bei wissensintensiven Tätigkeiten. Von daher spricht beim persönlichen Wissensmanagement bei allem Respekt vor der intrinsischen Motivation wenig dagegen, Maßnahmen zu kennen, wie man sich selbst motivieren und damit auf externe (immerhin selbst gewählte) Anreize zurückgreifen kann.

Tipps zu Selbstmotivierung. Wenn wir nach Anreizen suchen, die unseren Willen stärken bzw. mit denen wir uns belohnen, können wir zunächst einmal auf einen seit langem bekannten Mechanismus, nämlich das operante Konditionieren (Skinner, 1938) zurückgreifen. Anreize wirken als Verstärker, und Verstärker können alle möglichen Dinge oder Tätigkeiten sein, die wir als Belohnung empfinden bzw. die einen angenehmen Zustand hervorrufen. Ein Verstärker erhöht die Auftretenswahrscheinlich desjenigen Verhaltens, auf das er folgt. Wenn Sie dieses *Prinzip der (Selbst-)Verstärkung* anwenden wollen, sollten Sie Folgendes versuchen: (a) Finden Sie erst einmal heraus, was Sie immer wieder vor sich herschieben, wozu Sie so gar keine Lust haben etc. Schon allein diese Analysephase kann einen positiven Effekt auf oftmals unbewusste Aufschiebeprozesse haben. (b) Suchen Sie sich Verstärker, die Sie persönlich als Belohnung empfinden: Das kann eine Kaffeepause oder ein Spaziergang ebenso sein wie der Kauf eines Buches, das man sich schon lange wünscht; der Fantasie sind hier kaum Grenzen gesetzt. (c) Belohnen Sie sich unmittelbar im Anschluss an die Tätigkeit mit «Ihrem Verstärker» – und genießen Sie das sich anschließende positive Gefühl. Eine Art mentale Verstärkung im Vorfeld können Sie dadurch erreichen, dass Sie sich den Endzustand nach der Tätigkeit, für die Sie sich motivieren wollen, intensiv und bildlich vorstellen. Eine solche *Visualisierung des Erreichten* kann mitunter genügen, um einer noch nicht begonnenen Aktivität den letzten, notwendigen Schub zu geben. Als letzten Tipp an dieser Stelle wollen wir auf die *Fünf-Minuten-Regel* verweisen: Wenn Ihnen der Beginn einer Tätigkeit schwer fällt, weil Sie nicht abschätzen können, ob sich diese lohnen wird (z. B. sich in ein neues Themengebiet einlesen), dann kann es helfen, mit sich selbst einen Kontrakt zu schließen, der da lautet: «Nur fünf Minuten! Bin ich nach fünf Minuten immer noch der Meinung, dass es sich *nicht* lohnt weiterzumachen, werde ich die Aktivität wieder beenden». Eine solche Regel verschafft mentale Sicherheit und die Chance, nach fünf Minuten tatsächlich Gefallen an der neuen Aufgabe gefunden zu haben.

Geht es auch weniger mechanistisch? Wenn einem diese Formen der Selbstmotivierung mittels Belohnung, Visualisierung oder Kontrakt zu mechanistisch sind, oder wenn der Einsatz von Verstärkern sinnlos oder kontraproduktiv ist, kann man auch auf andere Maßnahmen zurückgreifen, die geradezu sinnstiftend sein können (Vollmeyer, 2006). Hintergrund ist die Selbstbestimmungstheorie (Deci & Ryan, 1993), die davon ausgeht, dass Menschen drei Grundbedürfnisse haben: Sie streben nach *Autonomie*, das heißt, sie wollen frei von äußeren Zwängen sein und ihren freien Willen durchsetzen; sie streben nach *Kompetenzerleben*, das heißt sie wollen selbst etwas bewirken und leisten und dabei sehen, dass die eigene Kompetenz wächst; und sie streben nach *sozialer Einbindung*, das heißt sie wollen eingebettet sein in eine Gemeinschaft. Man könnte von einer sinnstiftenden Rahmenmotivation sprechen, die oft nur teilweise, manchmal gar nicht bewusst ist und somit auch nicht direkt gesteuert werden kann. Wohl aber geben einem diese drei Komponenten Ansatzpunkte zur Förderung von Motivation und Willen an die Hand: (a) Suchen Sie bewusst nach *Handlungsspielräumen*, auch wenn diese auf den ersten Blick nicht sichtbar sind. Wie viele Freiheitsgrade man zum eigenen Handeln hat, ist zum Teil von außen festgelegt, zum Teil aber auch eine Interpretationssache: Häufig konstruieren wir uns unseren Handlungsspielraum auch selbst. (b) Nutzen Sie Gelegenheiten zum Lernen und zum Aufbau neuer Kompetenzen. Versuchen Sie, Ihren *Kompetenzzuwachs* im Auge zu behalten und anhand eines realistischen Maßstabs zu bewerten. (c) Suchen Sie *soziale Kontexte* auf, in denen Sie akzeptiert werden und sich wohl fühlen. Versuchen Sie nicht, jedes Problem unbedingt allein zu lösen. Und wenn es nicht immer leicht fällt, solchen Empfehlungen zu folgen, ist das nicht ungewöhnlich. Mitunter hilft es dann, sich eine

Person vorzustellen, die Ihnen ein Vorbild ist, die Sie respektieren und schätzen, und sich dann zu fragen: «Wie würde sich diese Person in meiner Situation verhalten? Wie würde sie mein Tun bewerten und womit wäre sie zufrieden»?

Stress – ein besonderer Feind des persönlichen Wissensmanagements. Motivationsdefizite, wie wir sie skizziert haben, zeichnen sich dadurch aus, dass Ihnen gewissermaßen etwas fehlt, also ein Mangel an emotionaler Beteiligung, an Wille etc. vorhanden ist. Das umgekehrte Problem tritt auf, wenn man mit Stress konfrontiert ist: Sie sollen ein Team hochrangiger, aber schwieriger Experten leiten; unter Zeitdruck verlangt man einen wichtigen Bericht von Ihnen; Sie müssen vor einem Abgabetermin noch hundert Dinge tun; Sie fühlen sich von einer Informationsflut erschlagen etc. Solche vor allem akuten Problemlösesituationen sind nicht nur Anlass für persönliches Wissensmanagement, sondern leider auch oft Auslöser für Stress, also Stressoren. Ein Stressor ist ein Ereignis, das vom Individuum eine Anpassungsleistung erfordert, weil es zu einer Schieflage gekommen ist zwischen den Anforderungen und den persönlichen Möglichkeiten, diese zu bewältigen. Die Reaktionen auf Stress sind vielfältig, individuell durchaus unterschiedlich, und oftmals treten mehrere Reaktionen gleichzeitig auf (Zimbardo & Gerrig, 2004): Das Nerven- und Hormonsystem schaltet auf «Notfallreaktion» mit den bekannten Symptomen (schnellere Atmung, höherer Blutdruck, kalte Hände etc.). Auf der Verhaltensebene zeigen sich Reaktionen wie Rückzug oder Aggression. Häufig tritt Angst, in jedem Fall aber ein Gefühl des Unwohlseins auf. Schließlich ist auch unsere Kognition vom Stress betroffen: eingeengtes Denken, verzerrte Wahrnehmung oder Defizite beim Problemlösen können die Folge sein. Wichtig ist die Unterscheidung zwischen akutem und chronischem Stress: Akuter Stress meint einen vorübergehenden Erregungszustand, der mitunter auch als aktivierend und positiv empfunden werden kann. Von chronischem und in jedem Fall schädlichem Stress dagegen spricht man, wenn der Erregungszustand kontinuierlich anhält, wobei vor allem die *Einschätzung* von Situationen als Bedrohung eine zentrale Rolle spielt. Damit es gar nicht so weit kommt, ist es wichtig, Stress zu erkennen und einige Tipps zu berücksichtigen.

Tipps gegen den Stress. Optimal ist es, wenn man beim Kampf gegen den Stress direkt an der Stressursache selbst ansetzen kann. Im Rahmen einer solchen *problemorientierten Bewältigung* gibt es zwei qualitativ unterschiedliche Wege (Pekrun & Götz, 2006): Sie können sich für eine situative Bewältigung entscheiden und die Stress auslösende Situation verändern: Zu den klassischen Beispielen gehört, dass man bei «Info-Stress» unnötige Newsletter abbestellt und sich aus Mailinglisten oder Online-Gemeinschaften austrägt. Sie können sich aber auch für eine fähigkeitsorientierte Bewältigung entscheiden und an den Fähigkeiten arbeiten, potenziell Stress auslösende Situationen besser zu meistern. Alle unsere Methoden zur akuten Problemlösung können so gesehen auch präventiv gegen Stress wirken, wenn man sie häufig einsetzt und entsprechende Fähigkeiten ausbildet. Ist eine solche direkte Ursachenbekämpfung nicht möglich, bietet sich eine *emotionsorientierte Bewältigung* an, bei der man die emotionale Lage verändert. Wirksame Tipps sind z. B: (a) Wenden Sie Stress reduzierende Entspannungstechniken an, wobei jedoch Nikotin, Alkohol oder Medikamente kaum oder allenfalls zur kurzfristigen Stressreduktion, und dann auch nur unter bestimmten Bedingungen, sinnvoll sind. (b) Nehmen Sie mögliche Misserfolge und damit verbundene negative Gefühle vorweg und setzen Sie sich damit auseinander. Diese Form der sekundären Kontrolle kann die empfundene Bedrohlichkeit einer Situation mindern. (c) Nehmen Sie – wann immer möglich – die Dinge auch mit Humor. Humor ist vor allem mit Angst nicht vereinbar und damit entziehen Sie dem Stress einen großen Teil fruchtbaren Bodens. (d) Suchen Sie sich soziale Unterstützung und Gleichgesinnte. Gegenseitiger Austausch und Hilfe untereinander können viele Stresssituationen mildern und weitere positive Folgen nach sich ziehen. (e) Interpretieren Sie im Bedarfsfall Stress auslösende Situation auch einmal um, indem sie diese z. B. als weniger wichtig einstufen. Vorsicht vor Selbstbetrug ist aber auch hier (ähnlich wie bei den Selbstzuschreibungen; vgl. Kap. 3.4.2) geboten! Maßnahmen, die dazu dienen, eine Situation, in der man Stress empfindet, zu (ver)meiden, haben keinen guten Ruf. Und doch lohnt es sich, sich der Möglichkeit einer *meidensorientierten Bewältigung* bewusst zu sein, die im Einzelfall durchaus berechtigt sein kann: Immer dann, wenn man eine Stress auslösende Situation, seine Fähigkeiten und emotionale Reaktionen nicht ändern kann und damit auch an seine persönlichen Grenzen gekommen ist, kann es mitunter ein Zeichen von Weisheit sein (vgl. Kap. 4.2.2), Dinge auch einmal auf sich beruhen zu lassen und/oder einen Bogen um sie zu machen.

Emotional-motivationale Blockaden kommen einem meist als erstes in den Sinn, wenn man an Hindernisse denkt, auf die man beim Einsatz persönlicher Wissensmanagementmethoden treffen kann. Doch es sind keineswegs die einzigen Schwierigkeiten. Auch Kognitionen können uns das eine oder andere Problem bereiten – und das sogar in ganz diffiziler Weise.

3.4.3
Kognitive Fixierungen und wie man sich von ihnen lösen kann

Persönliches Wissensmanagement – keine nur konstruktive Aufgabe. Unser Wissensbegriff basiert auf der Theorie der Strukturgenese (vgl. Kap. 1.1) und damit auf *konstruktivistischem* Gedankengut. Unsere Beschreibungssprache zum persönlichen Wissensmanagement (vgl. Kap. 2.1) betont den *konstruktiven* Charakter sowohl der Produktion als auch der Rezeption von Wissen. Konstruktionen bilden also eine wichtige Grundlage für das persönliche Wissensmanagement. Allerdings ist das nur die halbe Wahrheit. Mitunter schleppen wir auch eine ganze Menge an Wissensballast im weitesten Sinne mit uns herum. Dazu gehören vor allem Fehlkonzepte (also «falsches» begriffliches Wissen), Vorurteile (einseitiges begriffliches *und* bildhaftes Wissen) und nicht mehr erfolgreiche, aber eingefahrene Routinen (fehlerhaftes enaktives Wissen). Bisweilen aber muss Wissen gar nicht an sich falsch, einseitig oder fehlerbehaftet sein, um sich ungünstig auszuwirken. Vor allem in Situationen, die divergentes Problemlösen erfordern, können kognitive Blockaden durch prinzipiell richtiges, im aktuellen Fall aber unbrauchbares Wissen entstehen. Alle genannten Phänomene sind Beispiele für kognitive Fixierungen, die *De*-Konstruktionen auf den Plan rufen. Welche Maßnahmen sich zur Dekonstruktion eignen, hängt davon ab, um welche kognitiven Fixierungen es sich jeweils handelt und was wiederum dahinter steckt.

Weniger Komplexität durch Wissensschemata. Schemata sind übergeordnete mentale Strukturen von Gegenständen, Ereignissen, eigenen Handlungen oder auch abstrakten Phänomenen (z. B. Gerechtigkeit); sie entstehen vor allem auf der Grundlage von Erfahrungen. Am besten lässt sich das an einem Beispiel (hier an einem Ereignisschema – auch Skript genannt) erläutern: Wer ein Studium hinter sich hat, hat relativ schnell das Vorlesungsschema ausgebildet. Diesem liegen eigene Beobachtungen (einer steht vorne und redet, viele hören zu oder betätigen sich anderweitig), eigene Erfahrungen (das bloße Zuhören macht müde, Mitschreiben kann die Aufmerksamkeit erleichtern), Informationen durch Dritte (Kommilitonen berichten von noch viel langweiligeren oder aber interessanteren Vorlesungen) und/oder aufbereitetes Wissen (Studienführer, Infos aus dem Internet) zugrunde. Das Schema «Vorlesung» bündelt kompakt verschiedene Merkmale, abstrahiert diese von konkreten Ereignissen und kann sehr rasch aktiviert werden (Kopp & Mandl, 2006). Schemata sind Wahrnehmungsinstrumente, sie lenken die Aufmerksamkeit auf relevante Merkmale einer Situation, eines Gegenstands etc. und können dabei helfen, die erlebte Komplexität zu reduzieren. Ich muss mich bei Veranstaltungen an der Universität nicht immer neu orientieren, sondern kann – dank des Vorlesungsschemas – relativ rasch erkennen, was ich zu erwarten habe und was von mir verlangt wird. Wissensschemata, die sich weniger auf Situationen, sondern mehr auf Gegenstände beziehen, können auch das Verstehen und Behalten neuen Wissens erheblich erleichtern: Einmal gebildete Schemata in einer Domäne wirken entlastend und beschleunigend bei der Wissensaneignung.

Und wo ist Ihre Flexibilität geblieben? Fluch und Segen bei Wissensschemata liegen eng beieinander. Greifen wir noch einmal auf das obige Beispiel zurück: Größere Seminare wie auch Weiterbildungskurse, in denen einer vorne steht und viele auf ihren Stühlen sitzen, aktivieren bei vielen Teilnehmenden das Vorlesungsschema und führen dazu, dass man sich in einer Konsumhaltung abwartend zurücklehnt. Aufforderung des Seminarleiters zur Eigenaktivität oder Fragen ans Plenum werden kaum zur Kenntnis genommen. Die Teilnehmenden sind einseitig auf die räumlichen Merkmale der Situation fixiert und übersehen Hinweise, dass es eigentlich anders gemeint war. Andere Wissensschemata führen bisweilen dazu, dass man ein Ereignis zu stark vereinfacht und dessen Entstehung und Folgen simplifiziert. Wie kommt das? Wissensschemata entstehen häufig unterhalb der Bewusstseinsschwelle. In der Folge merken wir meist gar nicht, wenn wir Wissensschemata nutzen. Angesichts der Tatsache, dass wir – ob wir das wollen oder nicht – ohnehin alle Wissensschemata ausbilden und auch in vielen Situationen davon profitieren, kann es natürlich *nicht* darum gehen, Wissensschemata aufgrund ihrer ebenfalls bestehenden Risiken zu zerstören. Von daher brauchen Sie sich an dieser Stelle letztlich nur einen, dafür aber umso wichtigeren Tipp zu Herzen zu nehmen: Denken Sie über ihre Wissensschemata beim persönlichen Wissensmanagement in ruhigen Minuten einmal nach, beobachten Sie sich selbst und finden Sie die Schemata heraus, die Sie unflexibel machen und behindern statt Ihnen zu nutzen. Finden Sie solche Schemata, dann sind diese Kandidaten für eine Dekonstruktion bzw. für einen Conceptual Change, den man in mehreren Situationen mitunter brauchen kann.

Fehlkonzepte und Conceptual Change. Man kann die Auffassung haben, dass es vor allem beim personalen Wissen kein «falsches Wissen» gibt, denn alles Wissen einer Person lässt sich subjektiv begründen und besitzt für den Einzelnen eine Bedeutung, die keineswegs wissenschaftlichen Wahrheitskriterien genügen muss. Aus einer anderen Perspektive dagegen tut man sich schwer, ohne ein irgendwie geartetes Wahrheitskriterium auszukommen: Eine falsche Entscheidung im Atomkraftwerk oder ein falscher Handgriff in der Chirurgie machen deutlich, dass es sehr wohl fehlerhaftes Wissen bzw. Fehlkonzepte geben kann, die zu mehr oder weniger schwerwiegenden Folgen führen. Aus der Lernforschung weiß man, dass fehlerhafte Alltagsvorstellungen von Lernenden den Erwerb wissenschaftlichen Wissens erheblich behindern (Vosniadou & Verschaffel, 2004). Ähnliche Phänomene zeigen sich übrigens in sozialen Situationen, etwa wenn es um Vorurteile oder Klischees geht (Aronson, Wilson & Akert, 2004). Fehlkonzepte wie auch Stereotypen können auch im Arbeitsalltag zu unbefriedigenden Problemlösungen führen. Als Gegenmaßnahme kann man konsequenterweise eine Korrektur von Fehlkonzepten – also Conceptual Change empfehlen (Stark, 2003). Und wie geht das? (a) Zuerst einmal müssen Sie natürlich erkennen, wenn sich unter Ihr Wissen Fehlkonzepte (oder Stereotype) gemischt haben. Das ist der wohl schwierigste Part und setzt voraus, dass Sie sensibel für die Folgen wissensbasierten Handelns, für Widersprüche und (sachliche wie auch soziale) Konflikte etwa beim Meinungsaustausch sind. Hilfreich sind hier Methoden wie das Perspektivendiagramm. (b) Beschäftigen Sie sich mit Informationen, die im Widerspruch zu Ihrem Vorwissen stehen. (c) Tauschen Sie sich mit Personen aus, von denen Sie wissen, dass sie andere Annahmen vertreten oder aus einem anderen Kontext kommen. (d) Seien Sie geduldig mit sich selbst: Groß angelegte Bekehrungsversuche scheitern nicht nur bei anderen, sondern oft auch dann, wenn man sie gegen sich selbst richtet. Statt dessen empfiehlt es sich, Fehlkonzepte (oder Stereotype) graduell zu revidieren und die genannten Tipps entsprechend dosiert zu befolgen.

Niemand ist unfehlbar und was Sie daraus machen können. Fehlkonzepte im obigen Sinne gelten mitunter als Teilbereich einer großen Gruppe von – man könnte sagen – negativem Wissen, besser bekannt unter der schlichten Bezeichnung «Fehler». Aus Schaden wird man klug – so lautet ein bekanntes Sprichwort, das letztlich tröstend ist, weil es einen darauf hinweist, dass man aus Fehlern lernen kann und Misserfolge von daher auch ein Chance sind. Viele Lerntheorien, aber auch Ansätze zum Problemlösen planen Fehler sogar als notwendigen Bestandteil mit ein und schreiben ihnen eine zentrale Bedeutung zu (z. B. Lernen nach Versuch und Irrtum, Problemlösen durch Einsicht). Nur leider verhalten wir uns tendenziell wenig nach dieser Maxime, die durchaus sinnvoll ist: Fehler im menschlichen Handeln sind unvermeidbar, und wenn Fehler nicht vermieden werden können, liegt es nahe, diese bzw. das daraus resultierende Wissen (wie man etwas *nicht* machen sollte) zu nutzen. Fehler werden aus mehreren Gründen als unangenehm empfunden und von daher oft ausgeblendet und eben nicht bewusst wahrgenommen und als Lernchance genutzt (vgl. Althof, 1999): Sehr häufig schützt man das Selbstwertgefühl, indem man Rückmeldungen, die auf eigene Fehler hindeuten, ausblendet. Was für Motivation und Wille mitunter von Vorteil sein kann, nämlich für Fehler Ursachen verantwortlich zu machen, die außerhalb der eigenen Person liegen, kann ein Lernen aus Fehlern verhindern. Und weil Fehler im Allgemeinen als Normabweichung und Defizit gelten, werden sie nicht selten vertuscht anstatt aktiv bearbeitet. Diese Mechanismen zu kennen, ist die beste Voraussetzung, einen konstruktiven Umgang mit den eigenen Fehlern einzuüben. Lernen aus Fehlern ist eine Dekonstruktionsaufgabe par excellence, fordert es doch eine intensive Auseinandersetzung mit der eigenen Person, den persönlichen Wissenslücken und wissensbasierten Irrtümern.

Wissen – ein «couch potato»? Kaum ein Bild führt uns Faulheit und Trägheit so anschaulich vor Augen wie der englische Ausdruck des «couch potato». Eine gewisse Form von Trägheit beim persönlichen Wissensmanagement haben wir bereits bei den emotional-motivationalen Blockaden kennengelernt (vgl. Kap. 3.4.2). Doch es gibt auch eine kognitive Variante, nämlich das «träge Wissen». Wissen bezeichnet man dann als träge, wenn man es zwar in irgendeiner Form gelernt und im Kopf hat, es aber in konkreten Situationen nicht anwendet (Renkl, 1996). Wann passiert das? Wenn man Ihnen in einer Weiterbildungsveranstaltungen Wissen in einer allzu abstrakten Form anbietet, fehlen Ihnen mitunter von Anfang an Anknüpfungspunkte für eine praktische Anwendung. Wissen, auf das man digital zugreifen kann, liegt häufig in einer Form vor, dass man dessen Anwendungspotenziale kaum mehr rekonstruieren kann. Umgekehrt kann es vorkommen, dass Wissen zu stark kontextualisiert, also bereits so mit einem Kontext verschmolzen ist, dass Sie gar nicht auf die Idee kommen, es anderweitig zu nutzen, auch wenn Ihnen das Vorteile bringen würde. Folgende Tipps lassen sich gegen die Trägheit von Wissen anwenden: (a) Stellen Sie sich mögliche Anwendungsszenarien für (potenziell) träges Wissen vor und bereiten Sie sich via Gedankenspiel darauf vor. Tun Sie das möglichst bildhaft und konkret. (b) Denken Sie vor allem beim Erwerb neuen Wissens – sozusagen präventiv – darüber nach, wozu sie dieses in Ihrem Alltag überall einsetzen könnten. (c) Versuchen Sie, in Problemsituationen bewusst auch auf scheinbar theoretisches Wissen zuzugreifen und probieren sie es aus. (d) Achten Sie darauf, Wissen im nachhinein mit Kontexthinweisen abzulegen, wofür es eine ganze Reihe von Methoden gibt (vgl. Story Template und Mikroartikel). (d) Überlisten Sie die Trägheit von Wissen mit Vielfalt: Vielfalt in der Auswahl von Anwendungssituationen und Perspektiven.

Nachdem wir nun eine Reihe emotional-motivationaler und kognitiven Hindernisse kennen gelernt haben, bleiben noch soziale Hürden, die es bisweilen ebenfalls zu nehmen gilt, will man persönliche Wissensmanagementmethoden erfolgreich einsetzen und deren Potenziale voll ausschöpfen.

3.4.4
Soziale Hindernisse und wie man sie überwinden kann

Persönliches Wissensmanagement – keine rein individuelle Angelegenheit. Emotional-motivationale Blockaden und kognitive Fixierungen stecken den Rahmen für Phänomene ab, bei denen man sich sozusagen selbst im Weg stehen *kann*, wenn es darum geht, persönliches Wissensmanagement auch tatsächlich zu praktizieren. Einige Hintergrundinformationen und Tipps gegen Antriebslosigkeit, Unlust und andere Motivationsprobleme sowie gegen eingefahrene Wissensschemata, Fehler und träges Wissen sollten Sie daran erinnern, dass persönliches Wissensmanagement weder eine bloße Kopfentscheidung noch eine nur konstruktive Aufgabe ist. Persönliches Wissensmanagement hat zum einen auch mit Emotion und Motivation zu tun und macht zum anderen mitunter eine Dekonstruktion erforderlich. Was uns jetzt noch fehlt, ist eine dritte Einschränkung, auf die Sie in diesem Buch allerdings schon oft gestoßen sind: Persönliches Wissensmanagement ist nämlich auch kein Unterfangen, das man quasi als Eremit allein für sich betreiben kann. In unserem Modell haben wir bei verschiedenen Prozessen der Produktion und Rezeption von Wissen die soziale Wissensumwelt immer schon mitgedacht. Eine ganze Reihe von Methoden bezieht auch andere Wissensträger in der sozialen, medienvermittelten oder auch indirekten Interaktion mit ein (z. B. Feedback, Kontaktnetz etc.). Dabei haben wir den sozialen Kontext allerdings vor allem unter einem positiven Vorzeichen – also mit seinen potenziellen Vorzügen – eingebunden. Leider können sich das soziale Umfeld sowie die Kommunikation mit anderen beim persönlichen Wissensmanagement auch als Stolpersteine entpuppen, die es aus dem Weg zu räumen oder zu umgehen gilt.

Soziale Rollen, Normen und Wahrnehmung. Wir alle sind Teil verschiedener größerer und kleinerer Gemeinschaften. Entsprechend haben wir unterschiedliche *soziale Rollen* in der Familie, im Verein, am Arbeitsplatz etc. Unter einer sozialen Rolle versteht man ein sozial definiertes Muster an Verhalten, Rechten und Pflichten – also das, was man innerhalb der jeweiligen Gemeinschaft bzw. Bezugsgruppe von einer Person erwartet (Aronson et al., 2004). Was wir innerhalb einer Gemeinschaft untereinander im Hinblick auf akzeptable Einstellungen und Verhaltensweisen erwarten, nennt man *soziale Normen*. Soziale Rollen und Normen gibt es auch in jeder Organisation und auf den ersten Blick ist nicht unbedingt einsichtig, warum es da einen Konflikt mit dem persönlichen Wissensmanagement geben könnte. Potenzielle Probleme ergeben sich vor allem mit *Festschreibungen* auf diesem Gebiet. Stellen Sie sich vor, Sie haben über die strategische Komponente des persönlichen Wissensmanagements zu wegweisenden Entscheidungen gefunden, die mit sichtbaren persönlichen Veränderungen einhergehen, etwa indem Sie Ihr Informations- und/oder Kommunikationsverhalten verändern oder sich gar auf neue Wissensgebiete spezialisieren. Sind in einer Organisation soziale Rollen und Normen prinzipiell eher eng definiert oder haben sich Ihre Kollegen bereits ein zu starres Bild von Ihnen gemacht, kann genau das zum Problem werden. Ein anderes Beispiel sind Festschreibungen nach Geschlechtsrollen, die selbst beim operativen Wissensmanagement Konflikte provozieren können (soziales Geschlecht). Dahinter stecken unter anderem Tücken der *sozialen Wahrnehmung*: Personen nehmen sich gegenseitig anders wahr als sie Gegenstände wahrnehmen. Was sie sehen, ist nicht nur abhängig davon, was sich intersubjektiv nachprüfen lässt; es ist eben auch beeinflusst von sozialen Rollen und Normen, von Sympathie und Antipathie und anderen schwer zu greifenden Faktoren.

Tipps gegen unzulässige Festschreibungen. Soziale Rollen und Normen, aber auch die soziale Wahrnehmung sind oft eine Hilfe, weil sie – ähnlich wie Wissensschemata (vgl. Kap. 3.4.3) – Komplexität reduzieren können. Kommt Ihr soziales Umfeld also mit Veränderungen, die von Ihnen ausgehen, nicht zurecht, weil Sie damit Erwartungen widersprechen, muss das nicht immer und grundsätzlich ein Anlass dafür sein, offensiv etwas dagegen zu tun. Mitunter können Ihnen die Rückmeldungen Ihrer Kollegen oder anderer sozialer Interaktionspartner auch wertvolle Hinweise zur Reflexion geben. Stellen sich diese allerdings als unzulässige Festschreibungen heraus oder handelt es sich um Festschreibungen aufgrund des Geschlechts, gilt es, etwas zu unternehmen: (a) Klären Sie Ihr Umfeld darüber auf, dass und warum Sie beispielsweise neue Ziele setzen, andere Kompetenzen ausbilden wollen oder eine Entscheidung anders ausfallen musste als erwartet. Sprechen Sie darüber und setzen Sie nicht voraus, dass andere Ihre Gedanken lesen können. (b) Suchen Sie sich «Verbündete», die Ihre Neuausrichtung nachvollziehen und mittragen können. Auf diese Weise schwächen Sie starre Erwartungen und Zuschreibungen. (c) Pochen Sie vor allem bei geschlechtsbezogenen Erwartungen klar und ohne Zögern auf Ihre Rechte bzw. nehmen Sie sich diese – ohne Rechtfertigungen, aber auch ohne Aggression. Das gilt für Frauen wie auch für Männer, denn *beide* Geschlechter können sich in unzulässigen Rollenzuschreibungen wiederfinden.

Wenn soziale Unterstützung in Mobbing umschlägt. An vielen Stellen dieses Buches war bereits von sozialer Unterstützung die Rede: Andere Menschen, vor allem im engeren Umfeld, können einem helfen, emotionale Stabilität aufzubauen und sich zu motivieren. Sie sind eine wichtige Stütze beim Erwerb neuen Wissens – als Wissensträger ebenso wie als Advocatus Diaboli, der uns auf Fehler und Lücken hinweist. Soziale Beziehungen können jedoch ebenfalls zu Stressoren (vgl. Kap. 3.4.2) werden – auch oder gerade in Organisationen. Denken Sie nur an Meinungsverschiedenheiten, die die sachliche Ebene verlassen, Neid und Missgunst oder Ängste, die aus sozialen Beziehungen herrühren – sozusagen die Schattenseite sozialer Gemeinschaften und sozialer Interaktion. Als extreme Form von sozialem Stress gilt das Mobbing (Zapf, 2002). Einmalige Vorfälle oder Ereignisse von eher kurzer Dauer sowie Streit zwischen gleich starken Partnern ist allerdings kein Mobbing. Erst wenn eine Person häufig und über eine längere Zeit Kränkungen, Ausgrenzungen, Drangsalierungen und/oder Belästigungen ausgesetzt ist und dabei in eine unterlegene Position gerät, liegt tatsächlich Mobbing vor. Soziale Konflikte und daraus resultierender sozialer Stress sind wohl nie völlig zu vermeiden, wenn Menschen zusammen leben, arbeiten, Projekte durchführen etc. Nicht von ungefähr wird seit Jahrzehnten gefordert, in der Schul-, Hochschul- und Berufsbildung mehr soziale Kompetenzen zu fördern, denn nur sie bieten einen Puffer für soziale Konflikte und können helfen, dass sozialer Stress bis hin zum Mobbing eingedämmt wird. Im Rahmen des persönlichen Wissensmanagements muss die Empfehlung genügen, darauf zu achten, wie man selbst mit anderen umgeht und welchen möglichen eigenen Anteil an sozialen Konflikten man hat, um rechtzeitig gegensteuern zu können. Ein wichtiger Ansatzpunkt hierzu ist das persönliche Kommunikationsverhalten.

Was wir alles sagen, wenn wir kommunizieren. Wenn Menschen miteinander kommunizieren, regen sie sich wechselseitig an, Vorstellungen, Bilder, Erwartungen etc. zu produzieren oder mit anderen Worten (Frindte, 2001): Sie konstruieren Wirklichkeit und beeinflussen sich dabei gegenseitig; zudem konstruieren sie eine gemeinsame Wirklichkeit (soziale Konstruktionen). Die individuellen Konstruktionen der Kommunikationspartner decken sich nicht immer; deutlich wird das z. B. dann, wenn man aneinander vorbeiredet. Die Sprache ist *das* Kommunikationswerkzeug schlechthin, das wir ganz selbstverständlich anwenden. Sprachlich-kommunikatives Handeln läuft in der direkten Kommunikation mit hoher Geschwindigkeit ab, und viele Feinheiten sind uns nicht bewusst. Kommunikation hat in der Regel sowohl verbale als auch nonverbale Anteile. Ein Klassiker und nach wie vor aktuell ist das Organonmodell[12] von Bühler (1934), auf dem einige andere (modernere) Kommunikationsmodelle aufsetzen (z. B. Schulz von Thun, 1991). Bühler schreibt der Sprache bzw. sprachlichen Äußerungen in der Kommunikation drei Funktionen zu, die immer, aber in unterschiedlicher Akzentuierung, auftreten: (a) Sprachliche Äußerungen informieren über Gegenstände und Sachverhalte, stellen diese dar und nutzen die Symbolfunktion der Sprache. (b) Sie sagen etwas über den Sprecher, sein Wissen, seine Befindlichkeit etc. aus, sind also ein Ausdrucksmittel für den Sender und nutzen die Symptomfunktion der Sprache. (c) Sie sprechen den Hörer in gewisser Weise an, fordern ihn zu

---

12 «Organon» stammt aus dem Griechischen und bedeutet so viel wie Werkzeug, wodurch der Werkzeugcharakter der Sprache zum Ausdruck gebracht wird.

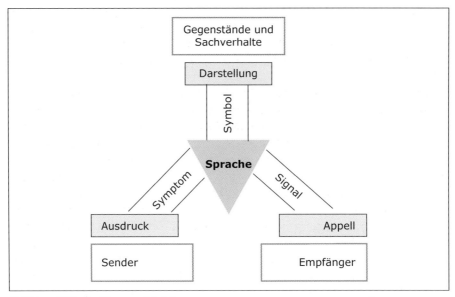

Abbildung 3.39: Das Organon-Modell

etwas auf, richten also einen Appell an ihn und nutzen dabei die Signalfunktion der Sprache (siehe **Abb. 3.39**).

Tipps für eine ausgewogene Kommunikation. Es kann an der Stelle natürlich nicht darum gehen, eine verkürzte Version eines Kommunikationshandbuchs zu bieten. Auch sollen keine Empfehlungen wiederholt werde, die bereits bei einzelnen Methoden explizit oder implizit eine Rolle spielen (z. B. Feedback, ethnografische Fragen). Vielmehr geht es darum, die interpersonale Kommunikation als ein potenzielles soziales Hindernis beim persönlichen Wissensmanagement in den Blick zu nehmen, und dafür kann uns das obige Organonmodell einen einfachen, aber guten Dienst erweisen. Es gibt uns erstens den wichtigen Hinweis, dass wir, wenn wir mit jemandem sprechen, nicht nur mittels Symbole etwas darstellen, sondern auch Einfluss auf die soziale Beziehung nehmen. Bedenken Sie also, dass Sie in einem Gespräch stets ein (aktives) Gegenüber haben, das Sie willentlich oder unbeabsichtigt beeinflussen, und dass Sie durch die Art, wie Sie etwas sagen, aber auch dadurch, welche Auswahl an Inhalten Sie treffen, über sich selbst Informationen weitergeben. Das allein ist bereits ein vielleicht logisch erscheinender, in der aktuellen Situation aber keineswegs automatisch und einfach abzuspulender mentaler Prozess. Welche Signale wir aussenden und welche Symptome wir ausdrücken, wird ganz wesentlich von der nonverbalen Komponente bestimmt (Frindte, 2001): Achten Sie von daher – vor allem in schwierigen oder schon risikobehafteten Gesprächssituationen – auf Ihren Blickkontakt, Ihre Mimik und Körperbewegung, darauf, ob Sie sich Ihrem Gegenüber räumlich nähern oder eher distanziert sind, wie laut und mit welcher emotionalen Färbung Sie sprechen und ob Sie eventuell bereits durch Kleidung oder andere potenzielle Statussymbole etwas kommunizieren. Modifizieren Sie diese Aspekte bei Bedarf so, dass eine entspannte soziale Atmosphäre entsteht. Denken Sie aber daran, dass der Grat schmal ist, auf diesem Wege andere zu manipulieren oder Ihre «Echtheit» zu verlieren.

Fallstricke der medialen Kommunikation. Wie viele persönliche Gespräche und Telefonate haben Sie heute schon geführt? Wie viele E-Mails haben Sie heute verschickt, wie viele Beiträge in Foren oder Weblogs gepostet? Ein kurzes Resümee an einem ganz normalen Arbeitsalltag wird bei vielen Menschen zu der Schlussfolgerung führen, dass die medial vermittelte Kommunikation inzwischen einen hohen Anteil in der Alltagskommunikation errungen hat. Das mag in verschiedenen Organisationen noch unterschiedlich ausgeprägt sein; Fakt aber ist: Die neuen Kommunikationstechnologien haben unser Kommunikationsverhalten bereits verändert. In vielen Fällen erleichtern Sie uns das Leben und stellen sich als nützliche Werkzeuge auch für das persönliche Wissensmanagement heraus, z. B. um Experten zu konsultieren oder einen schnellen Erfahrungsaustausch zu initiieren (vgl. etwa Szenario A in Kap. 3.4.1). Doch die mediale Kommunikation – oft ein begleitender Aspekt beim Einsatz persönlicher Wissensmanagementmethoden – birgt auch eine ganze Menge Fallstricke und man tut gut daran, diese zu kennen, im Bedarfsfall zu erkennen und zu beseitigen. Denken Sie daran, dass verschiedene Medien verschiedene Sinneskanäle ansprechen, unterschiedliche soziale Präsenz signalisieren und unterschiedliche Möglichkeiten bieten, Feedback zu geben (Döring, 2003). Reflektieren Sie daher bewusst ihr Mediennutzungsverhalten: (a) Das beginnt bei simplen Dingen wie solchen, dass man nur mit Menschen virtuell kommunizieren sollte, von denen man weiß (oder relativ sicher annehmen kann), dass sie das selbst regelmäßig tun. (b) Das betrifft die Frage, welches Medium sich in konkreten Situationen für bestimmte Botschaften am besten eignet: Widerstehen Sie dem Drang, allein Routinen darüber entscheiden zu lassen, sondern treffen Sie die Wahl eines Mediums begründet. (c) Und dazu gehört die Entscheidung, *wie* man die Möglichkeiten eines Mediums für die Gestaltung seiner Botschaft nutzen will.

Online-Kommunikation – gewusst wie. Es wird sich wohl mit der Erfahrung der meisten Leser decken: In E-Mails, Foren oder im Chat wird anders gesprochen bzw. geschrieben als dies etwa in Geschäftsbriefen oder auch persönlichen Briefen und anderen traditionellen Dokumenten der Fall ist. Das gilt vor allem für die jüngere Generation, die mit den digitalen Medien aufwächst. Für diese sind die folgenden Besonderheiten der Online-Kommunikation eine Selbstverständlichkeit: (a) *Computerfachbegriffe* und *netzspezifische Ausdrucksformen* (Emoticons, Aktionswörter) sollen und können vor allem die Identifikation mit der Netzkultur verstärken. (b) *Anglizismen* sind weitgehend normal, weil das Netz international und Englisch nun einmal Weltsprache ist. (c) *Abkürzungen* bzw. *Akronyme* (z. B. **lol**: laughing out loud; **g**: grin) haben eine ökonomische Funktion – man kann auf diese Weise schneller kommunizieren –, signalisieren aber auch eine gewisse Zugehörigkeit. (d) *Rechtschreibfehler, Umgangssprache* und *Dialekt* verweisen nicht unbedingt auf einen Sprachverfall, sondern stehen für Nähe und ungezwungene Kommunikation. (e) *Durchgängige Kleinschreibung und Verzicht auf Interpunktion* können ebenfalls «nur» Ergebnisse von Schnelligkeit sein und darauf verweisen, dass der Kontakt informell ist, sodass es auf die Form nicht ankommt. Aber Achtung: Solche und andere Elemente der Internet-Sprache wirken auf ältere und/oder mit den digitalen Medien weniger erfahrene Menschen bisweilen unhöflich oder unangemessen. Daraus folgt, dass man es sich genau überlegen sollte, in welchem Kontext und bei welchen Kontaktpersonen man solche sprachlichen Besonderheiten der Online-Kommunikation verwenden möchte. Das gilt auch für *Emoticons*: Emoticon ist ein Kunstwort; es setzt sich zusammen aus den Begriffen Emotion und Icon. Ein Emoticon ist eine Zeichenfolge aus normalen Satzzeichen, die – wenn man schräg darauf blickt – einen Smiley bilden. Heute werden Emoticons oft durch Smileys ersetzt, denn viele Internet-Dienste bieten diese zur einfachen Nutzung in E-Mail-Botschaften, Foren etc. an. Die wichtigsten Emoticons zu kennen, kann trotzdem nicht schaden, sind sie doch schnell zu tippen und können so manches Missverständnis in der computervermittelten (textbasierten) Kommunikation verhindern helfen[13].

Experten-Laien-Kommunikation – wer weiß was? Eine für das persönliche Wissensmanagement besondere und auch besonders relevante Kommunikationssituation ist die Experten-Laien-Kommunikation, speziell die dynamische Experten-Laien-Kommunikation. Jeder Erwachsene entwickelt im Laufe seines Lebens Expertisen auf speziellen Gebieten, während er in anderen ein Laie bleibt, und fast jede Tätigkeit in Organisationen, vor allem wissensintensive Tätigkeiten, bringen es mit sich, dass man mit (anderen) Experten in Kontakt tritt oder mit diesen zeitweilig zusammenarbeiten muss. Das heißt für Sie: Manchmal sind Sie Experte für eine Sache und geben einem Laien bestimmtes Wissen weiter; oft genug sind Sie Laie, der sich von einem Experten Rat holt. Die Experten-Laien-Kommunikation zeichnet sich dadurch aus, dass zwischen den beiden Kommunikationspartnern eine große Wissensdivergenz besteht (Bromme & Jucks, 2001). Doch nicht die Wissensdivergenz an sich ist dabei das Problem. Das Problem besteht vielmehr darin, dass Experten Phänomene und Sachverhalte in einer Form wahrnehmen, organisieren, abspeichern und dann entsprechend darstellen, die einem Laien nicht unmittelbar zugänglich ist. Ein erster Schritt für mehr Erfolg in der Experten-Laien-Kommunikation besteht auf Seiten des *Experten* darin, sich der Wissensdivergenz (und ihrer Folgen) bewusst zu werden und innezuhalten, wenn deutlich wird, dass man am Laien vorbeiredet. Ein zweiter Schritt ist der Versuch, als Experte die Perspektive des Laien einzunehmen und diese Perspektive zu berücksichtigen, wenn man sein Wissen darstellt, wofür es auch einzelne Methoden gibt (z. B. Perspektivendiagramm). Darüber hinaus kann es nützlich sein, sich über das Vorwissen des Laien kundig zu machen. Doch auch in der

---

13   Wer mehr sucht, findet diese im Internet (URL: http://de.wikipedia.org/wiki/Emoticon).

Rolle des *Laien* kann man einen Beitrag zur Verbesserung der Experten-Laien-Kommunikation leisten: Für den Laien ist es z. B. ebenfalls wichtig zu wissen, über welche Expertise der Experte genau verfügt. Zudem gilt es, an den Experten konkrete Fragen zu stellen und unmittelbar rückzufragen, wenn es Verständnisprobleme gibt (wofür man ethnografische Fragen und Feedback verwenden kann). Letzteres ist leider *nicht* selbstverständlich: Aus Scham, dumm dazustehen, bleiben notwendige Rückfragen oft aus und der Austausch endet mit Enttäuschung (Bromme, Jucks & Rambow, 2003).

Kontrollfragen für den Experten. Spezielle Methoden und Werkzeuge für eine Verbesserung der Experten-Laien-Kommunikation gibt es leider nicht. Hilfreich ist aber generell ein sorgfältiges Rückmeldeverhalten (siehe die Methode Feedback). Besondere Vorteile bietet zudem der Einsatz von Analogien, nämlich in Form von analogen Rückfragen («Kann man das auch so … ausdrücken? Ist das so ähnlich wie …?»). Mit analogen Rückfragen können Sie zum einen in der Rolle des Laien den Experten dazu bringen, seine Expertise in einen allgemein verständlichen Kontext zu transformieren. Zum anderen kann sich der Experte solche Fragen auch selbst stellen, um sich auf die Laienperspektive einzulassen. Günstig sind vor allem die sich daraus ergebenden Feedbackschlaufen, mit denen ein gemeinsames Verständnis einer Sache sukzessiv erreicht werden kann (Vohle, 2004). Neben einer solchen Vorbereitung können Ihnen in der Rolle des Experten außerdem die folgenden Reflexions- und handlungsleitende Fragen sowie Instruktionen (siehe **Tab. 3.8**) weiterhelfen (Bromme et al., 2003).

Nun sind wir am Ende unseres langen Praxisteils angelangt: Wir haben Ihnen ein Repertoire an Methoden mit operativer und strategischer Zielsetzung zusammengestellt und zudem auf mögliche Hindernisse in der Anwendung verwiesen. Im letzten Kapitel werden wir noch einige abschließende Überlegungen dazu anstellen, welche Grenzen und Perspektiven mit dem persönlichen Wissensmanagement über die hier beschriebenen Methoden hinaus verbunden sind.

Tabelle 3.8: Kontroll- und Reflexionsfragen für die Experten-Laien-Kommunikation

Thema	Leitfrage	✓
Problembewusstsein	▨ Suchen Sie Beispiele für wenig oder gar nicht gelungene Experten-Laien-Kommunikation. ▨ Finden Sie Beispiele, in denen Sie in ein- und derselben Gesprächssituation verschiedene Rollen (einmal der Experte, einmal der Laie) innehatten. ▨ Was fällt Ihnen bei diesen Beispielen auf?	
Expertenwissen	▨ Wenn Sie Ihre eigene Expertise betrachten: Wie beeinflusst diese die Art und Weise, mit der Sie Probleme wahrnehmen und angehen? ▨ Welche Unterschiede zu Laien stellen Sie fest?	
Macht und und Rollen	▨ Wenn Sie Situationen von Experten-Laien-Kommunikation betrachten, die Sie selbst betreffen: Spielen auch Machtunterschiede (neben Wissensunterschieden) eine Rolle? ▨ Welchen Einfluss haben Rollen und Rollenklischees auf diese Kommunikationssituationen?	
Perspektivenwechsel	▨ Machen Sie sich klar, dass man nur sieht, was man weiß. ▨ Fragen Sie sich, wie weit ihre individuelle Perspektive durch die fachliche Ausbildung und Berufspraxis geprägt ist. ▨ Welche andere Perspektive könnte Ihr Kommunikationspartner haben? ▨ Welche Vorannahmen bringt der Laie wohl mit? ▨ Könnten Fehlkonzepte beim Laienwissen dabei sein?	
Fachsprache/ Fachbegriffe	▨ Welche Fachbegriffe können umgangssprachlich «übersetzt» und damit weggelassen werden? ▨ Welche Fachbegriffe sind notwendig und wie kann man sie – am besten mit Beispielen – einfach erklären?	
Medien	▨ Überlegen Sie sich, ob ein Repräsentationswechsel dem Laien helfen könnte (z. B. Visualisierungen). ▨ Lassen sich durch Medieneinsatz komplexe Sachverhalte besser veranschaulichen (z. B. Videos oder Simulationen)?	

Zusammenfassung

Ein neues Wissensgebiet unter Zeitdruck erschließen, Info-Fluten und Überforderung in den Griff bekommen sowie Orientierungskrisen bewältigen – das sind drei Beispiele, die natürlich bei weitem nicht das Feld möglicher Anwendungsszenarien für persönliches Wissensmanagement abdecken, aber doch veranschaulichen können, dass und wie akutes Problemlösen und langfristige Kompetenzentwicklung mit persönlichen Wissensmanagementmethoden möglich sind. Dabei kann in der Realität leider nicht alles so reibungslos klappen wie in unseren fiktiven Szenarien, denn: Persönliches Wissensmanagement ist weder eine bloße Kopfentscheidung noch eine nur konstruktive Aufgabe und um eine rein individuelle Angelegenheit handelt es sich auch nicht. Von daher ist es ratsam, die wichtigsten *emotional-motivationalen Barrieren* zu kennen, sich mit Fragen des Willens und mit Möglichkeiten auseinanderzusetzen, sich vor Misserfolgsängstlichkeit zu schützen, sich selbst zu motivieren und den Stress im Zaum zu halten. Auch kann es nicht schaden, sich klar zu machen, dass so etwas wie Dekonstruktion beim persönlichen Wissensmanagement nötig werden kann, nämlich dann, wenn Wissensschemata zum Ballast werden, wenn Fehlkonzepte vorliegen, Wissen träge wird oder andere *kognitive Fixierungen* vorliegen. Und schließlich ist es hilfreich, typische *soziale Hindernisse* im Blick zu haben, unzulässige Festschreibungen ebenso wie extremen sozialen Stress abzuwehren, die Fallstricke der direkten und medienvermittelten Kommunikation zu kennen und die Chancen einer dynamischen Experten-Laien-Kommunikation nicht zu verspielen, die gerade im persönlichen Wissensmanagement von großer Bedeutung sind.

Kapitel 4 – Reflexion
Synergien und Perspektiven

Dass Wissen und *Lernen* viel miteinander zu tun haben, darauf haben wir bereits in der Einführung verwiesen. Dass Wissensmanagement in vielfältiger Weise von den *Medien*, allem voran den digitalen Medien, profitiert, dürfte seit dem Praxis-kapitel deutlich geworden sein. Lernen und Medien – das dient uns als Aufhänger für die Frage, welche Synergien heute und in Zukunft beim persönlichen Wissens-management zu erwarten sind. Bei allem Optimismus gilt es letztlich aber auch, Grenzen zu erkennen. Ein Buch, das die Praxis des persönlichen Wissensmanage-ments verbessern will, mit Grenzen zu beenden, ist auf der einen Seite ein kleines Wagnis – könnte es doch so manchem Leser die Lust am Thema generell verder-ben. Die von uns auf kleinem Raum zusammenstellten Grenzen vor allem der Machbarkeit persönlichen Wissensmanagements eröffnen aber gleichzeitig auch Perspektiven – und mit diesen können wir hoffentlich guten Gewissens das Buch beschließen.

4.1
Synergien schaffen – Entwicklung ermöglichen

4.1.1
Wissen und Lernen: Liegt die Zukunft im Informellen?

Lernen ohne Curriculum und Zertifikat. Schule, Hochschule und Weiterbildung sind offizielle Orte des Lernens. Aber auch in der Familie, in der Freizeit und am Arbeitsplatz wird gelernt – eine ganze Menge sogar, und das ohne explizite An-leitung durch ausgebildete Lehrende, ohne Zielsetzung durch Dritte und ohne Zer-tifizierung der erbrachten Leistungen. Diese Merkmale sind denn auch der gemein-same Nenner dessen, was man als informelles Lernen bezeichnet – ein Phänomen, um das man sich aus verschiedenen Perspektiven kümmert (Overwien, 2005): *Anthropologen* zeigen, dass und wie Lernen in Kontexten und Situationen eingebettet ist, wie man auch ohne klassische Belehrung durch Experten in der Praxis lernen kann und welch große Bedeutung dabei das kulturelle Umfeld und die Kooperation mit anderen haben (Lave & Wenger, 1991). *Soziologen* erkennen Bezüge zwischen informellem Lernen und Entgrenzungsprozessen und beschreiben, dass und wie Arbeiten, Lernen und Spielen infolge gesellschaftlicher, aber auch technologisch getriebener Wandlungsprozesse zunehmend ineinandergreifen (Beck & Lau, 2004). *Berufs- und Wirtschaftspädagogen* sehen das Potenzial des informellen Lernens darin, dass es arbeitsintegriert ist und eine der wenigen Möglichkeiten darstellt, der wachsenden Dynamik und den steigenden Anforderungen an die Lernfähigkeit von arbeitenden Menschen gerecht zu werden (Dehnbostel, Molzberger & Overwien, 2003). *Erwachsenenpädagogen* interessieren sich vor allem für die Anerkennung informeller Lernprozesse und testen Möglichkeiten der Verknüpfung informellen Lernens mit formalen Lernangeboten (Dohmen, 2000).

Informelles Lernen und persönliches Wissensmanagement. Informelles Lernen in der Praxis kann alle oder auch nur einige der eben genannten, wissenschaftlich bereits ganz gut erforschten, Aspekte umfassen. Der Sprung vom informellen Lernen zum persönlichen Wissensmanagement ist klein: Persönliches Wissensmanagement in unserem Sinne lässt sich nicht formalisieren und wird in der Regel auch nicht zertifiziert; es *ist* selbst ein informeller Prozess. Wer gezielt und bewusst z. B. in der Arbeitstätigkeit mit der materialen und sozialen Wissensumwelt interagiert, tut das in der Regel in konkreten Situationen und ausgelöst durch konkrete Ereignisse (Kontextkomponente); er pflegt unweigerlich den Austausch mit anderen (kooperative Komponente) und verknüpft bzw. integriert Lern- und Arbeitsprozesse (Entgrenzungskomponente). Persönliches Wissensmanagement hat das Potenzial, informelles Lernen, das in seiner Bedeutung inzwischen zunehmend erkannt und geschätzt wird, methodisch zu unterstützen und zu systematisieren sowie mit Weiterbildungsangeboten zu verknüpfen, ohne dabei den informellen Charakter zu zerstören. Wenn Sie informell lernen, lenkt und kontrolliert Sie zwar niemand explizit. Sehr wohl aber können Sie sich beim informellen Lernen etwa am Arbeitsplatz Ihrer Tätigkeit bewusst sein und diese selbst (in Grenzen) überwachen. Ist beides *nicht* der Fall – und das kann beim informellen Lernen genauso vorkommen wie beim angeleiteten Lernen in Bildungsinstitutionen –, spricht man von implizitem Lernen.

Lernen – ohne dass man es merkt? Implizit ist Lernen dann, wenn man diesen Prozess nicht bewusst wahrnimmt, ihn nicht reflektiert und in der Folge «tacit knowledge» entsteht (Polanyi, 1966), das sich nicht ohne Weiteres etwa sprachlich artikulieren lässt. Hirnphysiologen haben in den letzten Jahren vermehrt darauf hingewiesen, dass unser Gehirn gar nicht anders kann als zu lernen (z. B. Spitzer, 2002). Damit ist aber *nicht* gemeint, dass wir gar nicht anders können als uns beständig bewusst zu bilden und damit etwa unsere Erfolgschancen bei «Wer wird Millionär» vergrößern. Gemeint ist eher das implizite Lernen, also das unterhalb der Bewusstseinsschwelle ablaufende Erfahrungslernen oder der Erwerb von

Handlungswissen und bildhaftem Wissen. Persönliches Wissensmanagement erfordert – wie eingangs erwähnt – eine bewusste Selbststeuerung, ist also keineswegs implizit. Dass man dabei aber *auch* implizit etwas lernen kann (Neuweg, 2000), ist selbstverständlich nicht ausgeschlossen. Aber: Es ist eher das Informelle, das derzeit als Hoffnungsträger für eine bessere Bewältigung des Unplanbaren gilt (Böhle, 2004): Informelle Kooperation und damit verbundenes (erfahrungsgeleitetes) Lernen sollen helfen, wenig bis gar nicht berechenbaren komplexen Anforderungen gerecht zu werden – ein Ziel, zu dem auch das persönliche Wissensmanagement beitragen kann.

Oder doch lieber mit Anleitung? Liegt also die Zukunft im Informellen? Wird man auch zum «echten Experten» (Gruber & Ziegler, 1996), wenn ausschließlich im informellen Kontext gelernt wird? Reichen informelles Lernen und persönliches Wissensmanagement aus, um längerfristig überdurchschnittliche Leistung zu erbringen, vorausschauend zu handeln und kaum Fehler zu machen (wenn man mal eine geläufige Definition von Expertise heranzieht)? Ja, es *kann* reichen: Analog zum Motto «Wer hat, dem wird gegeben», hat die Lernforschung gezeigt, dass Menschen umso weniger Anleitung und Unterstützung für die Weiterentwicklung ihres Wissens benötigen, je mehr und besser vernetztes Wissen und Lernerfahrung sie bereits haben. Ein blindes Vertrauen auf das Informelle aber ist nicht angebracht, denn selbstverständlich kann es sinnvoll sein, sich Wissen mit Hilfe von Lehrenden und organisierten Lernangeboten anzueignen. Das gilt sogar für den langjährigen Experten, der durchaus «blinde Flecken» haben und von einem klassischen Weiterbildungsangebot profitieren kann, das ihm eine neue Perspektive eröffnet und/oder Distanz ermöglicht. Auch persönliches Wissensmanagement lässt sich mit Formen des institutionalisierten Lernens verknüpfen: etwa wenn es darum geht, Methoden für das persönliche Wissensmanagement kennenzulernen und einzuüben, für kalkulierbare Anforderungen klar beschreibbares Wissen zu erwerben oder die eigene Expertise bei Bedarf für Weiterbildungszwecke anderen zur Verfügung zu stellen.

Wissen und Lernen *ermöglichen*. Die Zukunft – so meinen wir – liegt nicht unbedingt im Informellen an sich. Sie liegt vielmehr zum einen in der Ermöglichung von Wissen und Lernen in Alltagssituationen, also in Organisationen, in der Freizeit, in den Medien, in der Familie etc. Zum anderen liegt sie darin, diese Lernmöglichkeiten flexibel zu gestalten, und dazu gehört *auch* das Angebot expliziter Lerninhalte und die Unterstützung durch Lehrpersonen, wenn dies notwendig oder gewünscht ist. Mit dem Konzept der Wissensarbeit (vgl. Einführungskap. 0.1) wird bereits seit Längerem diskutiert, dass zunehmend mehr Arbeitstätigkeiten eine kontinuierliche (Re-)Konstruktion von Wissen erforderlich machen (Willke, 2001): Zwischen Arbeiten und Lernen wird im Idealfall gar nicht mehr getrennt. Das Lernen am Arbeitsplatz und in der Arbeitstätigkeit kann dann informell, es kann aber auch institutionalisiert sein. In jedem Fall ist es Teil der Arbeit und weder Luxus noch Ausdruck von Faulheit, und auch keine Freizeitbeschäftigung.

Oder doch? Wenn – wie Soziologen behaupten – die Entgrenzung weiter um sich greift, dann wird man in Zukunft auch zwischen Freizeit und Unterhaltung einerseits und Lernen und Arbeiten andererseits nicht mehr in der Form trennen, wie wir das heute noch gewohnt sind. Aktuell wird persönliches Wissensmanagement noch eher dem Arbeiten und Lernen zugerechnet. Vielleicht aber ist das nur der Übergang auf dem Weg in eine Zukunft, die solche Dualismen nicht mehr kennt.

4.1.2
Wissen und Medien: Liegt die Zukunft im Netz?

Im Reich der Lernplattformen und Lernsoftware. Dass man auch zwischen E-Learning und dem organisationalen Wissensmanagement (vgl. Kap. 1.2) bereits vor einigen Jahren eine ganze Reihe von Verbindungen festgestellt hat, verdanken wir vor allem der Technik bzw. den digitalen Medien. Schnell wurde deutlich, dass viele Wissensmanagementplattformen Funktionalitäten aufweisen, die man auch beim E-Learning nutzen kann und umgekehrt (z. B. Back, 2002). E-Learning zur Jahrtausendwende, das bedeutete vor allem, Lernplattformen für die Verwaltung von Kursen und die Pflege von Lerninhalten und/oder Lernsoftware in Form von Computer oder Web Based Trainings (CBT/WBT) einzusetzen. E-Learning in diesem Sinne ist vor allem die digitale Variante des oben beschriebenen institutionalisierten Lernens. Mit persönlichem Wissensmanagement und dem ihm eigenen informellen Charakter ist das klassische E-Learning also keinesfalls gleichzusetzen; kombinierbar aber sind persönliches Wissensmanagement und E-Learning selbstverständlich schon (s. o.). Auch verschiedene Werkzeuge, wie sie Sie in diesem Buch kennengelernt haben (vgl. Kap. 3) – vor allem Werkzeuge zur Visualisierung von Wissen –, können im Kontext sowohl von E-Learning als auch von persönlichem Wissensmanagement eingesetzt werden (Eppler, 2007).

Web 2.0 – es geht auch anders. Die eben beschriebene Form des noch recht technikzentrierten E-Learning wird heute gerne als E-Learning 1.0 bezeichnet und einem Lernen mit Technologien gegenübergestellt, die den Namen Web 2.0 bekommen haben. Das ist keine neue Software, wie das «2.0» vielleicht suggerieren könnte. Dahinter verbergen sich vielmehr flexible und nutzerfreundliche Anwendungen wie Wikis, Weblogs, Social Bookmarking u. a.; einige von diesen technischen Werkzeugen finden Sie auch im Methodenkapitel dieses Buches. Web 2.0 gilt als «Mitmach-Netz», als Möglichkeit, einen Wechsel zwischen der Konsumenten- und Produzentenrolle zu vollziehen, das Netz als persönlichen Arbeitsplatz und Kontaktbörse zu nutzen und vieles mehr (Kerres, 2006). Lernen mit Web 2.0-Technologien ist in vielen Fällen ein informelles Lernen: Weblogs laden zur Erfahrungsreflexion und Wikis zur informellen Kooperation ein – um nur zwei prominente Beispiele zu nennen. Ob Sie das nun informelles Lernen oder persönliches Wissensmanagement nennen, ist letztlich Geschmackssache. Für beides gilt: Selbstorganisation und Eigeninitiative sowie ein Höchstmaß an

Flexibilität kennzeichnen das Lernen und Arbeiten mit Web 2.0. Doch auch hier gilt: Eine öffentlichkeitswirksame Gegenüberstellung von E-Learning 1.0 einerseits und E-Learning 2.0 andererseits bringt die eigentliche Herausforderung nicht auf den Punkt. Denn die liegt auch hier eher in der Verknüpfung und nicht darin, neue, künstliche Grenzen zu ziehen.

Die Netzgeneration. Die Leser unter Ihnen, die nicht älter als Mitte zwanzig und mit den Online-Medien aufgewachsen sind, zählen heute zur Netzgeneration (Oblinger & Oblinger, 2005) bzw. zu den «digital natives». Wer sich für persönliches Wissensmanagement, dessen Methoden und technische (Medien-)Werkzeuge interessiert, sollte zumindest einen Bezug zu den «digital workers» haben, die den zweiten bzw. den peripheren Kreis der Netzgeneration bilden (vgl. Reinmann, 2007). Wer die digitalen Technologien (vor allem Web 2.0) in tägliche Arbeits-, Kommunikations- oder gar Lebensroutinen integriert hat, wird bereits eine Ahnung von der oben beschriebenes Entgrenzung zwischen Lernen, Arbeiten und Spielen haben – ein weites Feld für implizites, in vielen Fällen auch experimentelles Lernen, das eher als Unterhaltung, denn als mühsamer Wissenserwerb erlebt wird. «Digital workers» sind prädestiniert für persönliches Wissensmanagement oder anders formuliert: Digitale Wissensarbeit ist ein kontinuierlicher informeller Prozess des Managements individueller Wissens- und Lernprozesse. «Digital Natives» werden ihr persönliches Wissensmanagement in Zukunft womöglich anders nennen, vor allem aber werden sie es anders wahrnehmen. Dass die Netzgeneration ihr gesamtes Leben im Netz verbringen wird, erscheint allerdings unwahrscheinlich; dass allein das Netz Quelle von Glück und Zufriedenheit sein wird, ist nicht zu wünschen; dass es derart ins tägliche Leben integriert ist, dass es einem nicht mehr auffällt, davon können wir wohl ausgehen.

Lernvorlieben in die Wiege gelegt? Die nachfolgende Abbildung 4.1 (S. 184) fasst noch einmal zusammen, was wir als Hintergrund für unsere Überlegungen zur Zukunft des persönlichen Wissensmanagements herangezogen haben: Institutionalisiertes, informelles und implizites Lernen sind drei Lernformen, die zum einen in zwei technologische Umfelder – man könnte sie der Einfachheit halber Web 1.0 und Web 2.0 nennen – eingebettet sind. Zum anderen werden sie von verschiedenen Generationen unterschiedlich genutzt: von «digital natives» und «non-digital natives»; in gewisser Weise sind es auch drei «Generationen», nämlich «digital natives», «digital workers» und «non-digital persons». Sind Sie ein noch junger «digital native», haben Sie wahrscheinlich eine hohe Affinität zu einem eher informellen Lernen mit einem Gruppenblog; vielleicht lernen Sie auch am liebsten implizit und haben vor allem mobile Technologien in Ihren Alltag völlig integriert. Als «digital worker» im mittleren Alter sind Sie möglicherweise ebenfalls häufig ein informell Lernender, nutzen aber sowohl das «alte» Web 1.0 als auch Web 2.0. Gehören Sie noch zu den «non-digital persons», liegen Ihre Präferenzen möglicherweise vor allem im institutionalisierten Lernen und den dabei vorwiegend angebotenen digitalen Medien des Web 1.0.

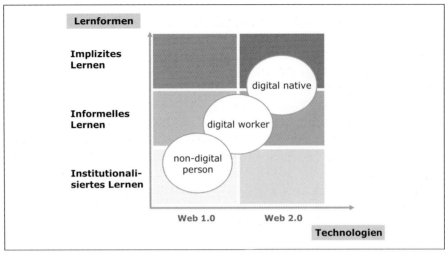

Abbildung 4.1: Beispiele für verschiedene Lernvorlieben

Wer mit welchen Medien in welcher Form lernt und in Zukunft lernen wird – das wissen wir letztlich nicht. Und so darf die obige Abbildung nicht als eine Beschreibung des Ist-Zustands missverstanden werden. Sie veranschaulicht lediglich gegenwärtig anzutreffende (typische) Beispiele. Persönliches Wissensmanagement – das kann man an dieser Stelle festhalten – hat vor allem informellen Charakter und kann in hohem Maße von Web 2.0-Technologien profitieren. Die Zukunft wird deswegen aber weder ausschließlich im Informellen noch einseitig im Netz liegen. Die nahe Zukunft scheint eher dort zu sein, wo es gelingt, verschiedene Lernformen und Medienwerkzeuge sinnvoll miteinander zu verknüpfen und flexibel (also mit Bezug auf situative Anforderungen und persönliche Vorlieben) einzusetzen. Wo die ferne Zukunft liegt, darüber kann man nur spekulieren.

Zusammenfassung

Persönliches Wissensmanagement hat eine hohe Affinität zum informellen Lernen und zu Web 2.0-Technologien, ohne deswegen institutionalisiertes Lernen oder klassische E-Learning-Angebote auszuschließen. Persönliches Wissensmanagement ist per definitonem kein beiläufiger, sondern ein bewusster Akt, kann aber trotzdem implizite Lernprozesse zur Folge haben. Ob für die heutige Netzgeneration persönliches Wissensmanagement nur ein Übergangsphänomen ist, weil wir künftig zwischen Arbeiten, Lernen, Spielen und Leben nicht so genau unterscheiden werden, ist Spekulation. Eine begründbare Möglichkeit aber ist es allemal.

4.2

Grenzen erkennen – Perspektiven erschließen

4.2.1

Persönliches Wissensmanagement jenseits der Machbarkeit

Das Steuerungsdilemma. Wissensarbeit ist anstrengend: «Ihre Intensität und Quantität kann nicht beliebig gesteigert werden» (Romhardt, 2001, S. 35). Persönliches Wissensmanagement ist ebenfalls anstrengend, erfordert es doch die Fähigkeit, sich immer wieder selbst zu motivieren, diszipliniert verschiedene Methoden einzusetzen und Kontrolle über eigene Aktivitäten und mentale Prozesse im Umgang mit Wissen auszuüben. Metawissen, Lernstrategien und Problemlösekompetenz gehören zu den Voraussetzungen für persönliches Wissensmanagement (vgl. Kap. 1.3) und signalisieren eine gewisse Machbarkeit. Und in der Tat: Machbarkeit gehört *einerseits* zu den Prämissen erfolgreichen persönlichen Wissensmanagements, denn: Könnten wir keinen Einfluss auf unsere Aktivitäten im Umgang mit Wissen nehmen und uns nicht «selbst steuern», würde es sinnlos sein, über persönliches Wissensmanagement auch nur einen Moment lang nachzudenken. *Andererseits* aber funktionieren wir nicht wie Automaten: Die besten persönlichen Wissensmanagementmethoden fruchten nichts, wenn wir Unlust oder Antriebslosigkeit verspüren, wenn uns Trauer, Angst oder Ärger quälen. Doch selbst wenn wir motiviert und gut gelaunt sind, machen wir Fehler und falsche Annahmen, verfehlen wir Ziele und gehen verkehrte Wege. Wir sind eben nicht immer Herr über unser Fühlen, Wollen, Denken und Handeln, sodass jeder von uns Beispiele kennt, die Ausdruck einer «Nicht-Steuerbarkeit» sind. Mit diesem Widerspruch und Steuerungsdilemma müssen wir leben und wir sollten es beim persönlichen Wissensmanagement berücksichtigen und akzeptieren.

Grenzen des persönlichen Wachstums. Wenn man die Einsätze zunehmend vergrößert, ohne dass dabei auch die Gewinne attraktiver werden, nennt man das gemeinhin ein «Rattenrennen». Grundlage dieser Analogie ist eine Situation, in der Ratten gegeneinander antreten und um ein Stück Käse rennen (Akerlof, 1976). Dabei steigern die Ratten ihre Kräfte in einem Maße, das in keinem Verhältnis mehr zu dem steht, was es zu verteilen gibt. Es ist durchaus möglich, dass diese soziale Situation eine innerpsychische Situation wird: Ehrgeiz, das personale Wissen kontinuierlich zu vermehren und zu verbessern, möglichst viel Wissen aus Medien, anderen Menschen und Kontexten «herauszuholen», die individuelle Ökonomie in der Rezeption und Produktion von Wissen zu steigern – schnell wird daraus ein «Rattenrennen mit sich selbst», denn: Die Frage nach dem Wozu kann einem auch beim persönlichen Wissensmanagement abhanden kommen. Selbst wenn man so hehre Ziele wie das persönliche Wachstum via Wissensmanagement verfolgt, sollte man sich im Bedarfsfall eingestehen, dass auch dieses Grenzen hat: Wir alle haben unterschiedliche Begabungen und Bedürfnisse und leben unter verschiedenen Bedingungen, die «Wachstumsgrenzen» mit sich bringen. Wie weit und wie oft man diese erreichen, mitunter auch überschreiten möchte, muss jeder selbst entscheiden. Daran zu denken, *dass* es sie gibt, könnte allerdings für jeden ratsam sein (siehe Kap. 4.2.2).

Von der Metakognition zur Reflexion. Reflexion meint mehr als bloßes Nachdenken: Wenn wir sagen, dass wir über etwas reflektieren, dann wollen wir zum Ausdruck bringen, dass wir uns in bestimmte Dinge, z. B. auch in unsere eigenen Gedanken *vertieft* haben. Wir reflektieren allem voran unser *eigenes* Handeln, eine gemachte Erfahrung, eine vergangene Situation, die für uns bedeutsam war oder in der wir eine Rolle gespielt haben. Dazu brauchen wir eine gewisse *Distanz*; wir lassen etwas auf uns «zurückwirken». Donald Schön (1983) hat gezeigt, dass Reflexion nicht nur in diesem nachträglichen Sinne möglich ist, sondern dass wir sogar *im* Handeln prinzipiell in der Lage sind, unser Tun zu reflektieren («reflection-in-action»). Auch das setzt allerdings voraus, dass wir innerlich (wenn auch nur kurzzeitig) aus der Situation treten, die Perspektive wechseln und eine Form von «Rückspiegelung» zulassen. In dem Moment, in dem wir uns in dieser Weise bewusst werden, was wir gerade sagen, entscheiden, ausführen etc., unterziehen wir dies auch einem impliziten Vergleich mit unseren Wertvorstellungen und innersten Bedürfnissen. Und genau das ist der Unterschied zum kognitionswissenschaftlichen Konzept der Metakognition: nämlich der Rückgriff auf *Gefühle* und *Werthaltungen*, die bei der Reflexion im hier verstandenen Sinne stärker als oder zumindest gleichrangig sind wie rational formulierte Ziele und Pläne. So gesehen ist Reflexion ein wichtiges Pendant zur Metakognition, oder anders formuliert: Neben aller Methoden zur metakognitiven Steuerung sollten wir die grundsätzliche Fähigkeit entwickeln oder bewahren, zur rechten Zeit innezuhalten und zu fragen, was wir warum wirklich wollen und für vertretbar halten.

4.2.2
Persönliches Wissensmanagement im Zeichen der Weisheit

Glanz und Elend der Bildung. Lange Zeit war der Bildungsbegriff passé, wenn man mal einen Blick auf die Zeit nach 1960 wirft. Mit der Verwissenschaftlichung pädagogischer Fragen, mit der Neuausrichtung von Disziplinen wie Erwachsenen-, Berufs- und Wirtschaftspädagogik und mit dem Siegeszug empirischer Forschung in vielen pädagogischen und vor allem psychologischen Feldern sprach man lieber von Lernen und Lehren, vermied den Begriff der Bildung oder reduzierte ihn auf das englische «education», indem man Normen- und Wertefragen beiseite schob. Der Siegeszug des Wissens in den 1990er Jahren hat einen Wandel eingeleitet: Wissensgesellschaft, Wissensarbeit und Wissensmanagement – das sind die eher akademischen Themen, die diesen Wandel kenntlich machen (vgl. Kap. 1.2). Doch auch in Zeitschriften, in Bücher- und Software-Regalen, in Radio und Fernsehen war und ist zu beobachten, dass *Wissen* – als Schlagwort – der

Nachfolger des Lernens ist: Attraktive Wissenssendungen machen wissenschaftliches Wissen zum Erlebnis; Museen werben mit interaktiven Wissensangeboten; selbst auf Spielkonsolen hat die Welt des Wissens mit Logik- und Gedächtnistrainern Einzug gehalten; Quizsendungen haben gar das Allgemeinwissen wieder «in» gemacht – die Liste ließe sich fortsetzen. Das von der OECD initiierte und seit 2000 alle drei Jahre durchgeführte «Program for International Student Assessment» – kurz PISA – hat das Wissen (der 15-Jährigen) via Tests sogar messbar und einem internationalen Vergleich zugänglich gemacht. Seitdem heißen Pädagogen und Erziehungswissenschaftler plötzlich Bildungswissenschaftler, die Unterrichtsforschung mutiert zur Bildungsforschung. Haben wir unsere gute alte Bildung wieder?

Warum Bildung zum persönlichen Wissensmanagement passt. «Was hat denn persönliches Wissensmanagement mit PISA und Bildung zu tun?», werden Sie sich jetzt vielleicht fragen. Auf den ersten Blick nicht viel, bei genauerem Hinsehen allerdings ein ganze Menge. Trotz aller Kritik an PISA: Diese Initiative hat es geschafft, die Aufmerksamkeit auf die Bedeutung von Kompetenzen zu legen und verschiedene Bildungsbemühungen genauer unter die Lupe zu nehmen. Mag auch der mit PISA transportierte Bildungsbegriff mit älteren Definitionen nicht übereinstimmen, so regt allein die Diskussion um Bildung neue Gedanken an, für die man beim Lern- *und* Wissensbegriff meist ergänzende Umschreibungen benötigt, z.B.: «Unser Umgang mit Wissen hat immer eine ethische Dimension» (Romhardt, 2001, S. 112). Bildung – so eine moderne Definition – ist die Entwicklung von Mündigkeit und diese zeigt sich darin, dass Menschen selbstbestimmt ihren Alltag bestreiten, dass sie in öffentlichen Angelegenheiten mitbestimmen können und wollen, dass sie Verantwortung übernehmen und Solidarität gegenüber Schwächeren zeigen (Klafki, 1993) – eine ethische Dimension eben, die wir auch beim persönlichen Wissensmanagement brauchen. Voraussetzung für Bildung ist, dass sich Menschen elementare kulturelle Inhalte – Wissen im weitesten Sinne also – erschließen; gleichzeitig werden sie von diesen Inhalten «erschlossen», das heißt: Es ist keineswegs egal, womit man sich beschäftigt, denn die (materiale und soziale) Wissensumwelt wirkt auch auf uns zurück. Der in diesem Buch bevorzugte strukturgenetische Wissensbegriff (vgl. Kap. 1.1) thematisiert sowohl das personale Wissen und die damit verbundene Subjektivität als auch das öffentliche Wissen und die notwendige Materialisierung im Umgang mit der Wissensumwelt. Bildung ist damit ein Konzept, das mit persönlichem Wissensmanagement prinzipiell vereinbar ist. Schuldig bleibt man damit allerdings nach wie vor eine Antwort auf die normative Frage.

Weisheit – eine Frage der Höhe oder Zentralität? Ein bekannter Ansatz zur Verknüpfung verschiedener Begriffe rund um das Wissen beim *organisationalen* Wissensmanagement ist die «Wissenstreppe» – eine Metapher, die folgende Reihenfolge (mit steigender Komplexität) postuliert: Zeichen – Daten – Information – Wissen – Handeln – Kompetenz – Wettbewerbsfähigkeit (North, 2005, S. 32).

Diese Treppenmetapher findet sich auch mit Blick auf das Individuum, wobei die Stufe nach dem Wissen als *Weisheit* bezeichnet wird und die Zeichen außen vor bleiben (Ackoff, 1989); das Resultat lautet: Daten – Information – Wissen – Weisheit. Weisheit wird im Rahmen der Wissenstreppe mit Verstehen und Bewerten, aber auch mit Prinzipien und Moral, also mit einer normativen und ethischen Dimension in Verbindung gebracht (Heck, 2002). Treppen positionieren Konzepte «höher versus niedriger» und suggerieren damit auch ein «besser versus schlechter». Unser (strukturgenetisches) Verständnis von Wissen schreibt Daten und Information, die beide als öffentliches Wissen gelten, eher eine *andere Qualität* zu als dem personalen Wissen, welches wiederum keineswegs nur begrifflicher, sondern auch bildhafter und enaktiver Natur sein kann. Auch Weisheit kann Teil des personalen Wissens sein, wenn man damit Haltungen und Werte zum Ausdruck bringt, die letztlich zum Kern der Identität einer Person gehören (vgl. Kap. 1.1). Weisheit ist so gesehen weniger die Spitze einer Treppe, sondern – so unsere Einschätzung – eher das Zentrum konzentrischer Kreise (siehe **Abb. 4.2**).

Weisheit als Expertenwissen. In der Entwicklungspsychologie findet sich ein Weisheitsbegriff, der mit Wissensmanagement im Allgemeinen und mit persönlichem Wissensmanagement im Besonderen gut zu vereinen ist (Baltes & Staudinger, 2000): Weisheit wird hier nämlich als *Expertenwissen* in fundamentalen Fragen der Lebenspraxis definiert. Es wird also bereits eine wissensbezogene Perspektive eingenommen, wobei auch hier ein eher weiter Wissensbegriff gemeint ist. Zu diesem Expertenwissen gehören die Fähigkeiten, andere in schwierigen Lebensfragen zu verstehen und gut zu beraten sowie mit Konflikten erfolgreich umzugehen. Dies setzt erstens tiefes Wissen und Verständnis von verschiedenen Lebensbereichen sowie von deren Verknüpfung und Abhängigkeit von historischen und kulturellen Kontexten voraus. Zweitens muss man Unterschiede etwa in Werten und Lebensstilen anerkennen und aushalten, aber auch individuelle

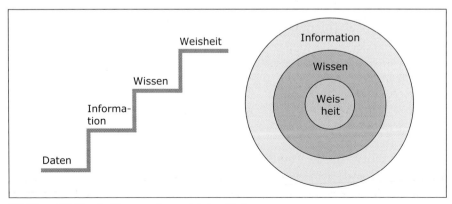

Abbildung 4.2: Von der Treppe zu konzentrischen Kreisen

und soziale Ziele ausbalancieren können. Drittens gehört zur Weisheit, Ungewissheiten zu erkennen und zu ertragen, dass wir weder die Zukunft noch die Wahrheit kennen. Natürlich gibt es noch eine Reihe weiterer Auffassungen von Weisheit, die Hinweise auf einen ausgewogenen Umgang mit Wissen geben. Sie stammen vornehmlich aus derjenigen Disziplin, die sich seit jeher mit diesem Thema auseinander gesetzt hat – aus der Philosophie.

Philosophische und alltagspraktische Auffassungen von Weisheit. In der Philosophie bezeichnet Weisheit meist eine auf Lebenserfahrung und Einsicht beruhende *innere Reife* und *kluge Überlegenheit* im geistigen Sinne, was mit der obigen Vorstellung von Weisehit als Expertenwissen in praktischen Lebensfragen durchaus konform geht. Darüber hinaus hält die Philosophie eine Reihe verwandter Begriffe und Konzepte bereit, die etwas mit Weisheit zu tun haben oder Weisheit umschreiben. Auch die Alltagssprache leistet ihren Beitrag. Die folgende Tabelle 4.1 gibt hierzu einen knappen Überblick.

Tabelle 4.1: Weisheit – verwandte Begriffe und Konzepte

Begriff	Konzeption von Weisheit	Ursprung
Praktische Vernunft	Verstehen, was ethisch richtig ist und es entsprechend umsetzen können; Vermögen, allgemeine ethische Prinzipien aufzustellen, nach denen der Wille die Handlungen ausrichten soll.	Kant
Phronesis	Praktische Weisheit oder kluge Umsicht im Umgang mit Wissen und seinem Einsatz im Alltag; das umsetzen können, von dem man weiß, dass es richtig ist.	Aristoteles
Sophrosune	Vertiefte reflektierende Einsicht, die zu einer ausgewogenen Sichtweise und einer besonnen Gelassenheit führt.	Aristoteles
Sophia	Theoretische, reflektierte und tiefe Einsicht in die Welt; eine Erkenntnis der Welt wie sie wirklich ist.	Platon
Satori	Plötzliche Einsicht in eine wichtige Wahrheit des Lebens oder das eigene Wesen.	Zen-Buddhismus
Mindfulness	Achtsame, konzentrierte Auseinandersetzung mit dem Erlebten während einer Tätigkeit unter wechselnden Denkhaltungen.	Buddhismus/ Organisationstheorie
Sagezza	Lebensklugheit, die auf Erfahrung beruhend jeweils verschiedene Argumente und Ansprüche gegeneinander abzuwägen weiß.	Italienische Alltagssprache
Ésprit	Lockerer, humorvoller und doch kompetenter Umgang mit Wissen.	Französische Alltagssprache

Weisheit – wozu? Was kann man aus diesen Definitionen und Unterscheidungen für das persönliche Wissensmanagement mitnehmen? Mitnehmen kann man in jedem Fall, dass neben dem eigenen Wissen auch Werte zählen, die man lebt, sowie Situationen, in denen man Wissen braucht; dass das eigene Wissen ebenso

Grenzen hat wie die (situative) Anwendung von Wissen. Mitnehmen kann man darüber hinaus, dass die Erkenntnis und das Verständnis der *eigenen Person* aus der Sicht von Philosophen das wichtigste Wissen ist. Und mitnehmen kann man schließlich die Erkenntnis von der Dualität der Weisheit: Einerseits ist sie eine in *Handlungen* präsente Bedachtheit und Umsichtigkeit; andererseits ist sie aber auch eine *theoretische* Einsicht in das Wesen der Dinge. Weisheit benötigt demnach beides: das Eintauchen in eine Tätigkeit, um darin eine wahre Könnerschaft zu entwickeln, wie auch Distanz zum eigenen Tun und der Welt. Weisheit – so unsere abschließende Folgerung – ist ein Konstrukt, dem man sich allenfalls annähern kann, um das man sich bemühen muss und das vor allem dann sinnvoll ist, wenn man es als persönliches Entwicklungsziel interpretiert. Die mit dem Weisheitskonstrukt transportierten Botschaften wie Empathie, Urteilsfähigkeit, Werterelativismus, Toleranz, Gelassenheit, Reflexion und Selbstkritik im Auge zu haben, wenn man persönliches Wissensmanagement praktiziert, dürfte ohne Einschränkung empfehlenswert sein.

Zusammenfassung

Selbststeuerung ist beim persönlichen Wissensmanagement auf der einen Seite eine notwendige Voraussetzung und Teil der ebenfalls erforderlichen Metakognition. Auf der anderen Seite ist es Illusion zu glauben, Fühlen, Wollen, Denken und Handeln seien tatsächlich «machbar». Dies ist ein Dilemma, das ebenso zu berücksichtigen ist wie persönliche Wachstumsgrenzen und die Notwendigkeit der Reflexion, will man nicht in ein «Rattenrennen mit sich selbst» abgleiten, sondern die Frage nach dem Wozu im Auge behalten. Bildung und Weisheit sind Begriffe, die zunächst nicht zum persönlichen Wissensmanagement zu passen scheinen: Letztlich aber können Bildungsprozesse Teil des persönlichen Wissensmanagements und das Konstrukt der Weisheit ein Ideal sein, das wertvolle Impulse liefert und beim Erkennen ebenso wie bei der Überwindung von Grenzen eine große Hilfe bietet.

Literaturnachweis

Ackoff, R. L. (1989). From data to wisdom. *Journal of Applied Systems Analysis*, 16, 3–9.

Akerlof, G. A. (1976). The economics of caste and the rat race and other woeful tales. *Quarterly Journal of Economics* 90, 599–617.

Althof, W. (Hrsg.) (1999*). Fehlerwelten. Vom Fehlermachen und Lernen aus Fehlern.* Opladen: Leske und Budrich.

Aronson, E., Wilson, T. D. & Akert, R. M. (2004). *Soziapsychologie.* München: Pearson.

Back, A. (2002). E-Learning und Wissensmanagement zusammenführen. In A. Hohenstein & K. Wilbers (Hrsg.), *Handbuch E-Learning.* Köln: Fachverlag Deutscher Wirtschaftsdienst.

Bailey K. D. (1994). Typologies and taxonomies: An introduction to classification techniques. Thousand Oakes: Sage.

Baltes, P. B. & Staudinger, U. M. (2000). Wisdom: A metaheuristic to orchestrate mind and virtue towards excellence. *American Psychologist, 55*, 122–136.

Beck, U. & Lau, Ch. (2004) (Hrsg.). *Entgrenzung und Entscheidung.* Frankfurt am Main: Suhrkamp.

Böhle, F. (2004). Die Bewältigung des Unplanbaren als neue Herausforderung in der Arbeitswelt – Die Unplanbarkeit betrieblicher Prozesse und erfahrungsgeleitetes Arbeiten. In F. Böhle, S. Pfeiffer & N. Sevesay-Tegethoff (Hrsg.), *Die Bewältigung des Unplanbaren* (S. 12–54). Wiesbaden: VS Verlag.

Bowker G. & Star S. L. (1999). *Sorting things out: Classification and its consequences.* Cambridge: MIT Press.

Brauchlin, E. & Heene, R. (1995). *Problemlösungs- und Entscheidungsmethodik.* Bern: Haupt.

Bromme, R. & Jucks, R. (2001). Wissensdivergenz und Kommunikation: Lernen zwischen Experten und Laien im Netz. In H. F. Hesse & F. Friedrich (Hrsg.), *Partizipation und Interaktion im virtuellen Seminar* (S. 81–103). Münster: Waxmann.

Bromme, R., Jucks, R. & Rambow, R. (2003). Wissenskommunikation über Fächergrenzen: Ein Trainingsprogramm. *Wirtschaftspsychologie, 5*(3), 96–104.

Bruner, J. S. (1964). The course of cognitive growth. *American Psychologist, 19*, 1–15.

Bühler, K. (1934). *Sprachtheorie. Die Darstellungsfunktion der Sprache.* Jena: Fischer.

Buzan, T. & Buzan, B. (2002). *The mind map book.* London: BBC.

Deci, E.L. & Ryan, R.M. (1993). Die Selbstbestimmungstheorie der Motivation und ihre Bedeutung für die Pädagogik. *Zeitschrift für Pädagogik, 39*, 223–238.

Dehnbostel, P. (2005). Differenzierung, Pluralisierung und Entgrenzung. *Weiterbildung. Zeitschrift für Grundlagen, Praxis und Trends, 5*, 8–11.

Dehnbostel, P., Molzberger, G. & Overwien, B. (2003). *Informelles Lernen in modernen Arbeitsprozessen dargestellt am Beispiel von Klein- und Mittelbetrieben der IT-Branche.* Berlin: BBJ Verlag.

Dherbey G. R. (2005). Connaissance des choses naturelles et des affaires humaines chez Aristotle. In G. Samana, (Ed.), *La connaissance des choses* (pp. 55–70). Paris.

Dohmen, G. (2000). *Das informelle Lernen. Die internationale Erschließung einer bisher vernachlässigten Grundform menschlichen Lernens für das lebenslange Lernen aller.* Bonn: BMBF.

Döring, N. (2003). *Sozialpsychologie des Internet.* Göttingen: Hogrefe.

Dörner, D. (2004). Emotion und Wissen. In G. Reinmann & H. Mandl (Hrsg.), *Psychologie des Wissensmanagements. Perspektiven, Theorien und Methoden* (S. 117–132). Göttingen: Hogrefe.

Eco, U. (1984). *Semiotics and the philosophy of language.* London: Macmillan.

Eppler, M. (1999). *Informative action: An analysis of management and the information overload.* Geneva: University of Geneva.

Eppler, M. (2003). The image of insight, the use of visual metaphors in the communication of knowledge. In K. Tochtermann & H. Maurer (Eds.), *Proceedings of the third international conference on Knowledge Management Iknow* (pp. 82–88). Graz.

Eppler, M. J. (2004a). *Persönliches Wissensmanagement: Vier einfache Prinzipien, um den eigenen Umgang mit Wissen zu verbessern.* Internet: http://www.community-of-knowledge.de/cp_artikel_d.htm?artikel_id=179 (Stand: 01.08.2007).

Eppler, M. J. (2004b). Visuelle Kommunikation – Der Einsatz von graphischen Metaphern zur Optimierung des Wissenstransfers. In R. Reinhardt & M. Eppler (Hrsg.), *Wissenskommunikation in Organisationen* (S. 13–32). Berlin: Springer.

Eppler, M. J. (2006). *Managing information quality. Increasing the value of information in knowledge-intensive products and processes.* Berlin: Springer.

Eppler, M. J. (2007). Wissensvisualisierung in E-Learning und Wissensmanagement. Zum Potenzial interaktiver grafischer Darstellungsformen für die Entwicklung, Dokumentation und Vermittlung von Wissen. *Zeitschrift für E-Learning. Lernkultur und Bildungstechnologie* (Themenheft: E-Learning und Wissensmanagement), 1, 7–21.

Frindte, W. (2001). *Einführung in die Kommunikationspsychologie.* Weinheim: Beltz.

Goronzy, F. (2006). *Spiel und Geschichten in Erlebniswelten. Ein theoriegeleiteter Ansatz und eine empirische Untersuchung zur Angebotsgestaltung von Freizeitparks.* Berlin: LIT.

Gruber, H. & Ziegler, A. (1996). *Expertiseforschung. Theoretische und methodische Grundlagen.* Opladen: Westdeutscher Verlag.

Heck, A. (2002). *Die Praxis des Knowledge Managements. Grundlagen – Vorgehen – Tools.* Wiesbaden: Vieweg.

Holzmann, M. (2000). Information Mapping. Vorteile durch effizientes Strukturieren. *Doculine News.* URL: www.doculine.com/news/2000/Januar/infomap.htm (Stand: 01.08.2007).

Horn, R. E. (1989) *Mapping hypertext: Analysis, linkage, and display of knowledge for the next generation of online text and graphics.* Waltham: The Lexington Institute.

Horn, R. E. (1998) *Visual language: Global communication for the 21st century.* Bainbridge: MacroVu.

Huff, A. (Hrsg.) (1990). *Mapping strategic thought.* New York: Wiley.

Jonassen, D. H., & Reeves, T. C. (1996). Learning *with* Technology: Using Computers as cognitive tools. In D. H. Jonassen (Ed.), *Handbook of research on educational communications and technology* (pp. 693–719). New York: Macmillan.

Kahlert, J. (2005). Story Telling im Sachunterricht – Lernpotenziale von Geschichten. In G. Reinmann (Hrsg.), *Erfahrungswissen erzählbar machen. Narrative Ansätze für Wirtschaft und Schule* (S. 207–222). Lengerich: Pabst.

Kahneman, D. & Frederick, S. (2005). A model of heuristic judgement. In K. J. Holyoak & R. G. Morrison (Eds.), *The Cambridge handbook of thinking and reasoning* (pp. 267–293). New York: Cambridge University Press.

Kerres, M. (2006). Potenziale von Web 2.0 nutzen. In A. Hohenstein & K. Wilbers (Hrsg.), *Handbuch E-Learning.* München: DWD-Verlag.

Kilbourn, B. (1990). *Constructive feedback: Learning the art.* Cambridge (MA): Brookline Books.

Klafki, W. (1993). *Neue Studien zur Bildungstheorie und Didaktik – Zeitgemäße Allgemeinbildung und kritisch-konstruktivistische Didaktik.* Weinheim: Beltz.

Kluwe, R. H. (1982).Cognitive knowledge and executive control: Metacognition. In D. Griffin (Ed.), *Human mind – animal mind* (pp. 201–224). New York: Springer.

Kopp, B. & Mandl. H. (2006). Wissensschemata. In H. Mandl & H. F. Friedrich (Hrsg.), *Handbuch Lernstrategien* (S. 127–134). Göttingen: Hogrefe.

Krampen, G. (2002). Persönlichkeits- und Selbstkonzeptentwicklung. In R. Oerter & L. Montada (Hrsg.), *Entwicklungspsychologie* (S. 675–710). Weinheim: Beltz.

Krapp, A. (1998). Entwicklung und Förderung von Interessen im Unterricht. *Psychologie in Erziehung und Unterricht*, 45, 186–203.

Krause, U.-M. & Stark, R. (2006). Vorwissen aktivieren. In H. Mandl & H. F. Friedrich (Hrsg.), *Handbuch Lernstrategien* (S. 38–49). Göttingen: Hogrefe.

Krcmar, H. (1996). *Informationsmanagement.* Heidelberg: Springer.

Kübler, H.-D. (2005). *Mythos Wissensgesellschaft. Gesellschaftlicher Wandel zwischen Information, Medien und Wissen.* Eine Einführung. Wiesbaden: VS Verlag.

Lakoff, G. (1987). *Woman, fire and dangerous things. What categories reveal about the mind.* Chicago: The University of Chicago Press.

Lave, J. & Wenger, E. (1991). *Situated Learning. Legitimate peripheral participation.* Cambridge: Cambridge University Press.

Lembke, G. (2004). *Persönliches Wissensmanagement.* Internet: http://www.c-o-k.de/cp_artikel.htm?artikel_id=180 (Stand: 01.08.2007).

Lively, L. (1996). *Managing information overload.* New York: AMACOM.

Lüthy, W., Voit, E. & Wehner, T. (Hrsg.) (2002). *Wissensmanagement-Praxis. Einführung, Handlungsfelder und Fallbeispiele.* Zürich: vdf.

Mandl, H. & Friedrich, H. F. (Hrsg.) (2006). *Lernstrategien.* Göttingen: Hogrefe.

Minto, B. (2002). *The pyramid principle: Logic in writing and thinking.* London: Financial Times Prentice Hall.

Neuweg, G.H. (2000). Mehr lernen, als man sagen kann: Konzepte und didaktische Perspektiven impliziten Lernens. *Unterrichtswissenschaft, 28, 197–217.*

Nonaka, I. & Takeuchi, H. (1997). *Die Organisation des Wissens. Wie japanische Unternehmen eine brachliegende Ressource nutzbar machen.* Frankfurt: Campus.

North, K. (2005). *Wissensorientierte Unternehmensführung. Wertschöpfung durch Wissen.* Wiesbaden: Gabler.

Novak, J. D. & Gowin, D. B. (1984). *Learning how to learn.* Cambridge: Cambridge University Press.

Novak, J. D. (1998). *Learning, creating, and using knowledge: Concept maps as facilitative tools in schools and corporations.* Mahwah: Erlbaum.

Novick, L. R. & Bassok, M. (2005). Problem solving. In K. J. Holyoak & R. G. Morrison (Eds.), *The Cambridge handbook of thinking and reasoning* (pp. 321–350). Cambridge: Cambridge University Press.

Oblinger, D. G. & Oblinger, J. L. (2005). Is it age or IT? First steps toward understanding the net generation. In D. G. Oblinger & J. L. Oblinger (Eds.), *Educating the net generation* (chapter 2). Educause. Internet: http://www.educause.edu/educatingthenetgen (Stand:01.08.2007).

Overwien, B. (2005). Stichwort: Informelles Lernen. *Zeitschrift für Erziehungswissenschaft*, 8 (3), 339–355.

Pawlowski, P. (1998). *Wissensmanagement – Erfahrungen und Perspektiven.* Wiesbaden: Gabler.

Pekrun, R. & Götz, Th. (2006). Emotionsregulation: Vom Umgang mit Prüfungsangst. In H. Mandl & H. F. Friedrich (Hrsg.), *Handbuch Lernstrategien* (S. 248–258). Göttingen: Hogrefe.

Piaget, J. (1968) *Das Erwachen der Intelligenz beim Kind.* Stuttgart: Klett.

Polanyi, M. (1966). *The tacit dimension.* New York: Anchor Day Books.

Probst, G. & Eppler, M. (1998). Persönliches Wissensmanagement in der Unternehmensführung. *Zeitschrift Führung und Organisation, 3*, 147–151.

Probst, G., Deussen, A. Eppler, M. J. & Raub, S. (2000). *Kompetenz-Management – Wie Individuen und Organisationen Kompetenzen entwickeln.* Wiesbaden: Gabler.

Probst, G., Raub, S. & Romhardt, K. (1997). *Wissen managen. Wie Unternehmen ihre wertvollste Ressource optimal nutzen.* Frankfurt am Main: FAZ Gabler.

Reinmann, G. (2007). Wissen – Lernen – Medien: E-Learning und Wissensmanagement als medienpädagogische Aufgaben. In W. Sesink, M. Kerres & H. Moser (Hrsgs.), *Jahrbuch Medienpädagogik 2006* (S. 179–197). Wiesbaden: VS Verlag.

Reinmann, G. & Mandl, H. (Hrsg.) (2004): *Psychologie des Wissensmanagements. Perspektiven, Theorien und Methoden.* Göttingen: Hogrefe.

Reinmann, G. & Vohle, F. (2006). Erzählen und Zuhören in Organisationen. *Personalführung, 1,* 70–80.

Reinmann-Rothmeier, G. & Mandl, H. (2000). *Individuelles Wissensmanagement. Strategien für den persönlichen Umgang mit Information und Wissen am Arbeitsplatz.* Bern: Huber.

Renkl, A. & Nückles, M. (2006). Lernstrategien der externen Visualisierung. In H. Mandl & H. F. Friedrich (Hrsg.), *Handbuch Lernstrategien* (S. 135–147). Göttingen: Hogrefe.

Renkl, A. (1996). Träges Wissen: Wenn Erlerntes nicht genutzt wird. *Psychologische Rundschau, 47,* 78–92.

Robinson, F. P. (1946). *Effective study.* New York: Harper.

Roehl, H. (2000). *Instrumente der Wissensorganisation. Perspektiven für eine differenzierende Interventionspraxis.* Wiesbaden: Gabler.

Röll, M. (2004). *Distributed KM – Improving knowledge workers' productivity and organisational knowledge sharing with weblog-based personal publishing.* Paper presented to BlogTalk 2.0, 'The European Conference on Weblogs', Vienna, July 5th and 6th 2004.

Romhardt. K. (2001). *Wissen ist machbar. 50 Basics für einen klaren Kopf.* München: Econ.

Rosch, E. (1978). Principles of categorization. In E. Rosch & B. B. Lloyd (Eds.), *Cognition and categorization* (pp. 27–48). Hillsdale: Erlbaum.

Roth, G. & Grün, K.-J. (Hrsg.) (2006). *Das Gehirn und seine Freiheit: Beiträge zur neurowissenschaftlichen Grundlegung der Philosophie.* Göttingen: Vandenhoeck & Ruprecht.

Roth, G. (2003). *Fühlen, Denken, Handeln. Wie das Gehirn unser Verhalten steuert.* Frankfurt am Main: Suhrkamp.

Rychen, D. S. & Salganik, L. H. (2003). The concept of competence. In D. S. Rychen & L. H. Salganik (Eds.), *Key competencies for a successful life and a well-functioning society* (pp. 43–62). Göttingen: Hogrefe.

Schiefele, U. & Streblow, L. (2006). Motivation aktivieren. In H. Mandl & H. F. Friedrich (Hrsg.), *Handbuch Lernstrategien* (S. 232–247). Göttingen: Hogrefe.

Schneider, U. (1996). Management in der wissensbasierten Unternehmung. Das Wissensnetz in und zwischen Unternehmen knüpfen. In U. Schneider (Hrsg.), *Wissensmanagement. Die Aktivierung des intellektuellen Kapitals* (S. 13–28). Frankfurt am Main: FAZ.

Schnotz, W. (2006). *Pädagogische Psychologie. Workbook.* Weinheim: Beltz.

Schön, D. A. (1983). *The reflective practitioner. How professionals think in action.* New York: Basic Books.

Schulz von Thun, F. (1991). *Miteinander reden 1 – Störungen und Klärungen. Allgemeine Psychologie der Kommunikation.* Reinbek: Rowohlt.

Seel, N. M. (2003). *Psychologie des Lernens. Lehrbuch für Pädagogen und Psychologen.* München: UTB, Reinhardt.

Seiler, Th. B. & Reinmann, G. (2004). Der Wissensbegriff im Wissensmanagement: Eine strukturgenetische Sicht. In G. Reinmann & H. Mandl (Hrsg.), *Psychologie des Wissensmanagements. Perspektiven, Theorien und Methoden* (S. 11–23). Göttingen: Hogrefe.

Seiler, Th. B. (2001). Entwicklung als Strukturgenese. In S. Hoppe-Graff & A. Rümmele (Hrsg.), *Entwicklung als Strukturgenese*, (S. 15–122). Hamburg: Kovac.

Skinner, B.F. (1938). *The behavior of organisms.* New York: Appleton-Century-Crofts.

Spitzer, M. (2002). *Lernen – Gehirnforschung und die Schule des Lebens.* Heidelberg: Spektrum.

Spradley, J. P. (1978). *The ethnographic interview.* New York: Holt, Rinehart and Winston.

Stark, R. (2003). Conceptual Change: kognitiv oder situiert? *Zeitschrift für Pädagogische Psychologie*, 17 (2), 133–144.

Steiner, G. (2006). Lernen und Wissenserwerb. In A. Krapp & B. Weidenmann (Hrsg.), *Pädagogische Psychologie* (S. 137–2002). Weinheim: Beltz.

Stock, J., Wolff, H., Kuwan, H. & Waschbüsch, E. (1998). *Delphi-Befragung 1996/1998 'Potentiale und Dimensionen der Wissensgesellschaft – Auswirkungen auf Bildungsprozesse und Bildungsstrukturen* (Integrierter Abschlußbericht der Prognos AG und Infratest Burke Sozialforschung). München.

Totzke, R. (2005). Erinnern – Erzählen – Wissen: Was haben (Erfahrungs-)Geschichten mit echtem Wissen zu tun? In G. Reinmann (Hrsg.), *Erfahrungswissen erzählbar machen. Narrative Ansätze für Wirtschaft und Schule* (S. 19–35). Lengerich: Pabst.

Toulmin, S. (1958). *The uses of argument.* Cambridge: Cambridge University Press.

Tsui, E. (2002). *Technologies for personal and peer-to-peer (P2P) knowledge management.* Internet: http://www.csc.com/aboutus/lef/mds67_off/uploads/P2P_KM.pdf (Stand: 01.08.2007).

Vohle, F. (2004). *Analogien für die Kommunikation im Wissensmanagement. Hintergrund, Mehrwert, Training.* Hamburg: Kovac.

Vollmeyer, R. (2006). Ansatzpunkte für die Beeinflussung von Lernmotivation. In H. Mandl & H. F. Friedrich (Hrsg.), *Handbuch Lernstrategien* (S. 223–247). Göttingen: Hogrefe.

Vosniadou, S. & Verschaffel, L. (2004). The problem of conceptual change in mathematics. In L. Verschaffel & S. Vosniadou (Eds.), Conceptual change in mathematics learning and teaching, Special Issue *of Learning and Instruction*, 14, 445–451.

Weinstein, C. E., & Mayer, R. E. (1986). The teaching of learning strategies. In M. Wittrock (Ed.), *Handbook of research on teaching* (pp. 3 15–327). New York, NY: Macmillan.

Willke, H. (2001). *Systemisches Wissensmanagement.* Stuttgart: Lucius und Lucius.

Zapf, D. (2002). Eine extreme Form sozialer Belastungen in Organisationen. In H.-P. Musahl & T. Eisenhauer (Hrsg.), *Psychologie der Arbeitssicherheit. Beiträge zur Förderung von Sicherheit und Gesundheit in Arbeitssystemen* (S. 142–149). Heidelberg: Asanger.

Zimbardo, P.G. & Gerrig, R.J. (2004). *Psychologie.* München: Pearson.

Sachregister

A

Akkomodation   19, 45, 75
Analogie   120, 177
Anspruchsniveau   163
Argumentation   112 f.
Assimilation   19, 45, 75
Attribution   163 f.

B

Betriebswirtschaftlich   5, 13, 24 ff.
Blockade   161 ff., 167 f., 170 f.

C

Conceptual Change   169

D

Dekonstruktion   45, 168 f., 170 f., 179
Diagramm   59, 62 ff., 70, 75 ff., 86, 93, 101,
   103, 112, 127 f., 143 f., 148, 155, 158
Digital native   185 f.
Digital worker   185 f.

E

Effizienz   25 f., 52 f., 60, 79
– -ziele   52 ff., 56
Eisenhower-Matrix   65, 78 f., 81, 127, 157
Elaboration   45
E-Learning   81, 151, 184 ff.
E-Mail   11, 14, 50, 78 ff., 87, 131, 157 f.,
   175 f.
Emotion   26, 30, 33, 44, 47 ff., 56, 58, 63, 79,
   159, 161 ff., 166 f., 170 ff., 174, 176, 179
E-Portfolio   143, 160
Erzählen   42, 70 f., 97
Erzählforschung 104
Ethnografische(s)
– Interview   65, 70 f., 127

– Fragen   65, 70, 72, 155, 174, 177
Experte(n)   15, 20, 42 f., 71, 84, 108, 130,
   166, 175 ff., 182 f., 190 f.
– paradoxon   70
Expertise   11 f., 23, 176 ff., 183

F

Feedback   42 f., 65, 98, 100 ff., 127, 171,
   174 f., 177
Fehler   32, 59, 100, 168 ff., 183, 187
Fehlkonzept(e)   75, 167, 169, 178 f.
Flexibilisierung   44 f.
Fragebaum   70, 72 f., 155

G

Gehirn   39, 182
Geschichte(n)   24, 37, 50, 65, 88, 96ff.,
   104ff., 120, 124, 127, 156

H

Harddisk   89, 91
Heuristik   59, 64
Hobbies   37, 50, 134

I

Information(s)
– flut   156 ff., 166
– overload   50 f.
Ingenieurswissenschaftlich   24, 26 ff.
Innovation(s)   12, 53, 60, 145
– ziele   53 f., 56
Inspiration   63 f., 111, 124
Interesse(n)   37, 46 ff., 56, 66 f., 122, 142 f.,
   159, 163
Internet   36, 39, 55, 66, 72, 99, 129, 136,
   155, 168, 176
– -Sprache   176

K

Kategorisierung   61 ff., 65, 89 ff., 156
Klassifikation   65, 89 ff., 156
Kognition(s)   19, 26, 29, 47, 161, 166, 167
– psychologie   75
Kommunikation   32, 37, 65, 87, 171, 173 ff.,
    178
– Online-   175 f.
– Experten-Laien-Kommunikation   176 ff.
Kompetenz   18, 29, 32, 50 f., 55 f., 129 f.,
    134 f., 137 f., 140 f., 142, 159, 164 f., 172 f.,
    189
– -Agenda   128, 134 ff., 153, 156, 161
– -entwicklung   12 f., 22, 50 f., 55 f., 128,
    134, 143, 153, 160
– -Portfolio   128, 137 ff.
– Fach-   53 ff.
– Handlungs-   23, 134
– Medien-   52 f.
– Schlüssel-   53 ff.
Komplexität   15, 63, 168, 172, 189
Kontaktnetz   128, 129 ff., 155, 171
Kontrastfrage   71, 161
Konzeptkarte   65, 93 ff.
Kreativität   12, 70, 145

L

Laie   176 ff.
Leistung   50 f., 96, 150, 163, 183
Lernen   12 f., 29 f., 33, 51, 75, 121, 125, 131,
    181 ff., 188 f.
– Erfahrungs-   182
– implizites   185 f.
– informelles   181 ff., 186
– institutionalisiertes   183, 186
– Lernen aus Fehlern   170
Lernpsychologie   13
Lernstrategie   30 f., 187
– -forschung   17, 29 ff., 43, 75, 161
Lesen   43, 65 ff., 93, 158
Let's focus   63, 111, 114
Lifeline   128, 142 ff., 158, 160

M

Macht   178
Map   83, 86, 108
– Concept   58 f., 64 f., 108 ff., 158
– Information   85 ff., 152
– Mind   64 f., 67, 82 ff., 108, 158
Mapping
– Concept   58 f., 64 f., 93, 108 ff.
– Information   65, 85 ff., 152

Mind   64 f., 82 f.
Medien   36 f., 55, 61, 75, 175 f., 178, 181,
    184, 186
– digitale   175 f., 181, 184 f.
Metakognition(s)   29 ff., 43, 66, 161, 188
– -forschung   17, 29 ff., 43
Metapher(n)   63, 105, 120 ff.
– Fokus-   65, 120 ff.
Methode   31 f., 57 ff., 59 ff., 62, 154 ff., 187 f.
– der Orte   121
Mikroartikel   65, 96 ff., 104, 155 f., 162, 171
Minto-Pyramide   65, 115 ff.
Misserfolg   51, 163 f., 167, 170
Mnemotechniken   120
Mobbing   172 f.
Morphologischer Kasten   128, 145 ff.
Motivation(s)   26, 47 f., 49, 162 f., 164 f.,
    170 f.
– extrinsische   164
– intrinsische   164
– -Leistungs-   163
– psychologie   163

N

Netzgeneration   52 f., 185 f.

O

Organonmodell   173 f.
Orientierungskrise   159, 179

P

Performanz   50 f., 54, 56
Perspektiven   14 f., 70, 75, 143, 171, 177,
    181, 187
– -diagramm   65, 75 ff., 127, 155, 162, 169,
    176
Planung   33, 46 f., 66, 86, 115, 129, 134, 137,
    142, 145, 148
Podcast   40
Problem   11, 24, 26, 29 f., 32, 40, 42, 45,
    50 ff., 84, 89, 97, 102, 104, 117 f., 122,
    124 f., 154, 156 f., 159 f., 178
– lösepsychologie   54
– löseforschung   17, 29, 30 f., 33, 43, 45,
    161
Problemlösen   12 f., 19 f., 29 ff., 33, 38 f., 45,
    47, 51, 54 ff., 61, 64 f., 127, 153, 160, 166,
    168 ff., 179
– divergentes   53 ff., 160, 168
– konvergentes   52, 54 ff.
Projektmanagement   46, 73, 131, 135, 140 f.,
    144

Psychologisch   5, 14, 17, 18, 24, 26 ff., 28,
    30 ff., 35 f., 44, 57, 60, 89, 97, 161, 188

R
Reduktion   150, 167
Reflexion   13, 47, 130, 142, 160, 172, 177 f.,
    181, 184, 188, 192
Repräsentation(s)   20, 32, 45, 178
– -modus   21, 44, 86
Rolle(n)   37, 62, 125, 154, 177 f., 184, 188
– soziale   171 f.
– -zuschreibung   172

S
Satori   191
Schemata   168 f.
Schieber   128, 145 ff., 153
Schnelllesetechnik   66
Selbst   35
– -bestimmung   152, 189
– -bestimmungstheorie   165
– -organisation   134, 184
– …-regulation   46
– -steuerung   161, 183, 187, 192
– -überwachung   46
– -wertgefühl   163, 170
Skript   168
Social Bookmarking   184
Software   59 f., 63 f., 83, 88, 111, 114, 123,
    147, 156, 184, 188
– Lern-   184
Soziologisch   24 ff.
SQ3R   65 ff., 127, 158
Stereotyp   169
Stimmung   46 ff., 53
Story Template   65, 104 ff., 127, 156, 171
Stress   32, 47, 81, 142, 157 f., 166 f., 173, 179
Stressor   166, 173
Strukturierung   45, 58, 62, 66, 78, 82 f., 85,
    88, 89, 91, 93, 108, 115 f., 119, 120 f.
– Re-   45, 58, 62, 89, 93, 96, 112
Synergy Map   128, 148 ff., 158, 160
Szenarien   63, 145, 147, 154, 160 f., 179

T
Tagesfrage   71
Tagging   91
Toulminkarte   65, 112 ff., 127

TRAFing   65, 78 ff., 127
Transformation   21, 43 ff.

V
Verstärker   164 f.
Visualisierung   82, 124, 137, 148, 165, 178,
    184
Vorurteil   70, 167, 169

W
Web 2.0   91, 184 ff.
Weblog   38, 42, 53, 98, 175, 184
Weisheit   18, 188 ff., 191 f.
Werkzeug   15, 27, 57 ff.
Wiki   184
Wille(ns)   47, 162 ff., 165 f.
– -freiheit   162
– -psychologie   162
– freier   162
Wissen(s)   18 ff.,
– …-arbeit   12, 27, 32
– -divergenz   176
Begriffliches   21, 23, 43
– bildhaftes   21, 23
– enaktives   21, 23, 44
personales   20 f.
öffentliches   21 f.
– Erfahrungs-   96
– Experten-   190
– -formen   20 ff., 23
-gesellschaft   11, 18, 22, 188
– -objekt   37 ff., 40 ff., 43
– -produktion   39 ff.
– -rezeption   40 f.
– -schemata   168 f., 170 ff.
– -treppe   189 f.
– -träger   26, 37 f., 42
– -umwelt   36
– Wissensziele   12, 50
– operative   50 f., 52 f.
– strategische   51, 52 f.

Z
Zeitmanagement   78
Zen-Buddhismus   191
Zielkonflikt   150 f.
Zielsynergie   148, 150 f.
Zuhören   40, 103
Zusammenfassen   45, 67, 71, 104

Personenregister

A

Ackoff, R. L.   190
Akerlof, G. A.   187
Akert, R. M.   169
Althof, W.   170
Aristoteles   89, 121, 191
Aronson, E.   169, 171

B

Back, A.   184
Bailey K. D.   89
Baltes, P. B.   190
Bassok, M.   59
Beck, U.   182
Böhle, F.   53, 183
Borges, J.   90–91
Bowker G.   89
Brauchlin, E.   145
Bromme, R.   176–177
Bruner, J. S.   20–21
Bühler, K.   173
Buzan, B.   82
Buzan, T.   64, 82–83

C

Covey, S.   148

D

Deci, E. L.   165
Dehnbostel, P.   134, 182
Deussen, A.   32
Dherbey G. R.   89
Dohmen, G.   182
Döring, N.   175
Dörner, D.   47, 148

E

Eco, U.   121
Einstein, A.   35
Eisenhower, D.   65, 78–81, 127, 157
Eppler, M. J.   137, 142, 148, 151, 184

F

Frederick, S.   59
Friedrich, H. F.   30
Frindte, W.   173–174

G

Gerrig, R. J.   163, 166
Goronzy, F.   104
Götz, Th.   166
Gowin, D. B.   108
Gruber, H.   183
Grün, K.-J.   162

H

Heck, A.   190
Heene, R.   145
Holzmann, M.   86
Horn, R. E.   85–86, 88
Huff, A.   112

J

Jonassen, D. H.   60
Jucks, R.   176–177

K

Kahlert, J.   97
Kahneman, D.   59
Kant, I.   35, 191
Kerres, M.   184
Kilbourn, B.   100
Klafki, W.   189

Kluwe, R. H.   29
Kopp, B.   168
Krampen, G.   35
Krapp, A.   47
Krause, U.-M.   75
Krcmar, H.   25
Kübler, H.-D.   12, 18
Kuwan, H.   12

L
Lakoff, G.   89
Lau, Ch.   182
Lave, J.   182
Lembke, G.   32
Lewin, K.   35
Lively, L.   78
Lüthy, W.   27

M
Mandl. H.   26, 30, 32, 168
Mayer, R. E.   30
Minto, B.   65, 115–119, 127
Molzberger, G.   182

N
Neuweg, G. H.   183
Nonaka, I.   27
North, K.   18, 25, 27, 189
Novak, J. D.   64, 93, 108
Novick, L. R.   59
Nückles, M.   82, 109

O
Oblinger, D. G.   185
Oblinger, J. L.   185
Overwien, B.   181–182

P
Pawlowski, P.   27
Pekrun, R.   166
Piaget, J.   19
Polanyi, M.   182
Probst, G.   27, 32, 137

R
Rambow, R.   177
Raub, S.   27, 32
Reeves, T. C.   60
Reinmann, G.   6, 13, 20, 26–27, 97, 185
Reinmann-Rothmeier, G.   32
Renkl, A.   82, 109, 170
Robinson, F. P.   66
Roehl, H.   24, 59
Röll, M.   32
Romhardt, K.   27, 137, 187, 189

Rosch, E.   89
Roth, G.   44, 162
Ryan, R. M.   165
Rychen, D. S.   55

S
Salganik, L. H.   55
Schiefele, U.   164
Schneider, U.   27
Schnotz, W.   163
Schön, D. A.   188
Schulz von Thun, F.   173
Seel, N. M.   30, 55
Seiler, Th. B.   13, 18, 20
Skinner, B. F.   164
Spitzer, M.   182
Spradley, J. P.   70
Star S. L.   89
Stark, R.   169
Staudinger, U. M.   190
Steiner, G.   13
Stock, J.   12
Streblow, L.   164

T
Takeuchi, H.   27
Totzke, R.   96
Toulmin, S.   65, 112–114, 127
Tsui, E.   32

V
Verschaffel, L.   169
Vohle, F.   5, 97, 177
Voit, E.   27
Vollmeyer, R.   165
Vosniadou, S.   169

W
Waschbüsch, E.   12
Wehner, T.   27
Weick, K.   71
Weinstein, C. E.   30
Wenger, E.   182
Willke, H.   12, 22, 25, 27, 96, 98, 183
Wilson, T. D.   169
Wittgenstein, L.   112
Wolff, H.   12

Z
Zapf, D.   173
Ziegler, A.   183
Zimbardo, P. G.   163, 166
Zwicky, F.   145

Anzeigen

Mathis Wissemann

Wirksames Coaching
Eine Anleitung

2006. 256 S., 18 Abb., 14 Tab., Kt
€ 26.95 / CHF 43.50
ISBN 978-3-456-84384-1

Im vorliegenden Buch werden Erkenntnisse aus der Beratungs- und Therapie-
forschung auf den Fachbereich des Coachings angewandt.
Zahlreiche Textkästen, Abbildungen und Tabellen erleichtern den Transfer in die
Praxis.

Eberhardt Hofmann

Wege zur beruflichen Zufriedenheit
Die richtigen Entscheidungen treffen

2006. 192 S., 24 Abb., Kt
€ 19.95 / CHF 32.00
ISBN 978-3-456-84329-2

Das vorliegenden Buch zeigt, wie man den persönlichen Berufs-Ist-Zustand
definiert, die Entwicklungsmöglichkeiten klar beurteilt und sie auf dem Hintergrund der eigenen Fähigkeiten auf Passung oder notwendige Anpassungs-
leistungen richtig bewertet.

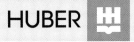

HUBER

Marcel Allenspach / Andrea Brechbühler

Stress am Arbeitsplatz
Theoretische Grundlagen, Ursachen, Folgen und Prävention

2005. 160 S., 4 Abb., Kt € 19.95 / CHF 34.90
ISBN 978-3-456-84192-2

Drei Viertel aller Stress-Situationen ereignen sich am Arbeitsplatz.
Doch was ist arbeitsbedingter Stress überhaupt? Wieso sind wir gestresst? Was sind die Folgen von Stress? Wie lässt sich Stress am Arbeitsplatz kurzfristig bewältigen? Wie lässt er sich langfristig vermeiden?

Heinz Schuler

Lehrbuch Organisations-psychologie

Mitherausgeber: Hermann Brandstätter, Walter Bungard, Siegfried Greif, Eberhard Ulich und Bernhard Wilpert.
4., aktual. Aufl. 2007. 692 S., 62 Abb., 38 Tab.,
4 Übersichten, Gb € 59.95 / CHF 99.00
ISBN 978-3-456-84458-9

Dieses Lehrbuch verbindet die wissenschaftlichen mit den praktischen Aspekten der Organisationspsychologie, erschließt ein weitreichendes Verständnis der Rolle des Menschen in Arbeitsorganisationen und eröffnet den Zugang zu konkreten Gestaltungsmöglichkeiten.

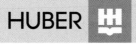

HUBER